权威·前沿·原创

皮书系列为

“十二五”“十三五”“十四五”时期国家重点出版物出版专项规划项目

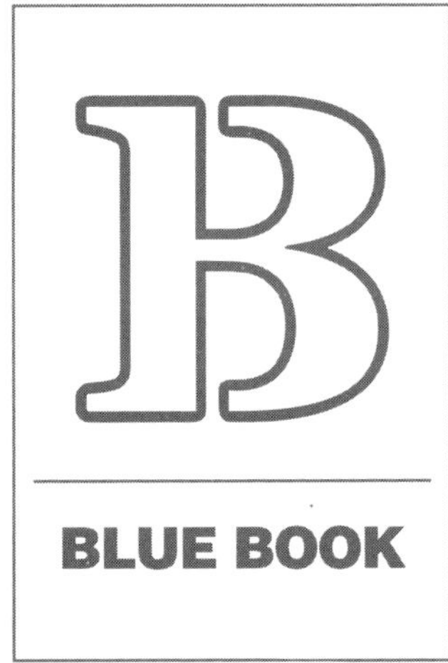

智库成果出版与传播平台

前海法治发展报告 No.5（2022）

REPORT ON RULE OF LAW IN QIANHAI No.5 (2022)

中国社会科学院法学研究所
主　编／田　禾　吕艳滨
副主编／栗燕杰　刘雁鹏

社会科学文献出版社
SOCIAL SCIENCES ACADEMIC PRESS (CHINA)

图书在版编目(CIP)数据

前海法治发展报告.No.5，2022 / 田禾，吕艳滨主编.--北京：社会科学文献出版社，2022.12
（法治蓝皮书）
ISBN 978-7-5228-1117-8

Ⅰ.①前… Ⅱ.①田… ②吕… Ⅲ.①自由贸易区-社会主义法制-研究报告-深圳-2022 Ⅳ.①D927.653

中国版本图书馆 CIP 数据核字（2022）第 215525 号

法治蓝皮书
前海法治发展报告 No.5（2022）

主　　编 / 田　禾　吕艳滨
副 主 编 / 栗燕杰　刘雁鹏

出 版 人 / 王利民
组稿编辑 / 曹长香
责任编辑 / 王玉敏
责任印制 / 王京美

出　　版 / 社会科学文献出版社（010）59367162
地址：北京市北三环中路甲 29 号院华龙大厦　邮编：100029
网址：www.ssap.com.cn
发　　行 / 社会科学文献出版社（010）59367028
印　　装 / 三河市东方印刷有限公司

规　　格 / 开 本：787mm×1092mm 1/16
印 张：17.25 字 数：254 千字
版　　次 / 2022 年 12 月第 1 版 2022 年 12 月第 1 次印刷
书　　号 / ISBN 978-7-5228-1117-8
定　　价 / 139.00 元

读者服务电话：4008918866

法治蓝皮书·前海法治

编委会

主要编撰者简介

主　编

田　禾　中国社会科学院国家法治指数研究中心主任、法学研究所研究员，中国社会科学院大学法学院特聘教授。

主要研究领域：刑法学、司法制度、实证法学。

吕艳滨　中国社会科学院法学研究所法治国情调研室主任，研究员，中国社会科学院大学法学院宪法与行政法教研室主任、教授。

主要研究领域：行政法、信息法、实证法学。

副主编

栗燕杰　中国社会科学院法学研究所副研究员。

主要研究领域：行政法、信息法。

刘雁鹏　中国社会科学院法学研究所助理研究员。

主要研究领域：法理学、立法学。

摘 要

前海秉持中国特色社会主义法治建设示范区的使命，已成为国内发展速度最快、质量最高、效益最好的区域之一，也是全国法治建设成果最好的自贸片区之一。《前海法治发展报告 No.5（2022）》对前海法治建设经验、成果进行了全方位、多角度、多层次的提炼和总结。本书对前海的法治政府、司法建设、知识产权保护、国际法务区等进行了分析与展示，对未来前海法治发展进行了展望。蓝皮书继续发布了前海法治建设的总报告和评估报告，总报告以定性方法全面总结过去一年前海法治发展的经验和成就，评估报告则以客观数据和客观材料为依据，对前海法治建设情况问诊把脉。

关键词： 自贸区　法治建设　前海

目　录

Ⅰ　总报告

Ⅱ　评估报告

Ⅲ　创新前沿

Ⅳ 知识产权保护

Ⅴ 司法建设

Ⅵ 国际法务区

总 报 告

General Report

B.1

法治前海的发展与展望（2022）

中国社会科学院法学研究所法治指数创新工程项目组*

摘　要： 前海蛇口自贸区成立七年来，在法治轨道上坚持大胆试、大胆闯、自主改，以高标准建设前海深港国际法务区为牵引，持续推进司法改革，改善和优化政府服务，打造新时代改革开放“最浓缩最精华的核心引擎”，取得广泛成效。今后，前海应当以习近平法治思想为指导，以建设社会主义法治示范区为总任务，积极融入国家战略，更加主动承接依法治国重大改革试点，在投资贸易便利化自由化、金融开放创新等方面持续加大力度，打造国际一流的法治化营商环境，形成更多可复制推广的鲜活样本和创新经验，真正成为中国特色社会主义法治示范区。

---

* 项目组负责人：田禾，中国社会科学院国家法治指数研究中心主任、法学研究所研究员；吕艳滨，中国社会科学院法学研究所法治国情调研室主任、研究员。项目组成员：王小梅、王祎茗、车文博、冯迎迎、刘雁鹏、米晓敏、胡昌明、洪梅、栗燕杰等（按姓氏笔画排序）。执笔人：田禾、吕艳滨；栗燕杰，中国社会科学院法学研究所副研究员；刘雁鹏，中国社会科学院法学研究所助理研究员。

关键词： 法治前海　营商环境　高水平制度型开放　国际法务区

前海定位于习近平法治思想的坚定信仰者、积极传播者和模范实践者。深圳市委设立前海法治建设示范区推进工作领导小组，抢抓“双区”驱动、“双区”叠加、“双区”示范的黄金发展机遇期，以法治改革为引领和保障，在投资便利化、贸易便利化、金融开放、人才政策等方面，进行了一系列可复制、可推广的创新探索。

一　前海法治推进的主要做法

（一）国际法务区建设高标准推进

2019 年，中共中央、国务院印发的《粤港澳大湾区发展规划纲要》提出，前海要打造国际商事争议解决中心。2021 年 5 月，中央全面依法治国委员会印发的《关于支持深圳建设中国特色社会主义法治先行示范城市的意见》提出，要“高标准建设前海深港国际法务区，打造依托香港、服务内地、面向世界的一流国际法律服务高地”。深圳市法律事务小组审议通过《关于提升前海法律事务对外开放水平行动方案（2021~2025 年）》，搭建国际法务区建设基本政策框架。2022 年 1 月 4 日，深圳前海深港国际法务区正式启用。

前海国际仲裁大厦（SCIA Tower）于 2021 年 10 月 13 日正式启用，粤港澳大湾区国际仲裁中心在前海揭牌。2021 年 12 月 7 日，深圳国际仲裁院新总部正式入驻前海国际仲裁大厦。前海管理局于 2022 年 5 月出台《深圳市前海深港现代服务业合作区管理局关于支持前海深港国际法务区高端法律服务业集聚的实施办法（试行）》，对符合条件的前海合作区内参与前海深港国际法务区建设的法律服务机构、经营团队以及港澳法律专业人士提供支持。《法治深圳建设规划（2021~2025 年）》明确提出，“高标准建设前海深港国际法务区”。

前海深港国际法务区定位于“两中心一高地”建设实施[①]。2022年1月4日，前海深港国际法务区正式启用，已有司法、仲裁、调解、法律服务等六大类124余家机构入驻法务区，另有十多家正在加速落地。

前海积极引进国际一流的法律服务机构，不出前海即可享受公证、仲裁、调解、鉴定、法律查明等全链条的法律服务。引进深圳国际仲裁院整体入驻前海，以业务合作方式引进国际商会仲裁院等近10家国际仲裁机构。公标知识产权司法鉴定所、安证计算机司法鉴定所的落户，填补了华南本土知识产权司法鉴定机构的空白。联动推出“一带一路”法治地图，提供更加权威准确的境外法律大数据。发展至今，国际法律服务中心联动香港，聚集港澳、国际知名律师事务所、公证、司法鉴定、法律查明等全链条、全生态法律服务机构，逐步打造适应开放型经济体制的国际化法律服务资源集群。

（二）司法建设保障引领效果凸显

前海的高质量可持续发展，离不开司法的保障和引领。2022年初，最高人民法院出台《关于支持和保障全面深化前海深港现代服务业合作区改革开放的意见》（法发〔2022〕3号），发挥司法服务保障功能，推进前海全面深化改革开放。前海法院定位于成为国内的跨境法律查明中心、跨境法律比较中心、跨境法律合作中心、跨境法律资源集聚中心和跨境诉源治理中心。《关于支持和保障全面深化前海深港现代服务业合作区改革开放的意见》（法发〔2022〕3号），先后9次提及前海法院，明确支持前海法院有序扩大涉外民商事案件管辖范围、探索简化涉港澳案件诉讼程序、试点前海港澳资企业协议适用域外法等改革探索。

前海法院全面修订《全面落实司法责任制工作指引》，全面覆盖新型审判权力运行机制、新型监督管理机制、惩戒及保障机制、司法责任制配套改

① 两中心，即国际商事争议解决中心和国际法律服务中心。国际商事争议解决中心聚焦“司法审判+国际仲裁+商事调解”，依托最高人民法院第一巡回法庭的司法终审和深圳国际仲裁院的一裁终局，形成“双终局”架构。一高地，是构建全球知识产权保护高地。

革等内容，较好兼顾了放权与监督、制度与管理、惩处与保障。

前海不断健全外资、民资等各方投资者权益的司法保护机制。保护投资者权益是激发市场活力的关键环节，也是营造法治化营商环境的重要举措。前海法院梳理案件要素特点，提炼审判经验，统一裁判尺度，制定关于审理外商投资企业纠纷案件的工作规范，依法平等保护境外投资者在境内投资所形成的债权、股权、知识产权等合法权益。

前海法院制定《关于简化港澳诉讼法人主体资格司法确认的办法》，明确涉港澳诉讼中，当事人可通过香港公司注册处网上查册中心、澳门法务局商业登记讯息平台，查询港澳法人主体资料提交法院，替代港澳法人主体资格材料公证和转递手续，实现涉港澳案件法人主体资格“e确认”；开通远程视频跨越授权服务，出台《关于域外诉讼主体在线视频见证办法》，规范了线上见证授权委托等诉讼手续，实现涉港澳案件授权委托“e见证”，便利域外当事人参加诉讼。2021年1月至2022年6月，前海法院适用在线见证当事人身份与授权行为476人次[①]。出台《关于涉港民商事案件司法文书转交送达的实施细则》，规范当事人、律师转交送达的启动方式、所需材料、效力认定等要素，鼓励审判团队适用转交送达，有效利用转交送达减少跨域送达中间环节，提升诉讼效率。

前海法院更充分适用“合理联系”原则，有序扩大涉外案件管辖范围。2021年，前海法院共受理涉外涉港澳台商事案件4851件（其中新收3669件），受理涉外涉港澳台商事案件比2020年上升51.55%，占所有民商事案件数的35.27%；审结涉外涉港澳台商事案件3166件，同比增长25.83%。2021年，前海法院涉外涉港澳台商事案件平均审理周期为7.7个月，系全国审理此类案件最快的法院。

2022年5月，前海法院发布《依法适用域外法审判商事案件白皮书（2015.02~2022.04）》，并发布了十大典型案例。前海法院制定《正确认

① 数据参见《前海法院简化涉港澳案件诉讼程序　涉港澳案件审理再提速》，澎湃新闻，https://m.thepaper.cn/baijiahao_19222826，最后访问日期：2022年8月8日。

定涉港因素若干规定》，梳理 30 余项涉港因素，进而将香港法律适用予以扩大。前海法院不断拓宽域外因素认定范围，探索适用“最低限度联系原则”，使得更多商事主体、境外投资人可用“自己熟悉的法律”处理争议，维护权益；在域外法查明适用上，前海法院实行“充分努力原则”，明确域外法查明的具体事项、查明费用的合理负担标准等，提高域外法查明可操作性；为化解域外法查明中的法律分歧，前海法院完善域外法律专家出庭协助查明机制，并于 2021 年起实施域外法律专家在线出庭协助查明。截至 2021 年底，前海法院适用域外法审理案件共 117 件，香港地区陪审员参与办理案件 641 件。

进一步深化港澳陪审员参与涉外涉港澳台案件审理。前海法院选任 19 名具有金融、知识产权等背景的港澳地区陪审员，形成“专业法官+港澳地区专家陪审员”审判模式，提升了涉外涉港澳案件的纠纷实质性化解效率。2022 年 3 月，前海法院在“深圳移动微法院”平台为香港地区陪审员开通实名认证通道，可直接使用“深圳移动微法院”查阅陪审案件资料，在线参与庭审。前海法院还自主研发“陪审通”小程序，陪审员可使用小程序接收案件排期等相关信息。探索完善港澳陪审员、调解员履职培训和管理机制，加强业务、道德等方面培训，增强其归属感和履职积极性。

司法配套制度改革稳步推进。前海法院制定了《关于涉港澳民商事案件司法文书转交送达办法》《关于域外诉讼主体在线视频见证办法》《关于简化港澳诉讼法人主体资格司法确认的办法》等司法制度。在涉港澳民商事司法文书转交送达方面，除了由当事人及其委托人员进行送达，将在委托港澳地区特邀调解组织或特邀调解员转交送达司法文书方面有所突破。在简化授权委托见证程序方面，进一步深化授权委托见证程序适用，便利香港地区当事人参加诉讼。在简化港澳诉讼主体资格确认手续方面，探索对香港公司注册处网上查册中心能够查询的主体资料不再进行司法转交或转递，为涉港案件当事人节约大量经济成本和时间成本。对于符合条件的港澳律师，在前海法院代理涉港澳民商事案件的，为其担任诉讼代理人提供便利条件。

推进粤港澳商事纠纷诉讼规则衔接。推进“一国两制三法域”在立法、司法、仲裁、法律服务等方面全方位、立体式的规则衔接和机制对接。前海法院还配备专门的涉外、涉港澳台民商事司法协作案件专办员，专门办理前海法院与港澳区际民商事司法协作案件。前海法院在司法审判中还突出释法说理。前海法院制发《关于加强和规范裁判文书释法说理的实施办法》，对于裁判文书的证据说理、事实说理、法律说理和应用指导性案例的说理，予以加强和规范。

前海检察院努力打造服务国家战略的“桥头堡”，围绕中央文件和最高人民检察院要求定位，明确任务书、时间表、路线图和责任状，实行项目式管理、节点式推进。最高人民检察院将“法治前海检察研究基地”“前海知识产权检察研究院”“检察基础理论研究基地”落户前海。2021 年，深圳市人民检察院印发《创建中国特色社会主义检察制度示范院行动纲要》《关于支持前海检察院创新发展服务保障前海合作区改革开放的若干措施》，支持前海检察院探索建立海洋检察体系，集中办理全市涉海洋检察案件、参与国际海事司法交流，构建海洋中心城市司法保护体系；集中办理一审金融犯罪案件，实施最严格知识产权保护；等等。

前海检察院出台《港澳专业人士参与涉外涉港澳台民事诉讼监督工作方案》，对案件范围、参与方式、人员来源、选任程序等进行具体安排。前海检察院与广州南沙检察院、珠海横琴检察院共同签署《关于加强广东自贸试验区检察机关海洋生态环境资源公益诉讼协作的工作意见》。

前海检察院完善第三方监控人制度，针对港资港企以及现代服务业集聚的特点，构建以检察机关为主导，行政机关、行业协会、高等院校、第三方组织等共同参与的企业合规工作格局。探索选任港澳籍专业人员进入第三方监控人名录库，对前海辖区企业的合规建设提供指导、评估、考察等专业服务。深圳市第一批企业合规第三方监控人名录库引入了国内第一家落地前海的香港与内地合伙联营律师事务所。

（三）商事争议化解更加国际化

探索更加与国际接轨的商事调解机制，构建诉讼、调解、仲裁既相互独立又衔接配合的国际商事争议解决中心，是前海法治的重要任务。

仲裁作为国际通行的商事纠纷化解方式，是前海法治创新的重要内容。深圳国际仲裁院牵头粤港澳地区主要的商事仲裁调解机构，于前海创立作为仲裁调解合作平台的粤港澳仲裁调解联盟。联盟已会集大湾区 18 家主要的商事仲裁调解机构，坚持平等、开放、合作的原则，以“独立调解+独立仲裁”为跨境商事纠纷化解提供新路径。

深圳国际仲裁院被纳入国家首批“一站式”国际商事纠纷多元化解决机制。国际商会（ICC）国际仲裁院、南部非洲仲裁基金会（AFSA）、非洲商法统一组织（OHADA）、内罗毕国际仲裁中心（NCIA）、新加坡国际调解中心（SIMC）等机构与深圳国际仲裁院签署协议，通过合作方式入驻前海国际仲裁大厦。2022 年 2 月，深圳国际仲裁院通过全球选聘仲裁员，启用最新的“深圳国际仲裁院仲裁员名册”。新一届仲裁员共 1548 名，来自全球 114 个国家和地区，其中中国内地 981 人，中国香港特别行政区 149 人，中国澳门特别行政区 18 人，中国台湾地区 17 人，外国 383 人。境外占比 36.6%。深圳国际仲裁院按照法定机构模式进行治理，建立以国际化理事会为核心的法人治理结构，治理结构、仲裁员结构、仲裁规则全方位迈向国际化。

中国（深圳）证券仲裁中心面向全球招募高水平仲裁员和专业工作人员。中国（深圳）证券仲裁中心定位于面向证券、基金、期货和上市公司的争议解决，打造中国资本市场仲裁的示范高地。

海事仲裁中心建设方面，最高人民法院《关于支持和保障深圳建设中国特色社会主义先行示范区的意见》明确提出，“支持深圳国际仲裁院海事仲裁中心建设，打造多元化国际海事法律服务中心”。海事仲裁中心重点服务船舶运输、租赁、买卖，海上保险、理赔，港口码头，仓储物流等领域的争议解决，以打造国际海事纠纷争议解决优选地。

公证作为预防性司法制度，具有国际通行性。公证与其他法律服务共同组成完整的前海法律服务链条。前海公证处围绕服务自贸区大湾区业态发展，提供综合公证法律服务解决方案，探索自贸区公证服务新模式。比如，普惠金融特别是互联网消费金融案件，虽然标的小、案情单一、事实简单，但数量多、送达难，且金融机构取得胜诉判决后债务人并无财产可供执行，既造成司法审判资源浪费，也无法满足金融机构尽早实现债权或进行核销程序的诉求。对此，前海探索网络赋强公证。具体做法是，前海公证处启动互联网消费金融领域债权文书网络赋强项目，通过人脸核验、活体检测、绑定银行卡等方式实名认证，对应的注册信息、实名认证信息同步推送至公证处在线赋强系统，同步创建账户。根据借款人的申请，公证系统生成授信合同、公证申请表、公证笔录等公证资料，由公证处将资料打包推送给借款申请人、金融机构，发起签约，当事人双方在公证处系统平台签署，利用电子签名 CA 证书签署文件并电子存证。项目重要流程节点数据实时上区块链，并与“微法院”小程序对接，为互联网消费金融领域的多元、快速化解提供有力支撑。2021 年 8 月，前海公证处与中国邮政深圳分公司签约上线“深圳邮政公证专递”新服务。结合中国邮政全球送达、国内文书集中送达的优势，以及公证服务固定证据、证明事实、预防纠纷的优势，实现公证和邮政的双向优势整合，提供协同服务。

前海成立商事调解协会，推动商事调解规则的标准化、国际化和市场化。2021 年 8 月，粤港澳大湾区调解工作委员会正式成立，建立联席会议机制。《粤港澳大湾区调解工作委员会组成人员名单》《粤港澳大湾区调解工作委员会工作规则》和《粤港澳大湾区调解员资格资历评审标准》《粤港澳大湾区调解员专业操守最佳准则》两项标准均已审议通过，今后将推动设立统一的大湾区调解员名册，推广粤港澳大湾区跨境争议调解规则。由此，以粤港澳三地法律服务的融合发展撬动涉外法治新突破，推动三地法律服务规则“软联通”。

（四）知识产权打通保护全链条

创新是引领发展的第一动力，知识产权保护是激发社会创新活力的核心要素。前海实施最严格的知识产权保护制度，围绕制度机制完善，加强行政保护、司法保护、仲裁保护、公证保护、涉外维权保护、社会共治等，着力打通知识产权创造、运用、保护、管理、服务全链条，构建全流程的创新生态链。

前海管理局联合深圳市市场监管局（知识产权局）、市司法局、深圳海关、前海法院、前海检察院等机构，举办前海知识产权周活动，并围绕深港知识产权实务、海外知识产权布局等主题，举办5期前海国际知识产权保护综合法律培训活动①。

2022年4月，前海法院整合深圳科技资源，正式上线“至信知识产权云审系统”，打造知识产权案件高效精准审理的“快车道”。该系统打造知识产权案件速裁模式，融合法院、知识产权保护知识中心、公证机构、企业等多方主体，基于区块链等验证技术，构建多类型的流程化处理方案，实现全流程线上工作；并依托一站式电子证据、文书管理模式，实现自动审核立案、文书智能辅助生成、电子送达等，实现案件批量处理，破解了知识产权救济常见的举证难、周期长、成本高等难题。在证据固定方面，云审系统搭建从电子数据到电子证据的区块链可信数据通道，所有数据均在通道上流转，实现全过程留痕，全节点上链，多方共识见证，防伪追根溯源；数据同步联通“深圳移动微法院”，方便当事人批量提交、校验电子证据。在辅助审判方面，云审系统搭建“AI+云计算”知识产权案例数据库，提供文字著作权比对、商标相似度比对、音轨相似度比对等功能，辅助法官对案件争议焦点进行判断。创新在线证据开示功能，不仅支持在法官指定时间段进行线上调解、证据交换活动，还支持各方当事人在各自方便的时间段上传证据、参与诉讼，从“同步在线审理”升级到“异步审理”。

前海公证处内部设置“知识产权公证服务中心”专门机构，上线“前海公证知产平台”，兼顾事前预防、事中保护、事后救济功能，实现知识产权公证7×24小时全时空、全流程知识产权保护公证支持；并通过规范优化内部流程，将公证办理时间从法定的15个工作日，压缩至国内1个工作日、

① 参见《深圳市前海管理局2021年法治政府建设年度报告》，http://www.sz.gov.cn/szzt2010/wgkzl/jggk/lsqkgk/content/mpost_9485711.html，最后访问日期：2022年6月26日。

涉外3个工作日。存证情况通过公证存证证书校验，取证过程、结果数据可通过公证文书证明，实现双重验证。

推动知识产权维权援助体制机制创新。中国（深圳）知识产权仲裁中心推动“IP-Arb”计划，探索知识产权仲裁承诺制。除知识产权仲裁外，中心还服务于高科技企业相关类型的争议化解和权益维护，如“走出去”过程中的国际贸易、投资并购等。

（五）法律风险防范能力不断提升

风险防范，已成为现代法治的必要内容。受新冠肺炎疫情、中美贸易摩擦等影响，前海外贸形势较为严峻，稳外贸压力凸显，各类风险累积凸显。前海依法加大工作力度，确保企业正常生产运营，产业链供应链安全稳定。其主要做法如下。

一则，编制各类指引指南，减少企业法律风险。前海法院联合自贸区相关机构，编制《自贸区企业法律风险防范指引》《外资企业跨境投融资风险风范指引》等一系列指引，聚焦热点和常见争议，通过实务问答和典型案例分析，对企业提出法律风险防范建议，有利于提升市场主体法律风险防范能力。前海将普法工作做在执法前面，让企业自主守法；在日常管理中通过约谈等多种方式，预防减少违法风险；在执法过程中进行现场调研和说理沟通。这些方式都取得了良好效果。

二则，完善内控机制，减少政务活动风险。完善系统内合法性审查机制等内控机制。修订《前海深港现代服务业合作区管理局公平竞争审查实施细则》，制定《深圳市前海深港现代服务业合作区管理局合同管理办法》。前海管理局各类决策均需明确法务意见，加强规范性文件审查力度，既敢于说不，守好了合法性红线；又善于说行，有力支持改革创新。

三则，妥善应对新冠肺炎疫情，减少市场风险。2022年3月底，前海管理局出台专门文件，投入真金白银，为企业排忧解难，最大限度减少疫情负面影响。对于符合条件的小微企业、个体工商户、民办非企业单位减租免租，并按实际减免部分一定比例予以支持。在稳就业方面，对不裁员或少裁员的企业，按 4 月参保人数一次性给予每人 500 元支持，每家企业最高 15 万元。对符合条件的工地发放补贴；对港资企业延长免租期，对入驻局属物业、局属全资、绝对控股企业物业的港资小微企业，在免租 3 个月基础上延长 2 个月免租期，再减半收取此后 3 个月租金[①]。在人才支持方面，对在合作区工作的境外（含港澳台）高端人才和紧缺人才，按内地与香港个人所得税税负差额给予补贴且免征个人所得税，等等。

（六）政务服务全方位优化改进

前海一直致力于打造具有全球竞争力的营商环境，不断推进贸易自由化便利化。推出“优服务快落地”系列举措。

2021 年全年，前海优化行政审批服务事项 445 项，占全部审批服务事项的 84%。在数字政务建设方面，528 个事项对应 348 种办事结果，其中 240 种办事结果有对应的电子证照目录[②]。改革后，市政线性类工程建设项目“拿地即开工”，一次申请、按需发证，一次批量申请发证办理时限不超过 8 个工作日，较改革前的 35 个工作日缩短了 27 个工作日。前海推出外商投资“一口受理”“深港/澳通注册易”，为企业提供高效便捷的商事登记服务。2022 年，歇业登记已在深圳全市推开。发展至今，前海的企业开办、获得电力、执行合同三个关键营商环境指标已居全球领先位置。

商贸物流作为前海第二大产业，系前海重点发展的领域，前海已累计推出 60 余项贸易便利化措施。特别是实施深港陆空联运改革，创新驳船跨港区调拨监管作业模式、推进跨境电商特殊区域出口试点模式、推动建设“全球中心仓”等，切实提升货物通关效率，也推动了新型贸易业态的发展。一是加强产业激励。2022 年 6 月底，《深圳市前海深港现代服务业合作区管理局促进商贸物流业高质量发展办法》出台，鼓励贸易物流、航运等

① 参见《深圳市前海管理局关于应对新冠肺炎疫情　支持市场主体纾困发展的若干措施》（深前海〔2022〕25 号）。

② 数据参见《深圳市前海管理局 2021 年法治政府建设年度报告》，http：//qh.sz.gov.cn/sygnan/qhzx/tzgg/content/post_9482893.html，最后访问日期：2022 年 7 月 29 日。

发展。在贸易物流方面，对综合保税区内的仓库、办公租金给予一定比例的补贴；鼓励企业对仓库进行智慧化升级改造，按投入的一定比例给予支持。对 AEO 高级认证、RCEP“经核准出口商”可以获得一次性奖励；向利润总额 1200 万元以上的企业提供团队奖励支持。二是打造前海深港商贸物流产业载体，总建筑面积超过 8.5 万平方米，其中可用于产业发展的建筑面积达到了 4.2 万平方米，定位为深港商贸物流业集聚融合区、深港合作六大小镇先行探索示范区、深港国际服务城先导区，吸引商贸物流企业在这里集聚发展。三是推动建设跨境贸易大数据平台。依托国家版的国际贸易单一窗口，会聚口岸和国际贸易相关部门、行业机构和企业的数据，基于大数据开放式的创新服务，助力企业降本增效，不断提升口岸治理能力，赋能产业决策和业态创新，推动形成跨境贸易服务生态系统[①]。另外，前海还对商贸物流领域的行业协会予以开办支持，进行行业标准制定奖励；对商贸物流产业载体入驻企业予以租金支持，等等[②]。深圳海关也积极推动前海物流枢纽建设，在跨境物流关键节点发力，支持前海建设海运国际中转集拼中心、离港空运服务中心，打造国际中转集拼物流模式。深圳海关在前海推出“先入区、后报关”“跨境快速通关”“非侵入式查验”等 60 余项监管制度创新举措，为新业态落地前海提供支撑。

推进深圳国际贸易“单一窗口”平台建设，对国际贸易主要环节、主要类型进出境商品、主要出入境运输工具，实现全覆盖。积极和企业对接，量身定做方案，将“单一窗口”与企业内部系统整合对接，帮助企业理顺内部业务系统，打通操作瓶颈，实现了全流程高效协同运作。深圳“单一窗口”已上线中央标准应用和地方特色应用共 28 个业务领域 125 个业务模块，提供服务项目超过 800 个，应用规模和推广成效均持续位居全国前列。

打造香港融入国家发展大局的“桥头堡”，着力增强“港人”归属感、

① 参见《营商环境建设“前海经验”》，深圳新闻网，https://www.sznews.com/news/content/2022-07/08/content_25238459.htm，最后访问日期：2022 年 7 月 28 日。

② 参见《深圳市前海管理局关于印发〈深圳市前海深港现代服务业合作区管理局促进商贸物流业高质量发展办法〉的通知》（深前海规〔2022〕8 号）。

“港企”获得感、“港机构”参与感。习近平总书记强调，广大港澳青年不仅是香港、澳门的希望和未来，也是建设国家的新鲜血液。前海实施人才“最优条件适用制”，创新引人留人用人体制机制。在政务服务、公共服务等方面更加尊重港澳习惯，提供服务专区和专门指引，打造全球人才高地和粤港澳青年创新创业高地。深圳已全面取消港澳人员就业许可，前海出台便利港企港人发展行动计划、支持港澳青年创新创业专项资金管理办法，滚动实施港澳青年招聘计划。香港的测量师、税务师等 16 类专业人士已可免考试在前海备案即执业。在深圳居住的未就业港澳居民已纳入城乡居民基本养老保险。

前海面向全球，实施以人才价值、社会贡献、创新能力为导向的开放型人才政策体系，完善最优条件的用人补贴制度、引才奖励制度和人才回归制度。前海整合国际人才政务、商务、生活服务等 451 项业务，为战略科学家、科技领军人才等六类人才提供 100 余项定制服务。2022 年 6 月，深圳前海正式发布“九件实事”，从“住房、就业、创业、平台、金融、科创、落户、服务、民生”九个方面，增强“港人”归属感、“港企”获得感、“港机构”参与感，为港人港企在前海发展提供便利化条件和全方位支持。

推进粤港澳跨境政务服务便利化。在港澳落地首批“前海港澳 e 站通”网点，形成“一站式”港澳服务平台，已可提供“注册易”“办税易”“社保通”等 200 余项服务。前海管理局与深圳市市场监管局联手推广“深港通注册易”“深奥通注册易”项目，在港澳服务网点为有意愿在前海开办企业的投资者提供 27 项商事登记咨询及文件转递服务。前海管理局与深圳市人力资源和社会保障局合作，在“前海 e 站通”服务中心设立社保服务专窗，使得社保服务嵌入前海公共服务体系。该专窗系和社保经办机构相同的无差别专窗，实现了全口径社保业务进驻，可全面受理港澳台职工、灵活就业者、居民参保登记等各项社保业务。前海还推行多语种服务，实现答疑指引全覆盖。前海开设 12366 港澳台企业服务专线，采用粤语、英语进行沟通，增强辅导答疑实效。编写多语种业务指南，筛选港澳台企业高频业务，用繁体字、英文编写业务指引，实现辅导由“被动解答”向“提前指引”转变。

国家税务总局前海税务局致力于树立优质高效、引领创新的精细服务新标杆，推出信用税收机制，打造全国税收现代化建设的“冲锋舟”。前海推出“清单式税务服务”，提前在汇算清缴期对企业按照名单分别管理。前海推出“深港澳办税易”项目，依托智能化税费服务场景，现已提供105项涉税业务办理服务，在预约系统入口新增“前海港澳台企业特殊事项”渠道，打造“模糊预约、精准服务”新型服务方式；在远程办公平台搭建外资企业特色业务模块，双语接线人员一对一沟通辅导，把握企业涉税需求，一站式兜底办理。前海将“远程办”“辅助办”“邮寄办”服务延伸至港澳地区，推动同一涉税事项在港澳地区无差别受理、同标准办理。前海推出信用税收3.0升级版，从第三方数据应用、系统支撑、动态更新、共享共治等方面完善企业信用评价和分级分类管理服务措施，探索“信用+风险”新型监管机制，促进征管模式全面数字化转型。由此，前海对不同信用等级的企业实施分级分类管理，信用等级最高的企业可获得“超级白名单”权限，相关申请7×24小时自动审批，区块链发票限量限额放宽，实现全程网上办，并享受快速办税通道、“税银互动”等服务。

（七）监管环境兼顾有效与包容

打造新时代改革开放“最浓缩最精华的核心引擎”，需要审慎包容监管环境予以支撑。前海联合港澳，探索有利于新技术新产业发展的法律规则和国际经贸规则创新，逐步打造审慎包容监管环境。

为市场创新提供试错空间。前海对“四新经济”采取包容态度。既给新业态“观察期”，而非轻易从法律、制度上予以否定，又严守安全底线，依法打击严重违法行为。比如，在金融监管领域，前海探索通过跨境金融创新的监管“沙盒”机制，促进深港私募股权投资市场联动，推动“六个跨境”业务落地。2021年10月，前海深港国际金融城启动建设，聚焦深港合作主题，吸引国际性大型金融机构、香港外资金融机构、数字金融机构，全国首批本外币合一银行账户试点率先落地前海，前海8家银行机构参与首批试点，为前海试点更高水平跨境贸易和投融资结算便利化奠定基础。

信用监管稳步推进。近年来，前海深港合作不断深化，跨境投融资、跨境贸易迅速发展，对减少信息不对称、跨境信用服务需求不断增长。《中国（广东）自由贸易试验区深圳前海蛇口片区开展广东省信用建设服务实体经济发展试点方案》提出“探索建立符合国际通行惯例的信用标准规范体系”的改革举措。前海探索信用经济试验区建设，推进政府、市场、社会协同的诚信建设，以跨境信用标准建设为“小切口”，推进以信用体系为基础的市场化改革创新，做好跨境信用合作“大文章”。前海按照“政府搭台、协会牵线、机构唱戏”的方式，协调组织信用行业协会和境内外知名信用服务机构，在梳理总结企业信用报告通行范式基础上，发布《基于跨境活动的企业信用报告格式规范》，建立企业信用报告的基础规则和对应关系，为不同国家、地区的企业信用报告提供转化支撑和互认依据。前海已实现市场主体公共征信、市场征信和信用评价全覆盖，并创新信用承诺制度和信用修复制度，打造审慎包容信用监管环境。

海关监管对接香港。深圳香港分属不同关境，检验检疫法律法规、禁限管制制度不尽相同，建立互认乃至共通的规则、标准非常迫切。深圳海关支持前海建设，不仅着力推进深港口岸基础设施的“硬联通”，还注重监管规则和标准的“软对接”，推进数据互联、单证互认、监管互助、检验结果互信。

（八）突出智库建设与政策储备

前海深港国际法务区积极引进大湾区涉外律师学院、香港大学（深圳）法学院、香港大学国际民商事规则研究中心、司法部法治大数据与智能装备应用研究重点实验室、粤港澳大湾区司法研究院等 10 家研究机构，前海授时中心、国家知识产权培训基地等多家组织。这些研究机构、组织的入驻，有利于加强研究生产理论知识，促进政策储备。

前海法院成立“粤港澳商事法律规则衔接研究中心”，已形成多份相关研究报告，将推进成果转化形成更多制度机制。研究制订微法庭程序、早期中立评估等制度细则。

"商事纠纷中立评估基地"挂牌运行。中立评估也被称为"早期中立评估"，系国际通行的非诉讼纠纷化解机制，通过国内外法律专家资源，从无利害关系的中立第三方角度就纠纷可能处置结果进行评估预测，帮助当事人理性维权，促进纠纷早解决。中立评估被认为是"调解和仲裁的中间点"，既可独立存在，也可与调解等争议化解机制结合应用。2021 年 3 月"商事纠纷中立评估基地"在前海正式成立，并公布了首批中立评估员名单，该基地将补上法律服务生态圈空白，为市场主体提供新型法律服务。

2021 年以来，前海先后举办中国法治论坛、前海法智论坛、中国华南企业法律论坛、前海知识产权国际论坛、"一带一路"国际商事仲裁论坛等法律交流活动。前海法治的国际影响力显著提升。今后，前海还将开展更多法治相关国际交流，发挥主场优势，打造展示社会主义法治文化建设成效和国际法治文化交流的"双窗口"。前海知识产权国际论坛于 2021 年 12 月举行，并发布了多项知识产权保护成果。

二　经验总结

发展至今，前海法治推进已进入深水区，评估发展成效并总结成功经验，无论对于其复制推广，还是今后的进一步推进完善，都意义重大。

一是突出党的领导牵头抓总。党的领导是全面推进法治建设的根本保证。前海法治创新，注重坚持和加强党的全面领导，贯彻到前海开发建设全过程。前海发布《关于加强自贸片区党的建设的指导意见》，构建"1+6+9"党建工程体系①，构建起党建"四梁八柱"，推进中央大政方针和习近平

① 即以"拓展融合型"党建模式为 1 个中心，构建全领域政治引领、全业态组织覆盖、全流程工作运行、全要素队伍建设、全周期风险防控和全方位保障支撑共六大体系，开展组织力提升、初心使命传承、海岸线强基、金色先锋引领、人才服务筑巢、时代声音传播、民间使团培育、红网客厅建设和亲情暖风廉政九大专项行动。

法治思想在前海落地生根，结出丰硕成果。在组织方面，从前海实际出发，打造“有队伍、有组织、有活动、有阵地、有保障、有作用”的“六有”党支部，全面提升党支部的组织力，强化党组织书记的领导责任，推动党组织履行党建责任述职评议全覆盖。在新经济组织和新社会组织（以下简称“两新组织”）党建方面，前海成立两新组织党委，两新组织党建摸排、组织建设、企业服务“三同步”推进，健全党费返还、党建活动、经费支持等工作制度。前海应当进一步健全工作机制，通过专题讲座、集中研讨与专题调研相结合，加强理论学习的针对性、实效性，确保学有研讨，学有感悟，学有所得，学有所用。

二是政策引领驱动效果凸显。根据 2021 年 9 月中共中央、国务院发布的《全面深化前海深港现代服务业合作区改革开放方案》，前海合作区从 14.92 平方千米扩展至 120.56 平方千米，前海扩区不仅是土地空间的拓展，还构成了改革优势、发展优势、产业优势的叠加。在特色产业方面，前海立足金融、现代物流、信息服务、科技服务等产业的特色政策创新和开放举措，研究制订“1+N”产业政策体系，已陆续出台《深圳前海深港现代服务业合作区金融业发展专项资金管理暂行办法》《深圳前海深港现代服务业合作区促进产业集聚办公用房资金补贴办法》《深圳市前海深港现代服务业合作区管理局促进商贸物流业高质量发展办法》等促进政策，特色产业政策体系进一步完善。在法务区建设方面，以《前海深港国际法务区建设方案》为轴，出台《关于支持前海深港国际法务区建设若干措施》等系列政策，为国际法务区建设提供了源源不断的政策驱动力。

三是协调机制有效有力。协调有力、协调高效，是前海法治推进的重要经验。推动成立深圳市全面深化前海改革开放领导小组法律事务小组这一综合协调平台，并已建立常态化运行机制，形成全市上下合力推进前海法治建设的新格局。

四是突出国际化导向。前海法治突出“国际范”。前海作为内地与香港关联度最高、合作最紧密的区域之一，集聚了一批香港现代服务业企业，将继续坚持依托香港、服务内地、面向世界。前海积极引进世界银行争端解决中心、国际商会仲裁院、新加坡调解中心等具有国际影响的机构组织，打造全面深化改革创新试验平台。

五是以智慧化有力支撑。在信息化高度发达、普及的当今时代，智慧化是法治的重要支撑保障。前海法院打造 ADR 商事纠纷解决中心。完善在线跨境调解模式，运用深圳法院“深融多元化平台”和前海法院 5G 远程视频调解室，为域外当事人、外籍调解员提供在线调解服务。

三　未来展望

当前，国际环境日趋复杂、经济全球化面临深刻挑战、社会结构和生产生活方式发生深刻变化、全球治理体系即将重塑，这既对国内自贸区发展形成严峻挑战，同时为制度机制创新提供了更加丰富的适用场景。要推动前海成为彰显习近平法治思想磅礴伟力的实践高地，高标准、高效率、国际化推进法治建设，引领和保障改革创新，更好地满足人民群众日益增长的美好生活需要，前海今后还应不断提高政治站位，坚持系统观念，加强统筹协调，突出重点和关键持续发力。

把法治作为前海改革开放的核心竞争力和主体驱动力，把前海打造为国内法治与涉外法治统筹推进的创新地，既要做好创新突破，用好改革自主权，还要统筹考虑制度机制配套和精细化建设。前海既是中国向世界展示社会主义法治建设成就的示范窗口，也将为法治创建提供鲜活的实践素材。以特区立法引领和保障改革创新，既要坚守“一国”之本，更要善用“两制”之利。为在 2025 年初步形成具有全球竞争力的营商环境，前海在政务服务、司法改革、法律服务等方面还应再接再厉，推进制度继承和系统配套。

（一）纵深推进营商环境改革优化

政务服务的进一步优化，应重视企业、群众实质需求满足，以及跨境政务服务的便利化等方面。在“多规合一”改革基础上，依托部门间信息共享，进一步压缩环节，精简材料，实质性降低门槛，推动政务服务流程再造，推动政务服务迈向数字化、移动化和智能化。为更好地尊重和保护商事主体的经营自主权和投资者意愿，试点商事登记确认制；开展跨境征信试点，加强跨境信用合作和区域信用服务市场共建；持续扩大对港澳服务领域开放，深化服务业职业资格、服务标准、认证认可、检验检测、行业管理等领域规则对接。各类机关应增强“主动服务、无事不扰”精神，避免过于热情的管理服务或过于频繁的接触，对企业造成压力或不必要干扰。

针对个别领域存在“准入不准营”、资格互认等方面难以落地问题，要进一步支持境外专业人士在前海活动的政策落地，着力加速“前海合作区投资者保护条例”的制定。2022 年 7 月，《深圳经济特区前海深港现代服务业合作区投资者保护条例（征求意见稿）》面向社会公开征求意见。条例的制定实施，有利于完善投资权益保护机制，建设高效规范、公平竞争、充分开放的统一大市场。

推进国有资本运营公司改革。前海曾有以国资国企为主体探索科创产业发展受挫的经历。今后，前海应本着政企分开、政资分开的原则理念，用好区域性国资国企综合改革试验相关政策，推进国有资本运营公司改革试点，强化国有资本市场化专业化运作能力，维护国有企业市场主体地位和经营自主权，切实增强前海合作区国有经济竞争力、创新力、控制力、影响力以及抗风险能力。

推进各类要素跨境流动高效便捷。以海关为例，需进一步聚焦法律法规、商品品类、技术标准等，推进信息互通、执法互助、结果互认。推进司法机关探索聘任港澳退休法官、爱国爱港律师等法律专业人士以专家咨询委员会委员、人民监督员、特约检察员等各种角色、多种方式参与案件审理。除担任陪审员陪审外，还可担任国际商事审判专家委员会的委员，以提供专家意见的方式参与。

（二）深化规则衔接，对接示范引领

不同法系、跨境法律规则的衔接是前海法治的重点，也是推进的难点所

在。中共中央、国务院印发的《全面深化前海深港现代服务业合作区改革开放方案》要求，“联合港澳探索有利于推进新技术新产业发展的法律规则和国际经贸规则创新”。深圳市委印发的《法治深圳建设规划（2021~2025年）》提出，要探索完善前海深港现代服务业合作区内适用香港法律和选用香港作为仲裁地解决民商事案件的机制。前海定位于打造国际商事争议解决首选地、深港规则衔接机制对接先行地，以及大陆法系和英美法系融合对接的策源地。今后，应从以下方面加以突破。

对标高标准国际规则，推进“一国两制三法域”规则衔接互认，打造内地与港澳规则衔接、机制对接的先行区。粤港澳的对接，涉及三种法律、三种货币、三个关税区。前海要构建“社会主义法治示范区”，意味着在规则层面要充分对接、衔接港澳，但绝非简单复制。在此，纽约、旧金山等世界性湾区采取“协同立法”模式，值得借鉴。规则衔接并非法律同化，而是承认不同法系、不同地区的法律制度差异，对差异性保持足够尊重，并对法律之间的协调性要求不断提升。在承认并尊重内地、港澳规则及其实施体系差异的基础上，如何建构完善规则衔接机制，依然任重而道远。应当加强国外先进技术规则的应用和转化，持续提升处理跨境、跨行业、跨法域法律事务专业能力。前海应考虑建立技术合规中心，强化通报评议，特别贸易关注等国际技术规则的应用。扩大涉外涉港澳台商事案件管辖范围，有效保护中国商事主体的合法权益和国家利益。在此基础上，不仅要对标国际高水平经贸规则，推动前海企业、产品、标准更畅通地走向世界，还应深度参与国际性技术规则的制定和修订完善，增强国际话语权。

（三）对标国际一流，推进法务区建设

虽然着力推进港澳和外国律师事务所等到前海执业，但境外高端法律服务机构在前海聚集度还有待进一步提升，机构数量少，规模和业务量不大，与国际法务区的定位与目标还有较大差距。今后，应对标世界一流标准，推进跨境纠纷多元化解机制和涉外涉港澳台商事审判机制改革，加速

推进深圳商事法院或大湾区商事法院落地前海，推进法律事务对外开放水平持续提升，推进法务区建设的体系化、集成化。构建国际法律服务中心和国际商事争议解决中心，打造集公共法律服务、法治理论研究创新、法治论坛交流合作、涉外法务等功能于一体的专业化、国际化、市场化法治创新集聚区。

在国际仲裁方面，在中国香港、新加坡等地，国际仲裁员办理仲裁案件享受较高税收优惠，而内地税率远高于境外。为吸引国际一流仲裁专家到前海仲裁，应考虑对标调整其个人所得税制。另外，新加坡还设置了方便境外专家参与仲裁的出入境便利措施，而这也是内地所缺失的。对此，可考虑在出入境方面制定更为灵活开放的政策。

（四）完善海外风险防控制度机制

随着对外投资规模不断扩大，投资领域不断拓展、投资方式多元化，海外投资法律风险不断累积，海外投资失败案例显著增加。为此，应将加强海外风险防控作为前海法治建设的题中应有之义。政府应着力完善海外风险防控支持体系，包括进一步健全对外经贸合作促进体系，主动引领和监督企业对标从事生产经营行为，减少对外贸易风险；建立企业涉外投资经营合规风险预警平台，完善海外投资贸易风险搜集机制，及时分析整理并向社会公开，精准推送给相关企业和投资人，便于预先了解和精准预判；建立科学的法律风险评估和预警机制，对风险较高的国家和地区，及时提醒有关企业做好防范措施；完善风险事故处置机制，为外企和投资人提供相关指导、咨询和支持。

（五）推进法治交流交往常态化

前海作为法治窗口，加大法治交流、增进沟通理解是其承担的重要使命。一则，应适度简化程序，推进法律研讨、法治论坛等各类交流活动定期开展，推动法治相关交流常态化、机制化，打造粤港澳法治交流的窗口平台，展示社会主义法治优越性并广泛吸收借鉴其他法域法系的有益经验；二则，应着力构建法治创新共同体，加强理论研究和政策储备，不断提升法治创新能力；三则，提高前海法治文化的吸引力，牢牢把握文化高地，增强前海法治建设的获得感、幸福感和满意度，增进法治宣传的可读性和趣味性，确保读得懂、用得上。

评估报告

Assessment Report

B.2

前海法治指数评估报告（2021）

中国社会科学院法学研究所法治指数创新工程项目组*

摘　要：　中国社会科学院国家法治指数研究中心、法学研究所法治指数创新工程项目组从规则制定、法治政府、司法建设、法治社会、保障监督五个方面对深圳前海法治示范区2021年及2022年上半年法治建设情况进行了第五次系统评估。评估显示，前海法治示范区的法治建设成绩亮眼，在政务公开、仲裁国际化等方面走在全国前列；规则衔接、权责清单、司法公开等方面仍有提升空间。未来，前海法治示范区应当继续深入推进改革创新，补齐短板，争当中国法治建设的排头兵和试验田。

* 项目组负责人：田禾，中国社会科学院国家法治指数研究中心主任，法学研究所研究员；吕艳滨，中国社会科学院法学研究所研究员、法治国情调研室主任。项目组成员：马萌、王鹤、王小梅、王祎茗、车文博、田禾、冯迎迎、吕艳滨、刘潇、刘欣雨、刘烨宁、刘雁鹏、刘静怡、许奎、米晓敏、孙东宁、纪姝瑞、李梦婷、杨博、杨雨桐、杨雅涵、汪玉池、张玉洁、张国宁、陈浩、陈炜仑、范天续、林洪艺、周丹、胡洋、胡正扬、秦圆圆、袁晴、曹世昕、常丽、韩佳恒、廖娅杰、魏思禹（按照姓氏笔画排序）。执笔人：刘雁鹏，中国社会科学院法学研究所助理研究员；王祎茗，中国社会科学院法学研究所助理研究员；栗燕杰，中国社会科学院法学研究所副研究员；田禾；吕艳滨。

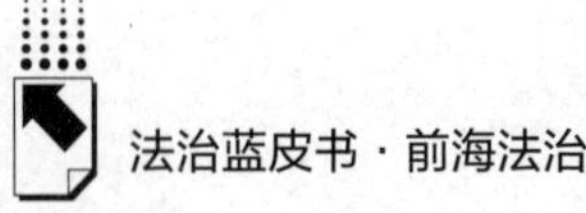

关键词： 法治评估　法治示范区　法治营商环境

2019 年 8 月，《中共中央、国务院关于支持深圳建设中国特色社会主义先行示范区的意见》提出：“全面提升法治建设水平，用法治规范政府和市场边界，营造稳定公平透明、可预期的国际一流法治化营商环境。”2020 年 10 月，中共中央办公厅、国务院办公厅印发的《深圳建设中国特色社会主义先行示范区综合改革试点实施方案（2020～2025 年）》提出，“坚持市场化、法治化、国际化”、“打造市场化法治化国际化营商环境”、“推进改革与法治双轮驱动”、“强化法治保障”。作为改革开放“尖兵中的尖兵”，前海蛇口自贸片区（以下简称“前海”）在法治建设方面大胆积极探索、先行先试，为深圳市、广东省法治建设发挥了模范和表率作用，为其他自贸区贡献了诸多值得借鉴的经验，为全国范围的法治改革提供了可参考的方案。2021 年 9 月 6 日，中共中央、国务院印发的《全面深化前海深港现代服务业合作区改革开放方案》提出，提升法律事务对外开放水平。在前海合作区内建设国际法律服务中心和国际商事争议解决中心，探索不同法系、跨境法律规则衔接。

为客观评估前海法治建设的进展和成效，营造稳定公平透明、可预期的营商环境，自 2018 年以来，中国社会科学院国家法治指数研究中心、法学研究所法治指数创新工程项目组持续开展前海法治指数第三方评估，本次为第五个年度评估。

一　评估指标体系

项目组依照党中央、国务院对于法治发展的最新要求，遵循中央对前海改革发展的最新部署，参考新出台或新修改的法律法规，吸收国内外自贸区评估的有益经验，动态调整了评估指标体系。在指标数量上，本次评估指标体系包括 5 个一级指标、23 个二级指标、85 个三级指标、246 个四级指标（见表 1）。在指标内容上，指标体系保留了评价法治建设水平的基本内容，同时根据中央对深圳以及前海的最新要求，增加了部分评估内容。在规则制定方面，中共中央、国务院印发《全面深化前海深港现代服务业合作区改革开放方案》要求："研究加强在交通、通信、信息、支付等领域与港澳标准和规则衔接。""在前海合作区内建设国际法律服务中心和国际商事争议解决中心，探索不同法系、跨境法律规则衔接"。故在规则制定板块，增加了三级指标"规则衔接"。在法治社会板块，中共中央印发的《法治社会建设实施纲要（2020~2025年）》要求："大力加强法治文化阵地建设，有效促进法治文化与传统文化、红色文化、地方文化、行业文化、企业文化融合发展。"故在法治社会板块增加了一个二级指标"法治文化"，下设"法治文化阵地""法治文化交流"两个三级指标。在保障监督方面，2022年，最高人民法院《关于支持和保障全面深化前海深港现代服务业合作区改革开放的意见》要求："发展中国特色司法研究新型智库，支持设立粤港澳大湾区司法研究平台。"随后，前海管理局制定了《关于支持中国特色新型智库发展的暂行办法》，对智库引进和落户作出了详细规定。故在保障监督板块增加三级指标"智库建设"，考察前海在智力支撑方面的工作。

表1　前海法治指数评估指标体系

一级指标	二级指标	三级指标	一级指标	二级指标	三级指标
规则制定	推进立法	立法规划	法治政府	简政放权	权力下放
		立法计划			事项精简
		规则衔接			权力承接
		立法参与			购买服务
		文本公开		优化服务	网上办事
		立法评估			流程优化
	规范性文件	三统一			政民互动
		科学性		执法监管	规范化
		民主性			双随机一公开
		合法性			有效性
		监督规范		清单制	权力清单
		清理机制			责任清单
		透明度			负面清单

续表

一级指标	二级指标	三级指标	一级指标	二级指标	三级指标
规则制定	重大决策	规范性	法治政府	公开透明	主动公开
		科学性			依申请公开
		民主性		改革创新	金融
法治政府	改革创新	税收	法治社会	普法宣传	制度建设
		海关			普法实践
		物流			实施效果
	容错举报	容错机制		法治文化	法治文化阵地
		投诉举报			法治文化交流
司法建设	审判执行	司法改革推行		法律服务	法律查明
		执行能力提升			深港国际法务区建设
		知识产权保护			司法鉴定
		阳光法院			公证
		智慧法院	保障监督	党的领导	党委组织
	检察权运行	检察改革推进			党务公开
		检察监督			基层党建
		互联网+检察		队伍建设	法律顾问制度
		阳光检务			国际化法律服务队伍
	矛盾化解	调解			律师队伍建设
		仲裁		廉政建设	廉政体制机制
		合作机制			廉政规范体系
法治社会	社会治安	工作年报			信息化建设
		交通统计			规范履职保护
		治安统计			廉情预警评估
		警情通报			总结报告
	社会信用	信用记录		基础研究	理论储备
		守法诚信褒奖			智库建设
		违法失信惩戒			课题研究
	信访法治	渠道畅通性			经费支持
		处置规范度			应用推广
		信访秩序			

本次评估由于增加了规则衔接、法治文化、智库建设的考察，对应涉及的部门，重点考察了深圳市人大常委会、深圳市政府、前海管理

局、前海合作区人民法院、深圳国际仲裁院、前海国际商事调解中心（见表2）。

表2　评估涉及的部门

评估内容	涉及部门	评估内容	涉及部门
规则制定	深圳人大常委会	司法建设	深圳市蓝海法律查明和商事调解中心
	前海管理局等		深圳市前海国际商事调解中心等
法治政府	深圳市政府	法治社会	南山区信访局
	南山区政府		深圳市司法局
	前海管理局		中国港澳台和外国法律查明研究中心
司法建设	前海合作区人民法院		中国（深圳）知识产权保护中心
	深圳知识产权法庭		深圳市前海公证处
	深圳金融法庭		深圳市信用促进会
	前海蛇口自贸区人民检察院	保障监督	前海廉政监督局
	深圳国际仲裁院		深圳市律师协会
			深圳市司法局

二　总体结果

本次评估增加了评估指标，评估尺度也参考了第二批法治政府示范创建评估的标准，可以说，本次评估结果既考虑了前海的特殊情况，又与全国其他地方有一定比较。项目组基于评估指标、按照各个渠道获取的评估数据，核算了2021年度及2022年上半年前海法治指数评估结果。评估显示，前海法治评估总体得分为87.12分，得分逐年提升（见表3、图1）。

前海作为首个中国特色社会主义法治建设示范区，诸多方面为其他自贸区法治建设提供了可参考、可借鉴的模板。在规则制定方面，前海用好用足中央对前海的各项支持政策，通过深圳市人大常委会及政府立法的方式，将各项利好政策以地方性法规和地方政府规章的方式落地，诸多立法经验被其他自贸区所借鉴。同时，前海始终走在粤港澳大湾区一体化建设的前列，在

表 3　前海近三年来法治评估得分对比

单位：分

评估板块及权重	2022	2021	2020
规则制定(25%)	83.00	81.60	85.20
法治政府(25%)	90.63	90.50	85.15
司法建设(15%)	83.05	83.60	77.80
法治社会(20%)	85.96	78.85	80.56
保障监督(15%)	93.75	91.60	88.00
总分	87.12	85.23	83.57

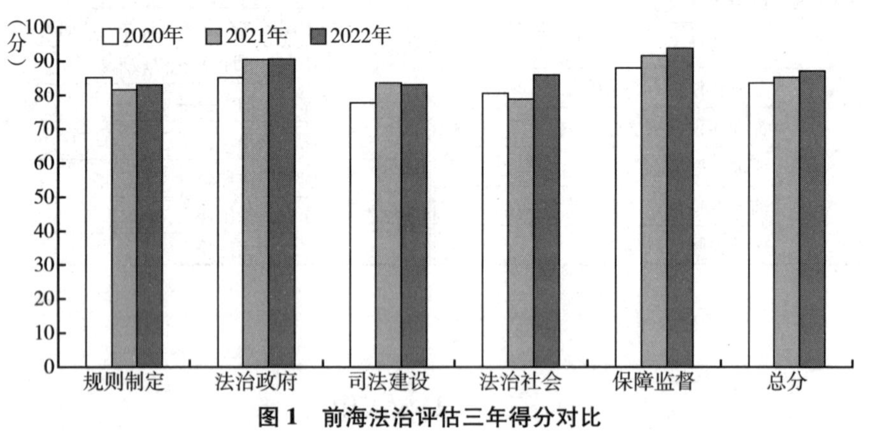

图 1　前海法治评估三年得分对比

规则衔接方面进行了有益尝试，为区域协同立法提供了前海样本。在法治政府建设方面，前海利用信息化手段，不断提高政务服务水平和效能，推动跨域通办在前海落地，吸引境外人才在前海执业。在司法建设方面，前海公正高效审理涉外涉港澳台商事案件，进一步扩大检察院业务范围，为自贸区发展提供坚实的司法保障。在法治社会方面，前海支持深港国际法务区高端法律服务业发展，推动多元化纠纷解决业务齐头并进。在保障监督方面，前海加强党的建设，出台廉洁前海若干措施，增强理论储备，推动智库建设，以法治为根基为前海发展保驾护航。

（一）前海扩区一年成绩亮眼

2021 年 9 月，中共中央、国务院印发《全面深化前海深港现代服务业合作区改革开放方案》，根据该方案，前海合作区由 14.92 平方千米扩展至 120.56 平方千米。在过去的一年里，前海法治建设成绩亮眼。在政务服务方面，前海港澳 e 站通全面启动，港澳投资者可“一站式”办理前海政务服务事项；金融服务方面，“跨境理财通”首批业务落地前海，促进大湾区金融互联互通，推动人民币国际化；法律服务方面，2022 年 8 月，首批粤港澳大湾区律师在前海执业，标志着粤港澳大湾区律师执业在深圳正式落地。在制度创新方面，截至 2022 年 2 月，前海累计推出 685 项创新成果，65 项在全国推广。时至今日，前海已经构建起层级完备的司法保障体系，打造了“国际范”十足的国际商事仲裁高地，探索与国际接轨的商事调解新机制，国际法律服务中心建设初具雏形。可以说，法治已经成为前海的核心竞争力，成为前海改革开放的主要驱动力。今后，前海在打造社会主义法治建设示范区的道路上，将努力成为国内法治与涉外法治统筹推进的创新地和国际商事争议解决的首选地。

（二）政务公开依然出类拔萃

项目组从决策公开、管理和服务公开、执行和结果公开、平台建设等方面，对全国 21 家自由贸易试验区及各自贸区所涵盖的 67 家自由贸易试验区片区政府信息公开情况进行了第三方评估（见表 4）。评估结果显示，前海蛇口片区在所有自贸片区中位列第三①。前海政务公开有以下亮点值得关注。首先，完善信息公开规范制度。前海管理局充分认识到规则制度的重要性，制定了《深圳市前海管理局办公室关于成立深圳市前海管理局政务公开领导小组的通知》《前海深港现代服务业合作区管理局门户网站管理办法》《深圳市前海深港现代服务业合作区管理局政务微信公众号运营管理办法》等一系列信息公开管理办法，通过完善制度明确各部门的职责权限，从而提高公开质效。其次，构建网站传播大数据分析专题。前海针对政务公开信息展开网站内容传播大数据分析，挖掘浏览量高、点击次数多的内容特

① 本次评估根据《国务院办公厅关于印发 2022 年政务公开工作要点的通知》（国办发〔2022〕8 号），在指标上较上次有小幅调整，特此说明。

点，将分析结果普遍应用于其他政务信息，以提高整体流量。最后，充分利用新平台发布信息。信息化时代，不同受众使用不同的信息平台，对此，前海管理局主动拥抱新平台，开辟头条号、微信公众号、微博、抖音账号，发布政务信息。2021 年，前海管理局主动在政务新媒体上发布消息，前海官方微信公众号发布信息 1231 条，官方微博发布 2408 条，官方头条号发布 908 条，官方抖音发布 114 条。

表 4　自贸片区政务公开评估结果

单位：分

排名	自贸区	自贸片区	决策公开 20%	管理和服务公开 35%	执行和结果公开 35%	平台建设 10%	总分
1	中国(广东)自由贸易试验区	广州南沙新区片区	72. 50	85. 40	79. 48	80. 00	80. 21
2	中国(云南)自由贸易试验区	昆明片区	71. 80	71. 00	84. 20	77. 50	76. 43
3	中国(广东)自由贸易试验区	深圳前海蛇口片区	88. 75	77. 40	52. 44	90. 00	72. 19
4	中国(湖北)自由贸易试验区	武汉片区	64. 25	53. 60	86. 98	70. 00	69. 05
5	中国(陕西)自由贸易试验区	西安国际港务区片区	61. 75	61. 90	71. 03	90. 00	67. 87
6	中国(天津)自由贸易试验区	滨海新区中心商务片区	55. 15	75. 00	63. 33	82. 50	67. 69
7	中国(上海)自由贸易试验区	保税区片区	37. 70	87. 30	56. 55	77. 50	65. 64
8	中国(天津)自由贸易试验区	天津港片区	67. 55	71. 70	48. 50	85. 00	64. 08
9	中国(福建)自由贸易试验区	平潭片区	83. 50	53. 80	63. 73	60. 00	63. 83
10	中国(辽宁)自由贸易试验区	大连片区	69. 75	53. 40	63. 63	80. 00	62. 91
11	中国(上海)自由贸易试验区	临港片区	73. 50	75. 70	35. 15	90. 00	62. 50

续表

排名	自贸区	自贸片区	决策公开20%	管理和服务公开35%	执行和结果公开35%	平台建设10%	总分
12	中国(广西)自由贸易试验区	南宁片区	75.25	79.80	28.83	90.00	62.07
13	中国(天津)自由贸易试验区	天津机场片区	56.80	74.30	48.83	50.00	59.45
14	中国(广西)自由贸易试验区	崇左片区	86.75	66.70	26.05	90.00	58.81
15	中国(广西)自由贸易试验区	钦州港片区	88.80	56.50	38.15	67.50	57.64
16	中国(广东)自由贸易试验区	珠海横琴新区片区	70.25	75.80	30.13	50.00	56.12
17	中国(福建)自由贸易试验区	厦门片区	82.25	53.20	33.08	90.00	55.65
18	中国(辽宁)自由贸易试验区	营口片区	88.00	59.90	23.70	87.50	55.61
19	中国(江苏)自由贸易试验区	南京片区	83.50	30.80	54.43	75.00	54.03
20	中国(辽宁)自由贸易试验区	沈阳片区	81.50	63.50	11.30	50.00	47.48
21	中国(湖南)自由贸易试验区	郴州片区	43.65	45.60	43.40	70.00	46.88
22	中国(上海)自由贸易试验区	金桥开发片区	34.40	72.30	21.90	70.00	46.85
23	中国(福建)自由贸易试验区	福州片区	59.75	30.10	45.03	70.00	45.24
24	中国(上海)自由贸易试验区	张江高科技片区	46.10	62.30	21.90	57.50	44.44
25	中国(陕西)自由贸易试验区	杨凌示范区片区	69.75	48.90	20.55	60.00	44.26
26	中国(重庆)自由贸易试验区	两江片区	20.90	45.20	43.23	85.00	43.63
27	中国(湖北)自由贸易试验区	宜昌片区	32.80	54.70	25.50	80.00	42.63

续表

排名	自贸区	自贸片区	决策公开 20%	管理和服务公开 35%	执行和结果公开 35%	平台建设 10%	总分
28	中国(山东)自由贸易试验区	青岛片区	92.75	30.50	8.90	90.00	41.34
29	中国(上海)自由贸易试验区	陆家嘴金融片区	17.40	73.10	7.80	90.00	40.80
30	中国(河南)自由贸易试验区	洛阳片区	15.90	44.70	43.10	67.50	40.66
31	中国(河北)自由贸易试验区	正定片区	68.35	38.60	21.85	57.50	40.58
32	中国(四川)自由贸易试验区	成都天府新区片区	59.50	17.20	41.90	70.00	39.59
33	中国(上海)自由贸易试验区	世博片区	27.70	62.30	16.05	50.00	37.96
34	中国(山东)自由贸易试验区	烟台片区	47.55	41.00	11.50	95.00	37.39
35	中国(河南)自由贸易试验区	郑州片区	73.50	23.40	6.50	100.00	35.17
36	中国(河南)自由贸易试验区	开封片区	51.00	5.00	40.30	80.00	34.06
37	中国(陕西)自由贸易试验区	中心片区	31.60	20.60	33.15	50.00	30.13
38	中国(黑龙江)自由贸易试验区	黑河片区	34.15	40.80	5.50	70.00	30.04
39	中国(湖北)自由贸易试验区	襄阳片区	53.25	12.70	25.50	55.00	29.52
40	中国(云南)自由贸易试验区	红河片区	61.60	12.00	7.25	90.00	28.06
41	中国(山东)自由贸易试验区	济南片区	49.00	31.00	12.35	25.00	27.47
42	中国(云南)自由贸易试验区	德宏片区	42.90	28.20	4.00	75.00	27.35
43	中国(浙江)自由贸易试验区	金义片区	56.80	13.40	15.30	55.00	26.91

续表

排名	自贸区	自贸片区	决策公开 20%	管理和服务公开 35%	执行和结果公开 35%	平台建设 10%	总分
44	中国(河北)自由贸易试验区	大兴机场片区	33.85	28.80	5.55	62.50	25.04
45	中国(湖南)自由贸易试验区	长沙片区	44.35	11.20	21.98	40.00	24.48
46	中国(四川)自由贸易试验区	川南临港片区	48.90	10.60	9.00	70.00	23.64
47	中国(四川)自由贸易试验区	成都青白江铁路港片区	37.80	7.60	10.50	45.00	18.40
48	中国(安徽)自由贸易试验区	蚌埠片区	35.90	3.20	10.00	25.00	14.30
49	中国(黑龙江)自由贸易试验区	绥芬河片区	15.60	0.00	8.40	55.00	11.56
50	中国(安徽)自由贸易试验区	合肥片区	20.00	3.20	10.00	25.00	11.12
51	中国(安徽)自由贸易试验区	芜湖片区	17.95	3.20	10.00	15.00	9.71
52	中国(浙江)自由贸易试验区	离岛片区	—	—	—	—	—
53	中国(浙江)自由贸易试验区	北部片区	—	—	—	—	—
54	中国(浙江)自由贸易试验区	南部片区	—	—	—	—	—
55	中国(浙江)自由贸易试验区	宁波片区	—	—	—	—	—
56	中国(浙江)自由贸易试验区	杭州片区	—	—	—	—	—
57	中国(重庆)自由贸易试验区	西永片区	—	—	—	—	—
58	中国(重庆)自由贸易试验区	果园港片区	—	—	—	—	—
59	中国(江苏)自由贸易试验区	苏州片区	—	—	—	—	—

续表

排名	自贸区	自贸片区	决策公开 20%	管理和服务公开 35%	执行和结果公开 35%	平台建设 10%	总分
60	中国（江苏）自由贸易试验区	连云港片区	—	—	—	—	—
61	中国（河北）自由贸易试验区	雄安片区	—	—	—	—	—
62	中国（河北）自由贸易试验区	曹妃甸片区	—	—	—	—	—
63	中国（黑龙江）自由贸易试验区	哈尔滨片区	—	—	—	—	—
64	中国（北京）自由贸易试验区	科技创新片区	—	—	—	—	—
65	中国（北京）自由贸易试验区	国际商务服务片区	—	—	—	—	—
66	中国（北京）自由贸易试验区	高端产业片区	—	—	—	—	—
67	中国（湖南）自由贸易试验区	岳阳片区	—	—	—	—	—

（三）仲裁国际化程度遥遥领先

中国自由贸易试验区仲裁合作联盟由上海国际仲裁中心和深圳国际仲裁院倡议，由福州仲裁委员会、深圳国际仲裁院、广州仲裁委员会、上海国际仲裁中心、天津仲裁委员会、珠海仲裁委员会等6家仲裁机构作为创始成员机构，于2015年4月共同在深圳前海发起创立。截至2022年7月，该联盟已经逐步扩展到31家仲裁委员会（见表5）。该联盟以提升中国仲裁的国际公信力、推动自贸区建设成为新时代改革开放高地、提高中国自贸区仲裁专业化水平为目标。评估发现，在31家仲裁委员会中，仅有海南国际仲裁院、深圳国际仲裁院、上海国际仲裁中心仲裁员国际化比例超过20%。其中，海南国际仲裁院港澳台地区及外籍仲裁员占比24.24%；上海国际仲裁中心仲裁员港澳台及外籍仲裁员有 361 名，占比 37.41%；深圳国际仲裁院境外仲裁员有 385 名，占比超过 41%。深圳国际仲裁院仲裁员名册覆盖 77 个国家和地区，基本实现“一带一路”沿线国家全覆盖，其国际化比例全国领先。此外，相比其他仲裁院，深圳国际仲裁院积极推动智慧仲裁的应用和落地，建立了网上智慧仲裁系统，建立了仲裁智库，推动仲裁向信息化、智能化方向发展。

表 5　中国自由贸易试验区仲裁合作联盟国际化对比

自贸区	仲裁机构	是否可以智慧仲裁	仲裁智库建设	多语言网站	人员名单
中国（上海）自由贸易试验区	上海国际仲裁中心	不可以	没有	中文/英语	上海国际仲裁中心仲裁员名册共有仲裁员 965 名，分别来自 74 个国家和地区，其中内地仲裁员 604 名，占 62.59%；外籍及港澳台地区仲裁员 361 名，占 37.41%
	上海仲裁委员会	可以实现网上立案、网上庭审	有	中文	上海仲裁委员会拥有仲裁员 1300 名，其中外籍及港澳台地区仲裁员 60 名，占 4.62%
中国（广东）自由贸易试验区	广州仲裁委员会	有智慧仲裁，可以立案、庭审	有	中文	广州仲裁委员会仲裁员名册有 2085 名仲裁员，其中外籍及港澳台地区仲裁员 156 名，占 7.48%
	深圳国际仲裁院	有智慧仲裁	有	中文/英文	仲裁员名册覆盖 77 个国家和地区，基本实现“一带一路”沿线国家全覆盖，境外仲裁员有 385 名，占比超过 41%，国际化比例全国领先
	珠海仲裁委员会	有智慧仲裁	有	中文/英文	珠海国际仲裁院现有仲裁员 863 名，其中港澳台地区及外籍仲裁员人数 166 名，占 19.24%，澳门地区仲裁员人数位居内地仲裁机构之首。仲裁员专业领域涵盖金融、国际贸易、建设工程、房地产、知识产权等，可以为国内、国际各类型商事经济纠纷提供专业仲裁服务
中国（天津）自由贸易试验区	天津仲裁委员会	可以网上立案	没有	中文/英文	天津仲裁委员会有 565 名仲裁员，其中港澳台及外籍地区仲裁员人数为 5 人，占比 0.88%

续表

自贸区	仲裁机构	是否可以智慧仲裁	仲裁智库建设	多语言网站	人员名单
中国(福建)自由贸易试验区	福州仲裁委员会	不可以网上立案	没有	中文	福州仲裁委员会共有521名仲裁员，无法确认是否有港澳台地区及外籍仲裁人员
	厦门仲裁委员会	有云上仲裁	没有	中文	厦门仲裁委员会共有604名仲裁员，其中港澳台地区及外籍仲裁员人数为28名，占比4.64%
中国(辽宁)自由贸易试验区	沈阳仲裁委员会	没有	没有	中文	沈阳仲裁委员会共有340名仲裁员，无法确认是否有港澳台地区及外籍仲裁员
中国(浙江)自由贸易试验区	舟山仲裁委员会	可以网上立案，但是不能网上仲裁	没有	中文	舟山仲裁委员会共有70名仲裁员，没有港澳台地区及外籍仲裁员
中国(河南)自由贸易试验区	郑州仲裁委员会	有	没有	中文	郑州仲裁委员会有270名仲裁员，其中港澳台地区及外籍仲裁员人数为8名，占比2.96%
	洛阳仲裁委员会	没有	没有	中文	洛阳仲裁委员会有仲裁员220名，没有港澳台地区及外籍仲裁员
中国(湖北)自由贸易试验区	武汉仲裁委员会	有	没有	中文/英文	仲裁员共有1149名，其中港澳台地区及外籍仲裁员共24名，占比2.09%。
	宜昌仲裁委员会	没有	没有	中文	仲裁员共有302名，无法判断是否有港澳台地区及外籍仲裁员
	襄阳仲裁委员会	可以网上立案	没有	中文	有仲裁员302人，没有港澳台地区及外籍仲裁员
中国(重庆)自由贸易试验区	重庆仲裁委员会	有互联网仲裁	没有	中文	重庆仲裁委员会有仲裁员666名，其中港澳台地区及外籍仲裁员为27名，占比4.05%
中国(四川)自由贸易试验区	成都仲裁委员会	没有	没有	中文	成都现有仲裁员600余名，无法判断是否有港澳台地区及外籍仲裁员
中国(陕西)自由贸易试验区	西安仲裁委员会	有智慧仲裁	无	中文	西安仲裁委员会有仲裁员597人，其中港澳台地区及外籍仲裁员为21人，占比3.52%
中国(海南)自由贸易试验区	海南国际仲裁院	有	没有	中文/英文	海南国际仲裁院有仲裁员1180人，其中港澳台地区及外籍仲裁员为286人，占比24.24%

续表

自贸区	仲裁机构	是否可以智慧仲裁	仲裁智库建设	多语言网站	人员名单
中国(山东)自由贸易试验区	济南仲裁委员会	可以网上立案	没有	中文	济南仲裁委员会有仲裁员460人,没有港澳台地区及外籍仲裁员
	青岛仲裁委员会	有线上ADR调解系统/有互联网仲裁平台	没有	中文	青岛仲裁委员会有仲裁员1339名,其中港澳台地区及外籍仲裁员为153人,占比11.43%
中国(江苏)自由贸易试验区	南京仲裁委员会	可以实现网上仲裁	没有	中文	南京仲裁委员会共有仲裁员752名,其中港澳台地区及外籍仲裁员为55人,占比7.31%
中国(广西)自由贸易试验区	南宁仲裁委员会	无	没有	中文	南宁仲裁委员会共有仲裁员615名,其中港澳台地区及外籍仲裁员为26人,占比4.23%
	钦州仲裁委员会	无	没有	中文	钦州仲裁委员会有仲裁员1408人,其中港澳台地区及外籍仲裁员为51人,占比3.62%
	崇左仲裁委员会	评估期间无法打开	—	—	—
中国(河北)自由贸易试验区	石家庄仲裁委员会	有互联网仲裁平台	没有	中文	石家庄仲裁委员会共有仲裁员721人,其中港澳台地区及外籍仲裁员为32人,占比4.44%
	廊坊仲裁委员会	可以实现网上立案	没有	中文	廊坊仲裁委员会共有仲裁员468,其中港澳台地区及外籍仲裁员为48,占比10.26%
中国(云南)自由贸易试验区	昆明仲裁委员会	评估期间无法打开	—	—	—
中国(黑龙江)自由贸易试验区	哈尔滨仲裁委员会	能实现在线立案、在线调解	—	—	—
	黑河仲裁委员会	评估期间无法打开	—	—	—
	牡丹江仲裁委员会	无	无	中文	牡丹江仲裁委员会共有68名仲裁员,没有港澳台地区及外籍仲裁员

三 各板块评估结果

（一）规则制定

1. 评估发现的亮点

（1）推动粤港澳规则衔接

粤港澳区域合作是中国区域合作的成功典范，同时也是“一国两制”和基本法框架下跨区域、跨法域合作的成功典范。粤港澳大湾区具有“一国两制三法域”、三种货币、三个独立关税区的特点，探索规则衔接不仅需要借鉴域外湾区的成功经验，同时还需要结合粤港澳大湾区的实际情况。对此，中共中央、国务院印发《全面深化前海深港现代服务业合作区改革开放方案》，对规则衔接所涉及的范围和领域进行了细化，要求“推进与港澳跨境政务服务便利化，研究加强在交通、通信、信息、支付等领域与港澳标准和规则衔接”。一方面，前海积极推动中央政策有序落地，持续推进规则制度“软联通”，打造规则衔接示范地。例如，在海关方面，前海获得海关总署的支持，允许其与香港监管规则和检测标准相衔接，对粤港澳大湾区高新技术产品质量安全风险信息实施分类，采取风险识别、分析评估、风险登记研判及预警处置措施。另一方面，前海探索建立粤港澳商事法律规则衔接研究中心。前海在现有司法实践经验、理论研究和司法改革的基础上，探索成立“粤港澳商事法律规则衔接研究中心”，以理论带动实践，以实践促进理论。在具体举措上，前海积极整合优化研究资源，明确职能建构，打造高水平研究队伍，推动与域内外专业机构常态化交流合作，促进规则衔接落地。

（2）立法拓宽域外适用认定范围

《深圳经济特区前海深港现代服务业合作区条例》第57条突破了《涉外民事关系法律适用法》，规定“民商事合同当事人一方为前海合作区注册的港资、澳资、台资及外商投资企业的，可以协议选择合同适用的法律”。这意味着前海法院在适用法律上拥有了“最低限度联系原则”，在前海注册的港资企业，在订立民商事合同时，即使不具备“涉外因素”，也可以选择香港法律作为合同适用的法律，这使得更多商事主体在选择“熟悉的法律”解决纠纷时享有更广阔的制度空间。该制度的确立，有助于提升前海在粤港澳大湾区乃至全球自贸港中的司法影响力，保护中国当事人的合法权益以及国家利益，有效反制滥用司法管辖权等“长臂管辖”行为，捍卫司法主权。

（3）制定规则促进科技创新

当前世界范围内国与国之间的竞争，说到底还是生产力的竞争，是科学技术的竞争。科技创新是经济发展的重要支撑，是科教兴国战略的必然要求，是民族和国家发展的动力源泉。为推动科技创新，2022 年 8 月，前海印发《深圳市前海深港现代服务业合作区管理局支持科技创新实施办法（试行）》，以切实可行的政策优惠，鼓励支持科技创新企业在前海生根发芽，推动港澳科研成果跨境转化。例如，粤港澳新型研发机构的支持和管理办法另行规定，同时支持世界 500 强企业与国家级创新载体或国际重要实验室建设联合实验室，对符合条件的联合实验室按照运营实际投入经费的 50%，给予 500 万元支持。

（4）制定规则促进商贸物流发展

前海在疫情和中美贸易摩擦的双重影响下，国内国际双循环受到一定打击。一方面，国内疫情不断零星散发，商贸物流行业面临通行不畅、供应链断裂等多重障碍。另一方面，中美贸易摩擦对前海电子芯片进口业务的影响在短时间内未能消除，导致前海对外贸易压力增大。在此背景下，前海管理局制定了《深圳市前海深港现代服务业合作区管理局促进商贸物流业高质量发展办法》，对批发零售企业、商业运营主体、商户以及直播电商予以支持。该办法以减免仓库租金、资金奖励支持等政策优惠为现代物流、航运服务，鼓励商贸物流业聚集发展。

（5）规则制定保持在较高水准

规则征求意见、规则发布、规则解读等多个方面都表现极为优异。在征求意见方面，线上设置专门栏目广泛征求建议看法，线下则邀请重点行业领域的专家学者就政策提供意见。在规则发布方面，发布及时性有了较大提升，一旦政策文件通过当即公开发布，让市场主体第一时间了解政策内容。在规则解读方面，规则文件与政策解读相关联且一一对应，同时在线下印发大量政策解读的宣传手册和图文解释，方便群众深度了解规则所规定的关键信息。

2. 评估发现的问题

（1）规则衔接依然任重而道远

虽然前海在大方向上已经作出重要突破，但由于该项工作理论难度大、涉及领域范围广、牵涉问题复杂，与港澳台的规则衔接仍存在较大提升空间。以香港承包商在前海的建设工程服务为例，香港的建设工程承包规则与内地的规则相差很大，香港工程推行的是建筑师负责制而没有简历，而内地则要求强制监理，不同的操作规则使香港承包商进入内地承揽工程存在许多顾虑，虽然前海放开了香港承包商在前海执业的资质要求，但实际上香港承包商（尤其是施工承包商）要真正在前海承包工程仍较难实现。如何使前海的工程规则与香港乃至国际通行规则接轨，需要在规则制定的细则上继续深化落实。

（2）规则失效未能公示告知

前海出台了大量试行规则，同时规定了有效期。例如，《关于支持港澳青年在前海发展的若干措施》自2019年3月1日起施行，有效期3年；《深圳市前海深港现代服务业合作区土地租赁管理办法（试行）》自2019年4月25日起施行，有效期3年。2022年3、4月份之后，上述措施和办法陆续失效。而前海管理局未能对即将失效或已失效的规定进行足够的提示和备注，社会公众在查询相关政策时，极易将已经失效的政策作为行为依据，造成行为失准。从现有状况来看，前海不仅应把注意力放在规则的制定和解释上，还应当注重即将失效或已经失效规则的标注，让社会公众了解部分规定已经失效，无须参考执行。

（二）法治政府

1. 评估发现的亮点

（1）前海优化审批服务再上新台阶

优化审批服务能够切实为广大市场主体松绑减负，能够营造更加良好的营商环境，能够切实增强市场主体的获得感。前海始终深信“审批不仅是权力，更是服务”的理念，通过“前海 e 站通服务中心”“前海港澳 e 展通”以及多个片区服务载体，通过线上线下相结合的方式，积极打造覆盖全域的审批服务体系，不断推动审批服务持续优化。截至 2021 年底，前海优化审批服务事项 445 项，占所有审批服务事项的 84%。同时，前海加强数字政府建设，严格落实《国务院关于加强数字政府建设的指导意见》，不断完善电子证照共享服务体系，528 个事项对应 348 种办事结果，其中 240 种办事结果有对应的电子证照目录，让企业切实感受到审批服务不断优化带来的便利及成效。

（2）跨域通办取得明显成效

为深入推进“放管服”改革，进一步优化政务服务流程，不断提升主动、精准、整体式智能化服务水平，持续提升企业和居民办事便利度和获得感，前海进一步探索跨域通办的极限。在深圳市内，自 2022 年 3 月前海已经试点推行“全市域通办”服务模式，线下办事大厅、网上办事大厅、移动端等服务渠道均已打通，通过“异地收件、属地受理”“辅助申报”“快递申报”等多种方式，让申请人选择最方便的方式和地点进行业务申请或者材料提交，实现政务服务跨区域、跨层级登记收件，为企业和群众提供更加便捷、高效、优质的政务服务。截至 2022 年 3 月，前海已有包括企业投资项目核准、变更、延期，设立外籍人员子女学校等 111 项政务服务事项已实现“全市域通办”。在深圳市外，前海推出“粤港澳大湾区”业务通办项目，为深化粤港澳政务服务搭建桥梁。例如，前海税务局率先推出“深港澳办税易”服务互通便利化项目，提供 105 项涉税业务办理服务，将“远程办”“辅助办”“邮寄办”服务延伸至港澳地区，为探索境内外政务服务一体化提供税务经验。设立多语种语言服务咨询岗、导税岗及服务专窗，构建“宣传+辅导+办税”多语种现代化税费服务体系。

（3）吸引境外人才跨境执业

吸引境外海外人才、打通粤港澳执业壁垒、推动大湾区市场一体化建设一直是前海改革的重要方向。2021 年《中华人民共和国国民经济和社会发

展第十四个五年规划和2035年远景目标纲要》要求："扩大内地与港澳专业资格互认范围。"对此，前海通过修改规则，扩大与港澳专业资格互认，避免出现"准入不准营"的情况。例如，前海推动港澳涉税专业人士跨境执业政策在前海率先落地，打造港澳涉税专业人员到内地发展的"第一站"。截至2022年7月份，已有69位港澳涉税专业人士办理完成跨境执业登记，7家联营税务师事务所完成登记执业。

（4）行政执法报告公开

在行政机关的各项活动中，行政执法与人民群众切身利益最为密切和直接。近年来，随着行政执法"三项制度"（执法全过程记录制度、严格执行重大执法决定法制审核制度、推行行政执法公示制度）的深入推进，全国执法规范化有了较大进步。在此基础上，前海进一步要求执法单位不仅要践行执法全过程记录、重大执法法制审核、行政执法公示，而且对全年执法数据进行总结和公开，接受社会监督。根据公开结果，2021年前海行政处罚案件768宗，罚没金额124万元，平均每宗案件罚款0.16万元。

（5）推动重大决策科学民主合法

重大决策的制定对于地方经济社会发展至关重要，前海通过公开重大决策目录、完善议事规则、强化法治审核三个环节，保障重大决策科学、民主、合法。首先，前海确定全域重大决策事项过程中，会将重大决策主要内容以及完成时限一并向社会公开，接受社会监督。其次，制定重大决策议事规则。前海先后制定出台《中共深圳市前海深港现代服务业合作区工作委员会会议制度》《深圳市前海管理局局长办公会议工作规则》《中共深圳市前海深港现代服务业合作区工作委员会、深圳市前海管理局、前海蛇口自贸片区管理委员会领导办公会议工作规则》等一系列的议事规则，帮助前海管理局提高议事能力和水平，增强议事的规范性。最后，法务审核前置。法务审核前置有利于提高决策水平，有利于保障决策合法性，有助于强化对权力的监督。截至2021年底，前海反馈或审核重大制度意见100余件次，审核各类合同800余份，出具法律意见4000余条，为疫情防控、重大项目建设、重大决策和突发事件应对提供法律支持，全面防控政府法律风险。

2. 评估发现的问题

（1）法治政府建设报告存在瑕疵

一方面，评估发现前海超前发布年度法治政府建设报告。2021 年的法治政府建设年度报告发布日期为 2021 年 12 月 28 日，2020 年度依法行政及法治政府工作报告发布日期是 2020 年 12 月 21 日。上述两个年度报告均在本年度结束之前发布，未能涵盖本年度所有时间段。另一方面，法治政府建设报告中存在漏项。中共中央办公厅、国务院办公厅印发的《法治政府建设与责任落实督察工作规定》第 25 条规定，法治政府建设年度报告主要包括以下内容：①上一年度推进法治政府建设的主要举措和成效；②上一年度推进法治政府建设存在的不足和原因；③上一年度党政主要负责人履行推进法治建设第一责任人职责、加强法治政府建设的有关情况；④下一年度推进法治政府建设的主要安排；⑤其他需要报告的情况。两份报告都没有提及上一年度法治政府建设存在的不足和原因，不符合中央关于法治政府建设年度报告的要求。

（2）设定审批的依据存在问题

前海管理局公开的审批制度依据存在过时问题，部分条例已经修改，其所对应的条文发生了变化。例如，国有建设用地供地审核的依据是《土地管理法实施条例》2014 年修订版第 22、29 条，最新的版本是 2021 年修订版，2021 年修订后，对应第 29 条变成了第 17 条，而第 22 条相关内容则已删除。再如，中医医疗机构医师执业注册的依据写的是《执业医师法》，但是该法已经被《医师法》（2022 年 3 月）废除了，将已经废止的法律作为审批依据不仅不合适，而且不合法。

（3）政府信息公开指南表述有待完善

在前海管理局政府信息公开指南中指出，“公民、法人或者其他组织认为行政机关在政府信息公开工作中的具体行政行为侵犯其合法权益的，公民、法人和其他组织可以依法申请行政复议或提起行政诉讼”，但修改后的《政府信息公开条例》和《行政诉讼法》均删除了“具体行政行为”的表述。政府信息公开指南的表述应当及时随着法律法规的修改而完善，以保障指南的严肃性和合法性，避免错误引导。

（三）司法建设

1. 评估发现的亮点

（1）畅通在线诉讼服务渠道

司法信息化建设对诉讼服务产生了深刻的影响，打破了诉讼必须在法庭这一固定场域内进行的固有模式，对证据交换和证明、诉讼材料送达、庭审记录等都产生了重要影响。司法信息化建设使得诉讼参与更加便捷、简洁、实用，同时也让民众更容易接近司法。前海法院不断拓宽网上立案范围，在网上立案平台开通执行恢复、财产保全、申请再审等案件的申请途径，让司法诉讼服务插上信息化翅膀，减少诉讼参与人的诉累，节约诉讼成本，不仅让诉讼参与人在每一个案件中都感受到公平正义，而且感受到司法的便捷和高效。2021 年，前海法院网上立案 19500 件，占立案总数的 90.33%；受理 12368 及诉讼服务热线 52039 人次。在疫情期间，前海通过完善远程视频跨域授权服务流程，最大限度减轻疫情影响，保障域外当事人诉权。2021 年，前海法院通过跨境视频连线的方式，远程在线确认当事人身份与授权行为 300 人次。

（2）公正高效审理涉外涉港澳台商事案件

前海法院 2021 年共受理涉外涉港澳台商事案件 4851 件（其中新收 3669 件），受理涉外涉港澳台商事案件比 2020 年上升 51.55%，占民商事案件总数的 35.27%。其中，受理涉港商事案件 2928 件，占涉外涉港澳台商事案件总数的 60.36%；涉外商事案件 1460 件，占比 30.10%；涉澳商事案件 58 件，占比 1.20%；涉台商事案件 405 件，占比 8.34%。审结涉外涉港澳台商事案件 3166 件，同比增长 25.83%。2021 年，前海法院涉外涉港澳台商事案件平均审理周期为 7.7 个月，是全国涉外涉港澳台商事案件办理最快的法院。

（3）为香港地区陪审员开辟线上参与渠道

前海法院积极完善“港区陪审”和“港区调解”制度，创新涉港审判工作机制，积极适用香港法或域外法进行审理。前海法院聘请 19 名港籍陪审员，截至 2021 年 12 月，香港地区陪审员参与办理案件 661 件。因疫情影响，香港陪审员前往前海参加诉讼活动越来越困难。为此，2022 年 3 月前海法院在“深圳移动微法院”平台为香港地区陪审员开通实名认证的专项通道，实现了香港地区陪审员登录使用“深圳移动微法院”平台查阅陪审案件资料和在线参与庭审。另外，前海法院还自行研发“陪审通”小程序，方便香港地区陪审员使用小程序接收案件排期等相关庭审信息。

（4）全力破解执行难题

“切实解决执行难”是党中央作出的重大决策部署，破解执行难题是推进国家治理体系和治理能力现代化的重要内容，是提高人民群众获得感的有效途径。前海合作区人民法院通过完善常态化执行机制、强化善意文明执行理念、加强执行款物管理等举措，全力破解执行难题。在执行工作机制方面，前海法院建立健全涵盖执行事务管理的长效机制，制定《前海法院执行员选任、管理规定（试行）》，明确执行员工作职责，修订《前海法院执行财产保全工作规定》等制度，确保高效公正规范文明执行。2021 年，前海法院新收各类执行案件 5035 件，比 2020 年上升 16. 31%；办结 4517 件，同比上升 8. 50%，结收案比 89. 71%。在强化善意文明执行理念方面，前海法院灵活查封诚信企业财产，充分考虑被执行人特殊情况，保障其正常经营。2021 年，前海法院共办结涉诚信企业案件 843 件，涉及诚信企业 116 家，结案标的额 7. 07 亿元。在加强执行款物管理方面，前海规范执行款物收付全流程管理，提高执行款物流转效率。2021 年，举办两次执行款集中发放活动，重点针对涉民生、涉中小微企业案件，向 60 名申请执行人发放了约 1. 4 亿元执行款，取得良好社会效果。2021 年，前海法院累计完成执行款划款 3188 笔，划款金额总计 9. 3 亿元，执行款收付管理进入良性循环。

（5）持续推动仲裁国际化

仲裁国际化是新时期中国涉外法治工作和对外开放战略的重要环节，是增强国际贸易规则话语权的重要途径，是优化国际化营商环境的重要内容。深圳国际仲裁院共有仲裁员 1548 名，覆盖全球 114 个国家和地区，其中中国内地 981 人，中国香港 149 人，中国澳门 18 人，中国台湾 17 人，外国 383 人，境外占比 36.6%，超过了《深圳国际仲裁院条例》所规定的 1/3 的比例要求。仲裁员结构国际化程度维持在较高水平，增强了外国与港澳台地区商事主体对在前海投资创业的法治信心。仲裁员的国际化助力仲裁院吸引了大量涉外案件。2021 年，仲裁院受理的近七成仲裁案件为跨境纠纷，较 2020 年增长 15%，争议金额过亿元案件达 138 宗；案件平均争议金额达人民币 1216.88 万元，较 2020 年增长 47.16%。仲裁院全年受理涉外案件（含涉港澳台案件）总数达 345 宗，争议金额达人民币 197.78 亿元，受案数量和争议金额分别较 2020 年增长 8.15%和 72.28%。涉外案件平均争议金额达人民币 5732.75 万元，较 2020 年度增长了 59.3%。截至 2021 年 12 月 31 日，仲裁、调解服务累计覆盖 136 个国家和地区。

2. 评估发现的问题

（1）检察院面临人力资源困境

深圳前海蛇口自贸区检察院自成立以来，依法履行法律监督职责，深化检察服务的各项举措，积极探索创新，服务地方经济社会发展。随着深圳前海蛇口自贸区检察院有权办理自贸区内刑事案件、探索开展海洋检察和金融类案件管辖工作后，其面临的人力资源困境逐步凸显。目前，检察院有工作人员 53 人，其中检察官 13 人、检察行政及辅助人员 17 人、劳动合同制司法辅助人员及临聘人员 23 人。上述人员数量不足以应对突然增加的工作量。

（2）司法公开工作有所松懈

项目组对全国 13 家专门性法院（包括自贸区法院、互联网法院、金融法院、知识产权法院）司法公开情况进行评估，2021 年评估中前海合作区人民法院取得了排名第三的好成绩，在 2022 年评估中，前海合作区人民法院司法公开情况不容乐观。审务信息、审判信息、执行信息、数据信息、司法改革信息存在公开不完整、不规范等问题，部分信息公开不及时，一些信息没有公开，导致司法公开成绩有所下滑（见表 6）。

表 6　2022 年专门性法院司法透明度排名

单位：分

排名	法院	总分	审务信息公开	审判信息公开	执行信息公开	数据信息公开	司法改革信息公开
1	重庆两江新区(自贸区)人民法院	83.59	99.82	52.10	90.00	100.00	100.00
2	广东自贸区南沙片区人民法院	80.57	79.60	60.55	82.40	100.00	100.00
3	广州互联网法院	80.33	90.88	59.00	76.00	95.00	100.00
4	珠海横琴新区人民法院	61.65	67.64	72.80	86.40	50.00	10.00
5	广州知识产权法院	56.24	78.40	80.20	0.00	60.00	50.00
6	北京互联网法院	47.97	60.21	51.10	28.00	50.00	50.00
7	成都天府新区(自贸区)法院	47.09	76.20	47.65	24.00	35.00	50.00
8	深圳前海合作区人民法院	46.27	50.55	50.20	38.00	50.00	40.00
9	北京金融法院	43.69	50.78	55.10	10.00	100.00	0.00
10	北京知识产权法院	43.29	63.96	40.00	10.00	50.00	60.00
11	上海金融法院	40.30	86.80	35.70	42.40	15.00	10.00
12	上海知识产权法院	25.88	49.95	41.30	10.00	0.00	10.00
13	杭州互联网法院	21.68	58.90	33.00	0.00	0.00	0.00

（四）法治社会

1. 评估发现的亮点

（1）调解国际化和专业化齐头并进

一方面，前海积极探索与国际接轨的商事调解新机制。设立前海一带一路诉调对接中心、蓝海法律查明和商事调解中心、前海国际商事调解中心等国际调解机构。强化与香港和解中心、香港国际仲裁中心调解会、澳门世界贸易中心仲裁中心等 9 家知名域外调解组织合作，成立粤港澳商事调解仲裁联盟，开展粤港澳三地专业调解员联合培训和资格互认。成立商事调解协会，推动商事调解规则标准化、国际化和市场化。前海“一带一路”国际商事诉调对接中心聘请超过 16 名港澳台地区和外籍法律专业人士为调解员，采用“香港地区调解员+内地调解员”以及“香港地区调解员+内地调解法官”等联合调解模式。前海国际商事调解中心开展跨境调解，与日内瓦调解中心、瑞中法律协会等开展深度合作；蓝海法律和查明调解中心，积极引进美国等境外调解业务新模式，挂牌运作“商事纠纷中立评估基地”，进一步丰富调解服务形态。另一方面，前海注重发展专业调解，专业的事情交由专业机构和专业人士处理。例如，在资本市场调解业务方面，2021 年，深圳证券期货业纠纷调解中心受理案件 1382 宗，较 2020 年同比增加 365%，其中涉及证券纠纷 59 宗、基金纠纷 22 宗、期货纠纷 23 宗、上市公司纠纷 1278 宗。该中心办结案件 1069 宗，较 2020 年同比增加 863%。其中，调解成功 414 宗，和解金额达人民币 2985 万元。再如，在展会调解业务方面，仲裁院继续在商务部的支持下，依托与中国对外贸易中心合作创建的广交会“云上调解”系统，持续创新调解模式，采用线上线下融合的形式为第 130 届中国进出口商品交易会（广交会）提供调解服务，调解成功率达 100%，顺利解决中外企业贸易纠纷，进一步扩大仲裁院在国际贸易纠纷解决方面的全球影响力。截至目前，仲裁院协助广交会投诉接待站处理贸易纠纷超过 1300 宗，调解案件的当事人涉及 119 个国家和地区，总体调解成功率达 60%，促使大部分案件海内外当事人现场履行，专业、高效解决贸易纠纷。

（2）深入开展“八五”普法工作

前海管理局以习近平法治思想为指导，从科学把握新发展阶段、深入贯彻新发展理念、率先构建新发展格局的实际出发，有效整合法律服务资源。扩大“直播式普法”的覆盖面，开展企业合规建设系列普法活动，组建市场监管普法志愿者队伍等创新举措。前海为企业提供最新的咨询服务，并按需普法、定制普法、精准普法、以案释法，把案件依法处理过程变成普法公开课。同时，前海运用新媒体、短视频等新兴信息传播媒介进行“智慧普法”，扩大“直播式普法”的覆盖面，做好专业资源与企业的有效对接。

（3）高标准建设前海深港国际法务区

2021 年 5 月，中央全面依法治国委员会印发的《关于支持深圳建设中国特色社会主义法治先行示范城市的意见》提出，“高标准建设前海深港国际法务区”。国际法务区建设，有利于为中国特色社会主义法治建设打造示范窗口，有助于进一步提升前海深港法律事务合作水平，有益于构建对接港澳、接轨国际的一流法治营商环境。为推进国际法务区落地，前海专门制定了《关于支持深港国际法务区高端法律服务业集聚的实施办法（试行）》，该办法主要对前海深港国际法务区高端法律服务业集聚扶持的适用范围、实施主体、支持对象、准入条件，以及深港和国际合作发展支持、鼓励法律服务业集聚发展支持、物业支持的具体标准和条件等进行了规定。2022 年 1 月 4 日，前海深港国际法务区启用，得到法律界高度关注。目前已有司法、仲裁、调解、法律服务等六大类 70 多家机构进驻法务区。

（4）支持市场主体纾困发展，摆脱疫情不利影响

为保障国民经济和社会健康发展，保障就业、活跃市场，减少疫情造成的经营困难，2021 年 11 月，国务院办公厅下发《关于进一步加大对中小企业纾困帮扶力度的通知》，要求“进一步加大助企纾困力度，减轻企业负担，帮助渡过难关”。在此基础上，2022 年 3 月，前海出台《关于应对新冠肺炎疫情支持市场主体纾困发展的若干措施》，通过减租金降负担、稳就业稳岗位、用科技促抗疫、减税负降成本、强金融助纾困等多项举措，支持市场主体摆脱疫情不利影响。第四批扶持资金共计约 565 万元。其中，支持零售业餐饮业发展扶持企业 174 家，扶持金额约 489 万元；支持鼓励企业稳岗留工扶持企业 1 家，扶持金额 1500 元；支持防疫科技研发扶持企业 3 家，扶持金额约 75 万元。

2. 评估发现的问题

（1）国际仲裁员缺少税收优惠

加快提升前海合作区法律事务对外开放水平，推动粤港澳大湾区国际仲裁中心建设，需要对标国际标准，吸引全球一流仲裁专家积极参与前海国际仲裁。然而，相比中国香港、新加坡等国际仲裁中心，国际仲裁员在中国内地办理仲裁案件没有税收优惠，个人所得税率远远高于境外，不利于在前海打造具有国际公信力和全球影响力的国际仲裁高地。

（2）疫情导致出入境便利大打折扣

受新冠肺炎疫情影响，境内外开展线下活动仍存在一定限制，为进一步推动国际仲裁交流合作造成一定阻碍。在出入境方面，中国香港、新加坡等地推出了方便境外人士参与仲裁的出入境便利措施，如 2020 年香港推出的“短期来港参与仲裁程序的合资格人士提供便利的计划”等。目前境外人士进入中国内地参与仲裁，无法享受类似的便利措施。这也逐渐影响了境外主

体对前海深港国际法务区的信任，削弱了前海深港国际法务区对境外法律人才的吸引力，降低了前海国际仲裁的全球竞争力。

（五）保障监督

1. 评估发现的亮点

（1）前海充分发挥党建引领作用

前海主动向社会招聘党建组织员，宣传贯彻党的路线、方针、政策，执行党组织决议决定；推动派驻单位建立健全党组织；协助派驻单位党组织落实“三会一课”制度，规范开展党内政治生活；做好党组织换届，党员教育、管理、监督和服务工作，完善党内党务公开，维护更新党统信息，做好党员组织关系排查、接转和党费收缴，做好党内关爱帮扶，建立完善党组织档案管理等日常工作；协助派驻单位党组织做好发展党员工作，制订和实施发展党员工作计划；做好组织、宣传、凝聚、服务群众工作，增强党组织凝聚力和向心力，充分发挥战斗堡垒作用；配合做好党群服务中心日常管理，组织开展党员志愿服务活动，推进党群共建；做好与上级党组织的沟通联系，帮助解决派驻单位党建工作的具体问题，落实各项任务目标，保障各项工作顺利开展，报送党建工作信息等；完成上级党组织交办的其他任务。

（2）香港法律界深度参与前海法治建设

香港法律界的深度参与，是前海法治建设的鲜明特色。《粤港澳大湾区发展规划纲要》提出，前海要联动香港打造国际法律服务中心和国际商事争议解决中心；《全面深化前海深港现代服务业合作区改革开放方案》提出，前海要提升法律事务对外开放水平，深化联营律师事务所机制改革，鼓励港澳律师事务所到前海设立业务机构。为此，前海积极联动香港，高标准建设前海深港国际法务区。2022 年 1 月，前海深港国际法务区启用，激励大湾区律师到前海执业。一方面，鼓励前海律师事务所聘用大湾区律师，按聘用人数给予相应奖励，聘用达到 30 人以上的，一次性叠加奖励 20 万元；另一方面，对于到前海执业的大湾区律师，按其在内地执业业务收入的 30%给予扶持，每人每年最高可达 10 万元。

（3）前海拒腐防贪保廉洁

中共中央、国务院印发《全面深化前海深港现代服务业合作区改革开放方案》，深圳充分发挥监督保障执行、促进完善发展作用，出台了《关于深入推进廉洁前海建设的若干措施》。在该措施的要求和指引下，深圳探索向前海非公企业提供“防贪顾问服务”、探索设立“廉洁工作站”等群众便利化监督平台、构建以信用为基础的市场监管机制等内容都吸收借鉴了国内外廉洁治理的先进经验。在廉洁法治建设方面，《关于深入推进廉洁前海建设的若干措施》提出，将健全公正透明规范的司法机制，严格落实防止干预司法“三个规定”等制度规定，完善司法责任制落实机制，健全司法过错责任追究和司法公开制度。同时，将规范行政执法行为，完善行政执法“双随机、一公开”制度，探索以风险分类和信用分级为基础实施差异化监管。

2. 评估发现的问题

高质量推动工作的人员配备不足。前海总面积由 14.92 平方千米扩展至 120.56 平方千米之后，所面对的情况越发复杂。对此，法治建设、法律事务以及风险防范等工作难度也同步提高。从各个层面来说，前海管理局部分处室存在小马拉大车的情况。今后要进一步推动高质量发展，推动各项工作，亟须进一步配备高素质的精干力量。

四　前海法治发展展望

前海的发展对提升粤港澳大湾区建设、支持深圳建设中国特色社会主义先行示范区、构建对外开放新格局、增强香港同胞对祖国的向心力具有重要意义。近年来，《中共中央、国务院关于支持深圳建设中国特色社会主义先行示范区的意见》《中共中央办公厅、国务院办公厅印发深圳建设中国特色社会主义先行示范区综合改革试点实施方案（2020～2025 年）》《中共中央、国务院印发全面深化前海深港现代服务业合作区改革开放方案》《最高人民法院关于支持和保障全面深化前海深港现代服务业合作区改革开放的意见》《最高人民法院关于调整深圳前海合作区人民法院管辖涉外、涉港澳台

商事案件标准的批复》等一系列文件的出台，为前海的高质量发展绘好了蓝图、定好了基调、明确了方向。前海应当在此基础上，严格落实党中央的要求，继续推进与港澳规则衔接、机制对接，建设高水平对外开放门户枢纽；继续开展各项制度创新工作，促使营商环境达到世界一流水平；继续尝试创新合作治理模式，提高应对包括疫情在内的风险能力；继续推动智库建设和法治文化建设，打造中国特色社会主义法治示范区样板。

（一）规则衔接领域进一步发力

规则衔接是粤港澳大湾区建设必须解决的重大课题，前海作为特区中的特区，理应在规则衔接方面精准发力，加强规则衔接研究，引领粤港澳大湾区规则体系一体化建设。一方面，前海应当继续增加规则衔接的理论储备，加强相关领域的制度研究。目前，前海已经发布了包括建设工程管理制度粤港澳规则衔接、大湾区金融规则衔接和标准互认、大湾区规则衔接模式与路径等课题，即将形成一批可复制、可推广的优秀成果。未来前海应继续发力，逐步覆盖交通、通信、信息、支付等领域，为粤港澳大湾区规则体系一体化贡献前海力量。另一方面，前海可加强同其他自贸片区的合作，充分借鉴其他自贸片区已有的经验。例如，横琴合作区计划 2022 年将推出 40 余项规则衔接事项，3 年解决 100~120 个规则衔接问题。尽管横琴主要解决的是澳门居民在横琴的生活、居住、投资、兴业问题，但在规则衔接的处置方式、技巧、路径、模式等方面亦可充分借鉴。

（二）深化开展区域一体化建设

2022 年 4 月，中共中央、国务院发布《关于加快建设全国统一大市场的意见》，要求“粤港澳大湾区在维护全国统一大市场前提下，优先开展区域市场一体化建设工作，建立健全区域合作机制，积极总结并复制推广典型经验和做法”。未来，前海在深化区域一体化建设方面大有可为。一方面，前海在贸易自由化、投资便利化、金融开放等方面积累了大量制度创新成果，初步形成了以制度创新为核心的前海模式。部分制度创新内容已经在全域、全省甚至全国推广，这就为制度引领奠定了基础。此时，前海应充分用好用足《粤港澳大湾区发展规划纲要》《全面深化前海深港现代服务业合作区改革开放方案》等中央政策，以制度创新为抓手，以区域合作为内容，率先打破粤港澳大湾区区域一体化建设的壁垒，成为粤港澳大湾区一体化建设的破冰者和引领者。另一方面，前海应当利用好“粤港合作联席会议”“前海南沙横琴部际联席会议”等机制，加强区域沟通和交流，互通有无，强化合作。尤其是在人才方面，可以探索粤港澳大湾区人才流动制度，通过大湾区范围内实行专业人才“轮岗”，相互了解各自制度的运行特点，完善制度细则，推进区域一体化建设更好地落地。

（三）进一步提升对外开放水平

《全面深化前海深港现代服务业合作区改革开放方案》提出，“建设高水平对外开放门户枢纽”“深化与港澳服务贸易自由化”“扩大金融业对外开放”“提升法律事务对外开放水平”等。目前，前海围绕深化改革方案，针对进一步提升对外开放水平制订了任务清单，明确了各部门的责任。需要指出的是，提升对外开放水平的同时，要坚持“引进来”和“走出去”相结合。在“引进来”方面，需要前海打造法治化、国际化、便利化的营商环境，为市场主体提供公平、公正的行政执法环境、提供便捷、高效的纠纷解决途径。另一方面，在建设高水平对外开放门户枢纽同时，也要注重企业“走出去”，尤其是要做好法律咨询服务，维护好走出去企业的安全和利益。特别是要发挥好深圳国际仲裁院的“跨境管辖案件、跨境适用法律、跨境执行裁决”等特殊功能，采取多种形式为前海企业“走出去”提供专业、高效、便捷的争议解决服务与保障。

（四）进一步加强前海智库建设

智库是地区高质量发展的智慧源泉，是地区软实力的集中体现，是地方治理决策走向科学化的重要标志。前海历来重视智库的建设与发展，推动“粤港澳大湾区司法研究院”等高端智库在前海落户，为前海的规则制定、制度创新、涉外法律服务等多个方面提供智力服务。随着中央对前海发展提出更多的要求、寄予更高的期待，现有的智库已经无法满足前海的发展需求，中国特色新型智库亟须在前海落地。2022 年 5 月，《深圳市前海深港现代服务业合作区关于支持中国特色新型智库发展的暂行办法》提出，对新型智库落户前海提供 300 万元的经费支持，为前海新型智库发展提供了资金保障。为更好地推进智库建设，建议前海引进以下机制。首先，建立决策咨询竞争机制。智库与智库之间可以展开适当的竞争，以提高决策咨询的科学性，保障智库咨询质量。可以按照公平、公正、竞争的原则开展项目咨询，择优选择最佳的咨询结果。其次，建立智库成果评估机制。建议设定多元标准就智库成果价值进行评估，根据评估结果给予对等激励，不断提高智库服务水平。最后，建立智库互动合作机制。每个智库都有自身的特色和优势，都有自己的专业领域和拳头产品，再强大的智库也有其局限性，在这个意义上，建立智库互动合作机制可以充分发挥各自特长，解决重大复杂难题。

（五）进一步提升风险应对能力

当下经济全球化遭遇逆流、世界不稳定因素频繁发生、国内疫情对经济造成诸多不利影响。面对上述风险，前海未来应当进一步提升风险应对能力。首先，发挥党建引领作用，凝聚共识。在风险防控过程中，需要充分调动各方资源和力量投入其中，这就要求发挥好党建引领功能，打造高效联动、上下贯通、灵活运转的应急指挥体系，对抗各类突发风险。其次，完善应急预案，强化舆论宣传。目前，针对可能在前海出现的各类风险，均应当做好应急预案，同时应加强对应急预案的宣传，一旦出现相关情况，能够做到提前响应。最后，构建智慧城市，提升治理能力。随着“互联网+城市管理”、政务“大数据平台”的深入推进，智慧城市管理呼之欲出。前海在智慧城市建设方面已深耕多年，目前在社会信用体系建设、防贪拒腐、跨境贸易等多个方面均有应用，未来应当进一步提高智慧城市的应急能力，整合出入境、医疗卫生、消防、公安等关键数据和信息，不断提升风险应对能力。

创新前沿

Innovation Frontier

B.3
前海个人数据保护制度的创新实践与探索

柳建启　苏武博*

摘　要： 前海个人数据保护制度的设立背景是多维度、深层次、广领域的。前海个人数据保护制度的设立背景主要可以概括为经济背景、政治背景、社会背景以及法律背景等四个维度。前海个人数据保护制度的主要法律依据是《个人信息保护法》和《深圳经济特区数据条例》这两部法规，详细规定了数据处理者处理个人数据时的法律义务，为前海个人数据保护制度的创新实践打下了坚实的基础。前海从立法、行政和司法三个领域对个人数据保护进行了不同程度的创新实践，也取得了不错的成效。未来，前海还可以在数据合规审查、数据分类管理和个人数据跨境传输等三个方面进行探索，为粤港澳大湾区三地数据跨境和互联互通提供更为丰富的实践经验。

* 柳建启，广东技术师范大学副教授；苏武博，暨南大学法学院硕士研究生。

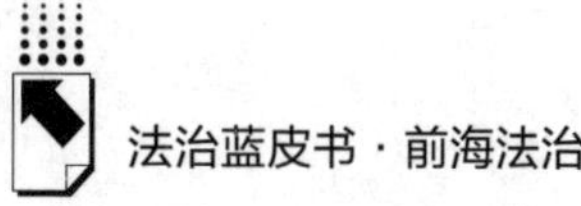

关键词： 个人数据保护　信息安全　数据合规审查

一　前海个人数据保护制度的多维背景

对个人数据保护的法律回应，起源于20世纪六七十年代计算机技术与应用在全世界范围内的普及和推广。在政府机构、大型跨国公司甚至民间机构都通过计算机系统大规模地处理个人数据的情况下，传统法律体系中的“隐私权”由于其救济性和防御性的特征，已经很难完全解决个人数据被非法收集和利用的法律问题了。私法领域的“隐私权”逐步发展并过渡到公私法混合的个人数据保护制度，这也符合中国当今公私法合流的法律发展趋势[①]。世界上各个国家和地区的个人数据保护法律制度都是在这半个世纪以来逐渐建立的，步入21世纪后，中国移动互联网快速发展，个人数据收集处理逐渐成为一个社会问题，在此大背景下，中国规范个人数据处理的法律制度也逐渐完善。作为经济特区和社会主义先行示范区，深圳在个人数据保护立法方面也敢为人先。前海作为特区中的特区，前海个人数据保护制度的设立背景是多维度、深层次、广领域的。前海个人数据保护法律制度的建立背景主要可以概括为经济背景、政治背景、社会背景以及法律背景等四个维度。

（一）经济背景：个人数据的经济价值惊人

在网络信息时代，数据成为一种重要的社会生产要素，同时也是一种主要的生产工具。对于企业而言，数据这种无形资产的出现，促使其创新了商业模式，利用数据能获得竞争优势或者将数据当作交易的对象能获得财产收益。数据利用可以带来经济价值，使经济面貌焕然一新，

① 邵国松、黄琪：《个人数据保护全球融合的趋势与挑战》，《上海交通大学学报》（哲学社会科学版）2021年第4期，第148~159页。

尤其是人工智能出现以后，数据的价值得到了极大提升，甚至出现了一些数据交易所，如北京大数据交易所，数据开始成为现代经济社会发展的基石和国家之间争夺的战略资源。国务院在2020年发布了《关于构建更加完善的要素市场化配置体制机制的意见》（以下简称《意见》）。在该《意见》中，中国官方第一次承认数据的生产要素地位，也是政府官方首次明确提出要加快数据要素市场的培育，包括推进政府公共数据库建设以及开放共享、努力提升社会个人数据的经济资源价值、加强数据资源整合重组和完善个人数据保护制度等内容。从个人数据经济价值领域的理论和实践来看，中国已走在了世界前沿。当今社会已经迈入数字经济时代，个人数据流动广泛存在，个人数据的经济价值逐渐显现。从促进经济增长角度来看，个人数据的流动和利用可以更好地帮助企业配置全球性的生产要素，增强企业经济活力，同时个人数据的流动和利用将显著提升全社会经济活力、促进产业转型，对经济增长有重要带动作用。从提高创新能力角度来看，数据的利用和流动意味着信息和知识的传播和共享。自由流动的数据是创新的重要催化剂，促进了新业务、新模式、新企业的发展，促进了社会创新能力的全面提升。从促进全球发展的角度来看，互联网的开放性和互联性满足了企业全球化经营的需求。数据流促进企业全球业务扩张，帮助企业融入全球供应链，降低企业贸易和交易成本。总的来说，数据的利用和流动在促进经济增长、加速创新、促进全球化等方面具有积极作用，促进数据自由流动可以提高社会经济的整体效益。

（二）政治背景：个人数据保护符合国家大政方针

近年来，中国出台了一系列与数据相关的政策。2019年10月，党的十九届四中全会明确了数据的生产要素地位，并将数据与土地、劳动力、资本等传统生产要素并列。2020年10月，十九届五中全会通过的《关于制定国民经济和社会发展第十四个五年规划和2035年远景目标的建议》明确提出，要建立数据安全保护、交易流通、跨境传输和资源产权等基础制度和标准规范，推动数据资源的开发以及利用。2021 年 2 月，中共中央办公厅、国务院办公厅印发《建设高标准市场体系行动方案》，重申了十九届五中全会的数据相关内容。2021 年 3 月，国家知识产权局颁发的《推动知识产权高质量发展工作指引（2021）》也提出，要研究制定大数据相关知识产权保护规则；在 2022 年的《推动知识产权高质量发展工作指引（2022）》中，国家知识产权局进一步提出，为适应新领域、新业态的发展，要围绕数据产权保护等重大理论和实践课题开展知识产权专题研究，加快数据产权的保护制度研究论证。作为改革开放的前沿，深圳在落实中央大政方针上从来不遗余力，前海对个人数据的保护也是如此。前海的个人数据保护制度在一定程度上体现了数据保护、数据合理利用和促进数据流通的中央大政方针。

（三）社会背景：公民对个人数据保护的权利觉醒

从 2018 年开始，中国公众开始真正意识到数据隐私和个人数据保护的重要性。2018 年初，江苏省一个消费者权益保护组织以侵犯消费者数据权利为由，对百度提起了公益诉讼。该组织表示，百度在未经用户同意的情况下收集了用户的个人数据，在百度改变服务条款后，该组织撤回了诉讼，但这并没有阻止中国消费者越来越积极地针对互联网巨头捍卫他们的隐私权。2019 年 10 月，中国消费者就个人数据隐私问题向另一家互联网巨头阿里巴巴提出质疑。阿里巴巴旗下蚂蚁金融（前身为支付宝），推出了芝麻信用，这是一种基于用户数字活动、交易记录和社交媒体的在线信用评分服务。在默认情况下，阿里巴巴未经用户同意就为其注册了信用评分系统，这在中国再次引起了轩然大波，最终在舆论压力下，阿里巴巴选择了道歉。中国公民的数据隐私权利觉醒在一定程度上也促进了个人信息保护法律制度的完善。2021 年《个人信息保护法》正式出台。结合 2017 年《网络安全法》和 2018 年《电子商务法》的相关部分，《个人信息保护法》为个人数据权利和保护提供了一个全面的法律框架。

（四）法律背景：中国个人数据保护的法制保障

进入21世纪以来，随着中国移动互联网的快速发展，个人数据的收集和处理逐渐成为一个不容忽视的社会问题。2000年，全国人大常委会通过了《全国人民代表大会常务委员会关于维护互联网安全的决定》，该决定首次涉及个人数据保护，主要保护公民的通信自由和隐私。2003年，国务院信息技术办公室部署了个人数据立法研究课题，并于2005年形成了专家意见草案。随后，中国网络数据立法整体加快。从2012年《全国人大常委会关于加强网络信息保护的决定》开始，先后颁布了《网络安全法》（2016年）和《电子商务法》（2017年）。除了专门性的数据保护法律对个人数据保护有专项规定外，传统法律部门的制定、修订工作也给予网络信息与个人数据保护足够的关注。例如，《消费者权益保护法（修正案）》（2013年）、《刑法修正案（九）》（2015年）、《民法通则》（2017年）、《民法典》（2020年）都对个人数据保护作出了相关规定。这些零散的法律规定在一定程度上回应了公众对个人信息保护的现实需求，但还没有完全建立起完整的个人信息保护法律体系。2018年9月，《个人信息保护法》正式纳入全国人大立法规划。经过3年的起草和制定，于2021年8月20日正式推出，标志着与中国网络强国和数字强国相匹配的体系建设逐步成熟。至此，中国形成了《网络安全法》《数据安全法》《个人信息保护法》“三位一体”的个人数据保护法律体系，为数字时代的网络安全、数据安全和个人数据权益保护提供了基本的法律制度保障。在此背景下，2021年，深圳经济特区率先出台了国内第一部个人数据保护地方性专门法规——《深圳经济特区数据条例》，这也是前海个人数据保护制度最重要的法律保障之一。

基于经济、政治、社会、法律四维背景，前海个人数据保护制度随着国家立法进程和深圳本土立法进程逐渐从产生、发展到完善，取得了长足的发展。

二　前海个人数据保护的制度构建

（一）个人数据的基本概念与个人数据处理的基本原则

1. 个人数据的基本概念

根据《深圳经济特区数据条例》第2条第1款规定，数据是指任何以电子或者其他方式对信息的记录。数据还可以引申出“信息”“大数据”“个人数据”等概念。虽然“数据”和“信息”这两个术语经常互相替换使用，但是含义完全不同。在一些通俗出版物中，当数据被置于情境下审视或经过分析之后，“数据”就会变为“信息”；一般来说，处理过的数据称为“信息”，从这些信息中分析出来的信息称为“知识”；通过不断的行动和验证，“智慧”逐渐形成；大数据兴起后，数据科学就显得非常重要。然而，在学术课题论述中，数据只是“信息的单元”。在经济领域，“信息”派生信息经济，而“数据”则派生数据经济。大数据，又称巨量数据，是指传统数据处理应用程序无法处理的大型或复杂数据集。大数据也可以定义为来自各种来源的大量非结构化或结构化数据。从学术角度来看，大数据的出现导致了对广泛主题的新颖研究。这也催生了各种大数据统计方法的发展。大数据没有统计抽样方法，它只是观察和跟踪发生了什么。因此，大数据通常包含的数据比传统软件在可接受的时间内能处理的数据要多。目前，多数国家在个人信息保护立法中将“个人信息”视为“个人数据”。例如，根据《欧盟个人数据保护指令》第2（a）条，个人数据是指“与身份已被识别或身份可被识别的自然人（数据主体）有关的任何信息”；法国《数据处理、数据档案和个人自由法》第2条第1款规定，个人数据是指“可被肢解或通过身份证号码、一项或多项个人特定因素间接识别的与自然人有关的任何信息”；德国《联邦数据保护法》第3节规定，个人数据是指“关于已识别或可识别个人（数据主体）的私人或特定状态的任何信息”。《通用数据保护条例》（GDPR）第4条对“个人数据”的定义是：“个人数据”

是指与任何已识别或可识别的自然人（“数据主体”）相关的信息；可识别自然人是指可以直接或间接识别的个人，特别是通过姓名、身份证号、位置数据、在线身份等因素，或与自然人的生理、遗传、心理、经济、文化或社会身份相关的一项或多项因素。

而中国并不将个人信息与个人数据画等号，中国主要采取个人信息的说法，认为个人信息=个人数据+数据处理。中国2017年开始施行的《网络安全法》第76条首次对个人信息下了法律定义：个人信息是指以电子或者其他方式记录的能够单独或者与其他信息结合识别自然人个人身份的各种信息，包括但不限于自然人的姓名、出生日期、身份证件号码、个人生物识别信息、住址、电话号码等。这个定义采取了概括列举式+识别型的定义方法，对指向个人的信息采取了识别型的单一路径。识别的客体“自然人个人身份”依据其后列举的范围来看，是一种仅包含核心身份信息而不包含广义社会特征的狭义身份概念。《民法典》第1034条对个人信息的定义基本延续了《网络安全法》的定义方法，但增加了列举范围。《信息安全技术—个人信息安全规范》对个人信息的定义与《网络安全法》相同，但枚举范围更广。它以信息附录的形式给出了个人信息和个人敏感信息的范围和类型，并将在线身份识别信息、个人上网记录、个人常用设备等信息纳入了个人信息的范围，是现阶段国内最全面的个人信息标准。

《深圳经济特区数据条例》第2条第2款在中国首创性地使用了“个人数据”这一概念，它认为个人数据是“载有可识别特定自然人信息的数据，不包括匿名化处理后的数据”，不再使用《民法典》《网络安全法》《数据安全法》和《个人信息保护法（二稿）》中使用的“个人信息”一词。值得注意的是，“个人数据”的概念与《通用数据保护条例》（GDPR）中“个人数据”的表述是一致的。因此，可以认为前海个人数据保护制度中的个人数据定义采取的是欧盟的个人数据定义，而不是中国法律概念上的个人信息。

2. 个人数据处理的基本原则

根据《深圳经济特区数据条例》第2条第6款规定，数据处理是指

"数据的收集、存储、使用、加工、传输、提供、开放等活动"，与《个人信息保护法》对个人信息处理的定义基本一致。关于个人数据处理的基本原则，《民法典》《个人信息保护法》《深圳经济特区数据条例》都有相关规定。《民法典》只是简略地把个人数据处理的基本原则归结为合法性原则、必要性原则和正当性原则。而《个人信息保护法》则对个人信息处理原则作了详细规定，并且扩充了一条诚信原则。在具体操作上，《个人信息保护法》还规定了合法性原则、目的正当性原则和最小必要性原则①、公示原则②、质量原则③和安保性原则④，该法征得当事人同意并未放在总则里，而是放在了一般规则下，但是依然可以认为征得当事人同意是处理个人信息的基本原则之一⑤。《个人信息保护法》规定的个人信息处理原则的具体内容见表1。

表1 《个人信息保护法》规定的个人信息处理原则

合法性原则	处理个人信息应当遵循合法、正当、必要和诚信原则，不得通过误导、欺诈、胁迫等方式处理个人信息
目的正当性原则	处理个人信息应当具有明确、合理的目的，并应当与处理目的直接相关，采取对个人权益影响最小的方式
最小必要性原则	收集个人信息，应当限于实现处理目的的最小范围，不得过度收集个人信息
公示原则	处理个人信息应当遵循公开、透明原则，公开个人信息处理规则，明示处理的目的、方式和范围
质量原则	处理个人信息应当保证个人信息的质量，避免因个人信息不准确、不完整对个人权益造成不利影响
安保性原则	个人信息处理者应当对其个人信息处理活动负责，并采取必要措施保障所处理的个人信息的安全
征得当事人同意	符合下列情形之一的，个人信息处理者方可处理个人信息：(一)取得个人的同意

① 《个人信息保护法》第6条。

② 《个人信息保护法》第7条。

③ 《个人信息保护法》第8条。

④ 《个人信息保护法》第9条。

⑤ 于海防：《个人信息处理同意的性质与有效条件》，《法学》2022年第8期，第99~112页。

《深圳经济特区数据条例》第10条也规定了个人数据处理的基本原则。《深圳经济特区数据条例》规定，个人数据处理应该包括正当性原则和合法性原则①、最小必要性原则②、告知—同意原则③、质量原则④和安保性原则⑤。《深圳经济特区数据条例》规定的个人信息处理原则具体内容见表2。

表2 《深圳经济特区数据条例》规定的个人信息处理原则

正当性原则和合法性原则	处理个人数据的目的明确、合理，方式合法、正当
最小必要性原则	限于实现处理目的所必要的最小范围、采取对个人权益影响最小的方式，不得进行与处理目的无关的个人数据处理
告知—同意原则	依法告知个人数据处理的种类、范围、目的、方式等，并依法征得同意
质量原则	保证个人数据的准确性和必要的完整性，避免因个人数据不准确、不完整给当事人造成损害
安保性原则	确保个人数据安全，防止个人数据泄露、毁损、丢失、篡改和非法使用

上述两部法规都是前海个人数据保护制度的重要法律渊源。在前海，既要遵守《个人信息保护法》，又要遵守《深圳经济特区数据条例》，前海个人数据保护制度中的个人数据处理原则应该与上述两部法规保持一致。因此，前海个人数据保护制度中的个人数据保护基本原则应该包括：合法性原则、正当性原则、最小必要性原则、公示原则、质量原则、安保性原则以及告知—同意原则。不仅如此，《深圳经济特区数据条例》第11条还对其中的“最小必要性”作了具体阐述和企业合规指引，具体可以概括为，在可以实现数据处理目的的情况下：①处理数据应该具备直接关联性；②处理数据应该为所需的最小数量；③数据自动处理频率应该为最低频率；④数据储

① 《深圳经济特区数据条例》第10条第1款。

② 《深圳经济特区数据条例》第10条第2款。

③ 《深圳经济特区数据条例》第10条第3款。

④ 《深圳经济特区数据条例》第10条第4款。

⑤ 《深圳经济特区数据条例》第10条第5款。

存期限应该为最低期限，超期则应该删除，但当事人同意的除外；⑤建立最小授权的访问控制策略，使被授权访问个人数据的人员只能访问完成其职责所需的最小的个人数据，只拥有完成其职责所需的最小的数据处理权限。

（二）个人数据处理者的法律义务与法律责任

1. 法律义务

《深圳经济特区数据条例》在规定处理个人数据基本原则的基础上，对数据处理企业规定了具体的法律义务，结合《个人信息保护法》第五章，可以基本勾勒出前海个人数据保护制度中数据处理者的主要法律义务。根据上述两部法规的规定，前海个人数据保护制度中数据处理者的主要法律义务有以下 12 点：①不得拒绝提供核心功能与服务的义务；②明示告知义务[①]；③征得同意的义务及例外情形[②]；④提供撤回同意的途径[③]；⑤对处理未成年人个人数据的特别义务[④]；⑥及时删除义务[⑤]；⑦去标识化及匿名化义务[⑥]；⑧构建投诉举报机制的义务[⑦]；⑨采取特定安保措施的义务[⑧]；⑩评估与记录个人信息保护影响的义务[⑨]；⑪事后补救义务[⑩]；⑫互联网巨头和大数据掌控者的额外义务[⑪]。由此可见，《个人信息保护法》和《深圳经济特区数据条例》所规定的数据处理者义务不尽相同，前者更注重个人信息的总体安全和外部安全威胁，致力于保证个人信息不发生泄露，后者的侧重点则在于调节数据处理者和数据提供者二者之间的法律关系。前海的个人数据保护制度结合了两部法规的规定，构建了一个完善的数据处理者法律义务

① 《深圳经济特区数据条例》第 14 条、第 29 条。
② 《深圳经济特区数据条例》第 16 条、第 18~21 条。
③ 《深圳经济特区数据条例》第 23 条。
④ 《深圳经济特区数据条例》第 20 条第 1 款、第 30 条。
⑤ 《深圳经济特区数据条例》第 25 条。
⑥ 《深圳经济特区数据条例》第 26 条。
⑦ 《深圳经济特区数据条例》第 31 条。
⑧ 《个人信息保护法》第 51 条。
⑨ 《个人信息保护法》第 55~56 条。
⑩ 《个人信息保护法》第 57 条。
⑪ 《个人信息保护法》第 58 条。

体系。

2. 法律责任

个人数据处理者违反法律规定处理个人数据的，需要承担相应的民事、行政和刑事责任。在民事责任方面，根据《深圳经济特区数据条例》第92条，违反本条例处理个人数据的，需要按照其他个人信息保护法律法规承担法律责任。根据《个人信息保护法》第68条，个人信息处理者不能证明自己没有责任的，数据处理者需要承担相应的民事赔偿责任。《消费者权益保护法》规定，经营者侵犯消费者人身权益的，也应当承担相应的民事责任。在行政责任方面，《个人信息保护法》第66条、《消费者权益保护法》第56条、《网络安全法》第64条共同构成了前海个人数据保护体系中个人数据处理者的行政责任制度。另外，《个人信息保护法》第67条还载有把不当数据处理者记入诚信档案的处罚办法。《个人信息保护法》第71条还规定，违反《治安管理处罚法》的，依照《治安管理处罚法》处罚。然而，《治安管理处罚法》在立法上并未对个人数据处理的侵权行为作出回应。在实践中，往往依据第42条第6款侵犯隐私权的规定来执法，一般是罚款和行政拘留。在刑事责任方面，违反规定处理个人数据，情节严重的，可以依照《刑法》第253条第1款涉嫌侵犯公民个人信息[①]的规定处罚。对此，最高人民法院、最高人民检察院还联合发布了《关于办理侵犯公民个人信息刑事案件适用法律若干问题的解释》，对侵犯公民个人信息犯罪的严重情节进行了解释。由此可见，前海个人数据保护制度中的数据处理者法律责任体系构建基本依赖于《个人信息保护法》《消费者权益保护法》《治安管理处罚法》《刑法》《网络安全法》等全国性法律。在现有法律体系足以规制数据处理者行为的情况下，确实也不需要额外的地方法规再作规定，这有利于保持法律的一致性，避免地方加重个人数据处理者的法律责任[②]。

---

① 李凤梅：《个人数据权利刑法保护的立场选择及实现路径》，《法商研究》2021年第6期，第46~60页。

② 劳东燕：《个人数据的刑法保护模式》，《比较法研究》2020年第5期，第35~50页。

三 前海个人数据保护制度的创新实践

前海始终牢记总书记“依托香港、服务内地、面向世界”的郑重指示，致力于实现与香港的数据互联互通。围绕数据利用、数据流通、数据保护等开展了一系列创新实践和探索，不断创造和优化与国际接轨的良好营商环境。在立法上，深圳和前海一直秉持敢为人先的创新探索精神，大胆推出领先全国的个人数据保护法规。2016 年 4 月，《中国（广东）自由贸易试验区深圳前海蛇口片区跨境电子认证应用暂行办法》出台，规范了前海蛇口自贸区跨境业务中跨境电子签名证书的应用。2016 年 6 月，《内地与香港关于建立更紧密经贸关系的服务贸易协定》允许香港服务提供者在前海和横琴试点提供跨境数据库服务。2021 年 6 月 29 日，深圳市七届人大常委会第二次会议通过了《深圳经济特区数据条例》，该条例明确规定数据处理者不得通过误导欺骗等方式获取用户个人信息数据，对“人脸识别”等生物识别数据处理作出了严格限制，赋予了用户对“用户画像”的拒绝权，并规制了“大数据杀熟”。同时，该条例还规定了公共数据应在法律允许范围内最大限度免费开放，该条例还是首次引入数据保护公益诉讼的地方立法。个人数据保护立法是前海个人数据保护制度的重要法律基础。

在行政上，前海积极为个人数据保护提供足够的便利和行政支撑。2014 年 12 月，前海开通了国际数据通信专用通道，为数据跨境提供了通信基础设施和安全性保障。官方的国际数据通信专用通道是数据跨境传输过程中保护个人数据的物质基础。2016 年 7 月，前海港人港企网上服务跨境电子认证平台与广东省深圳市相关系统对接。前海有能力为港人企业的网上服务提供跨境电子认证服务。2018 年，前海公共 WiFi 网络“深港通”开通，香港运营商手机用户无须申请内地手机号，即可获得认证授权接入前海公共 WiFi。2019 年，“深港通”率先在前海试点，借助银行完善的跨境业务，香港投资者“足不出港”即可办理工商登记业务。2020 年，深圳将数据治理、交易、共享等方面的法规纳入议程。前海管理局积极协助有关部门探讨促进粤港澳大湾区数据流动和国际数据合作的措施。这些行政措施都体现了前海合作区深港合作的特点。建立深港数据识别与融合模型，可以为整个粤港澳大湾区的数据保护融合提供更为丰富的实践经验。

在司法上，在2021年，深圳法院和前海法院推动了一系列个人数据保护的司法实践。按照最高人民法院《关于支持和保障深圳建设中国特色社会主义先行示范区的意见》精神，积极探索完善大数据、人工智能、互联网信息等新型数字知识产权权益保护规则，树立保护知识产权就是保护创新的理念，响应社会需求，精准提供司法服务，继续推动知识产权保护向创新前沿延伸。深圳市知识产权法院审结了王某某起诉腾讯公司个人信息保护纠纷案，这是国内首例适用《个人信息保护法》的案件。在该案中，深圳知识产权法院首先提出了互联网社交网络平台个人信息定义的四个要素，并对互联网平台个人信息的法律定义标准以及收集和处理个人信息应遵循的原则提出了具体适用的评价标准；这对于规范互联网平台和App服务商采集和使用用户数据，促进数字经济健康有序发展具有积极意义。该案被评为“广东省法院十大互联网案件”之一。此外，深圳法院也注重对企业大数据的保护，经常为高新技术企业开设大数据司法保护讲堂，服务创新驱动发展，引导“独角兽”企业做好知识产权保护。

综上所述，深圳和前海在立法、行政和司法三大领域“三位一体”的创新实践与探索，不断推动前海个人数据保护制度趋于完善，也大大优化了当地的营商环境，推动了前海企业的数据合规进步。

四　数据特区——前海个人数据保护制度的未来探索

在可预见的将来，前海管理局仍需积极探索建设数据特区的有效路径。目前，安全评估是数据利用和流动的主要合规机制，也是推进数据特区建设的关键环节。本着安全评估的本质是为数据利用服务、在保证安全的前提下促进数据流动的原则，前海应借鉴欧盟等地区的经验，探索符合《网络安全法》等法律法规数据管理需求的多元化法律流动机制。前海未来数据特区的建设方向主要集中在以下三个方面。

一是探索建立前海数据合规审查机制。根据安全评估的主要标准，前海应致力于建立数据评审机制，发布引导数据流协议的模型，引导企业通过数据流中的契约法律机制管控数据流风险[①]。推动前海与香港两地商业数据互联互通、尝试单证互认、监管互助互认等多种数据跨境传输方式[②]。

二是探索不同属性数据的分类管理方法。区分个人、重要、敏感等不同性质的数据，探索相应的移动管理策略，并在进一步的管理实践中根据数据的安全属性进行梯度管理。考虑原始数据可以在前海读取但是不能带离前海，数据分析和研究结果可以带离前海这样的管理模式的可行性。鼓励行业协会等自我监管组织作为市场机制参与跨境数据传输个人数据保护的安全评估，建立可行并可实施的数据管理秩序。同时，也要防止行业组织包庇企业侵犯个人数据权益。

三是探索前海与香港的个人数据跨境流通隐私权保护的法律衔接。促进前海与香港的跨境数据流通衔接，推动数据流动及信息基础设施建设，营造良好的深港信息通信环境。在未来立法中探索建立数据跨境传输的隐私权保护法律体系，在未来的司法实践中做好数据流通隐私权保障的司法衔接和法律适用工作[③]。

综上所述，要构建数据特区，前海在个人数据保护制度上还有更大的进步空间，在数据合规审查、数据分类管理和个人数据跨境传输等个人数据保护领域的经验和治理模式还能进行更开放、更大胆、更激进的探索，为粤港澳大湾区三地日后的数据互联互通以及数据保护法律衔接提供探索实践经验。

---

① 范思博：《数据跨境流动中的个人数据保护》，《电子知识产权》2020 年第 6 期，第 85~97 页。

② 冯洁菡、周濛：《跨境数据流动规制：核心议题、国际方案及中国因应》，《深圳大学学报》（人文社会科学版），2021 年第 4 期，第 88~97 页。

③ 冉从敬、刘瑞琦、何梦婷：《国际个人数据跨境流动治理模式及中国借鉴研究》，《信息资源管理学报》，2021 年第 3 期，第 30~39 页。

结论

前海个人数据保护制度的设立背景是多维度、深层次、广领域的。《个人信息保护法》和《深圳经济特区数据条例》这两部法规共同奠定了前海个人数据保护制度的法律基础。在现有法律体系足以规制数据处理者行为的情况下，不需要额外的地方法规作出规定，这有利于保持法律的一致性，避免地方加重个人数据处理者的法律责任，营造良好的营商环境。前海致力于与香港实现数据互联互通，围绕数据利用、数据流通和数据保护进行了一系列创新实践。在立法上，深圳和前海一直秉持敢为人先的创新探索精神，大胆推出领先全国的数据保护法规；在行政上，前海积极为个人数据保护提供足够的便利和行政支撑；在司法上，2021 年，深圳法院和前海法院推动了一系列个人数据保护司法实践，其中就有中国适用《个人信息保护法》第一案。为早日实现数据特区构建目标，前海未来的个人数据保护制度探索方向应该集中在建立前海数据合规审查机制、数据分类管理、个人数据跨境流通的隐私权保护衔接三个方面，为粤港澳大湾区三地日后的数据互联互通提供更为宝贵和丰富的探索实践经验。

B.4

前海法院深化域外法查明与适用机制建设

前海合作区法院课题组*

摘　要： 准确查明与适用域外法，既是依法平等保护域内外商事主体合法权益的重要保障，也是积极探索粤港澳大湾区规则衔接机制对接、服务更高水平对外开放的客观需要。前海法院查明和适用的域外法具有案件数量大、案由类型多样、查明与适用域外法内容丰富、适用的国际公约类型较为集中、案件标的额普遍较高、适用香港法裁判案件数量位居全国法院首位等特点。前海法院不断推进域外法律查明与适用的系统化、专业化和规范化，切实保障跨境商事主体的合法权益，打造具有先行示范效应的前海“法治名片”。

关键词： 域外法　域外法查明　域外法适用

2021年9月，中共中央、国务院发布的《全面深化前海深港现代服务业合作区改革开放方案》（以下简称《前海方案》）明确提出，要探索建立前海合作区与港澳区际民商事司法协助和交流新机制，支持香港法律专家在前海法院出庭提供法律查明协助。2022年1月，最高人民法院发布《关于支持和保障全面深化前海深港现代服务业合作区改革开放的意见》（以下简称《前海意见》），明确要求完善域外法查明与适用机制。《前海方案》

---

* 课题组成员：谢雯、潘泽玲、刘星雨。执笔人：谢雯，深圳前海合作区人民法院法官；潘泽玲，深圳前海合作区人民法院法官助理；刘星雨，深圳前海合作区人民法院法官助理。

《前海意见》的出台，对前海法院进一步完善域外法律查明与适用机制、加快粤港澳司法规则衔接提出新要求。

深圳是中国改革开放的“窗口”城市，已会集来自全球超160个国家或地区的企业。前海是“特区中的特区”，累计注册港资企业1.19万家。根据国家统计局深圳调查队《前海涉港合同适用香港法律调查报告》，约76.5%的企业表示愿意与在前海注册的港资企业签订适用香港法律的合同，81.69%的企业认为适用香港法律解决纠纷有利于保障港人港企的投资信心。充分尊重和保障商事主体选择“熟悉的法律”解决纠纷，是诸如英国商事法院、新加坡国际商事法庭以及迪拜国际金融中心法院等国际商事法院的通行做法。为打造国际化的审判体系，保障和尊重商事主体选择法律适用的权利，营造稳定公平透明、可预期的国际一流法治化营商环境，需要加强域外法查明与适用工作。

一　前海法院查明和适用域外法的基本情况

前海法院立足集中管辖深圳市第一审涉外涉港澳台商事案件工作实际，在涉外涉港澳台商事审判中准确查明和适用域外法。2015年2月至2022年5月，前海法院适用域外法审理案件共127件，涉及德国、挪威、孟加拉国、蒙古国、柬埔寨、英属维尔京群岛以及中国香港、澳门、台湾等9个国家或地区。在适用国际公约和国际通行规则方面，前海法院充分遵循开放包容、平等保护的司法理念，在案件审理中准确理解和适用国际公约和国际通行规则，平等保护域内外各方当事人合法权益，服务保障对外开放新格局。截至2022年5月，共适用国际公约、国际通行规则审结案件21件。2021年，国家发改委将完善域外法律查明与适用体系列为深圳创新经验之一向全国推广。

据分析，前海法院查明和适用的域外法具有以下特点。

（一）案件数量大，案由类型多样

截至2022年5月，前海法院适用域外法审理的127件案件中，已审结

121 件。其中，以判决方式结案的共 80 件，占已审结案件的 66.1%；以驳回起诉方式结案的共 22 件，占比 18.2%；以调解方式结案的共 11 件，占比 9.1%；以撤诉方式结案的共 8 件，占比 6.6%。

适用域外法商事案件类型丰富多样，包括公司增资纠纷、融资租赁合同纠纷、买卖合同纠纷、金融借款合同纠纷、国际货物买卖合同纠纷、保证合同纠纷、金融衍生品交易纠纷、证券交易合同纠纷、委托理财合同纠纷、民间借贷纠纷等共 24 类案由，涵盖了金融保险、借款理财、跨境贸易、国际货物运输和仓储等多个领域。其中，涉公司增资纠纷案件 22 件，占比 17.3%；涉融资租赁合同纠纷案件 21 件，占比 16.5%；涉买卖合同纠纷案件 16 件，占比 12.6%；涉金融借款合同纠纷案件 11 件，占比 8.7%；涉保证合同纠纷 7 件，占比 5.5%；涉国际货物买卖合同纠纷 7 件，占比 5.5%。

相较而言，适用国际公约审结的案件类型更为集中，案由以国际货物买卖、运输合同纠纷为主。前海法院适用国际公约审结的 20 件案件集中于国际货物买卖合同纠纷、航空货物运输合同纠纷、货运代理合同纠纷、保险人代位求偿权纠纷 4 类案由，涵盖国际货物买卖、运输、保险等跨境贸易全流程。其中，涉国际货物买卖合同纠纷的案件共 12 件，占比 60%；涉航空货物运输合同纠纷、货运代理合同纠纷的案件共 5 件，占比 25%。

（二）查明与适用域外法内容丰富

适用域外法裁判的商事案件中，查明的域外法涉及实体法、程序法诸多内容。实体法问题包括各类合同效力认定、违约责任认定、赔偿范围与标准认定、利息的计付方式与标准、担保责任、侵权责任、夫妻关系和财产分配等，程序性事项包括诉讼主体列明、民事主体权利能力认定、公司及股东基本信息登记与变更情况等。

（三）适用的国际公约、国际通行规则类型较为集中

在适用国际公约、国际通行规则的 21 件案件中，有 20 件适用《联合国

国际货物销售合同公约》或《蒙特利尔公约》，1 件适用《统一域名争议解决政策之规则》这一国际通行规则。其中适用《联合国国际货物销售合同公约》的案件数为 12 件，占比 57.1%；适用《蒙特利尔公约》的案件数为 8 件，占比 38.1%，反映了国际贸易持续发展带来了进一步提升国际贸易的法律规则确定性、降低交易成本的现实需求。

（四）案件标的额普遍较高

依法适用域外法裁判的 127 件案件标的额共计为 98218.35 万元，平均标的额为 773.37 万元。适用国际公约审结的 20 件案件标的额超过 5496 万元，平均标的额为 274.8 万元；其中，标的额超过 100 万元的案件数为 10 件，反映了此类案件关系到域内外当事人的切身利益，对增强案件审判中域外法适用的准确性、稳定性和可预见性提出更高要求。

（五）适用香港法裁判案件数量居全国法院首位

香港是国际金融、贸易、航运中心，也是全球最大的自由经济体和最具竞争力的城市之一。前海是内地与香港关联度最高、合作最紧密的区域之一。截至 2022 年 5 月，前海法院适用香港法审理 97 件，占适用域外法裁判案件总数的 76.4%，是全国适用香港法裁判案件最多的法院。前海法院适用香港法裁判商事案件数量之多，反映了深港两地金融经贸往来愈加密切。随着《前海方案》的深入实施，前海将进一步发挥大湾区建设的“桥头堡”作用，提升制度型开放水平，助力大湾区一体化发展。

二　当前查明和适用域外法存在的主要问题

（一）域外法查明周期较长

域外法查明与适用需要较长时间，影响涉外涉港澳台商事案件结案周期。在适用域外法审结的案件中，审判周期为一年以上的共 83 件，占适用域外法审结案件总量的68.6%。在结案周期指标的高要求下，法官办案压力进一步增大，充分查明并适用域外法的动力不足。

（二）域外法查明内容不规范

对专家意见的性质认定和采用标准不统一。当事人或法院委托专业机构、专家出具的“法律意见书”对域外法查明的程度不一，部分仅查明相关规则，部分依据规则进行法律分析，部分还涉及对法律事实的评判，存在查明内容不够规范统一的问题。域外法查明确认程序也不够完善，对专家提供的查明意见缺乏细化的审查与采纳标准，影响域外法适用的准确性和客观性。

（三）域外法查明费用负担机制不完善

在需要当事人提供域外法的情况下，当事人可能因不支付域外法查明费用而丧失选择适用域外法的权利。在法院依职权查明域外法时，法院内部缺乏类似鉴定费性质的标准设置，不利于委托查明工作的开展。例如，在一件涉港合同纠纷案件中，被告在庭审后提出“非自愿保管人”的法律概念，但对法院组织的进一步补充查明不愿预交费用，导致该次法律查明受阻，制约域外法查明与适用广度。

（四）《民法典》实施后国际公约的适用方式不够明确

中国法律没有明确规定国际公约在中国的优先效力，《民法通则》第124条明确了“当国内法与国际条约规定不一致时，应该适用国际条约”的基本思路。《民法典》中没有关于国际公约如何适用的规定，缺乏适用国际公约的国内法依据，不利于法院正确适用国际公约实践的进一步发展。

（五）部分国内商事主体对国际公约适用了解不足

在前海法院适用国际公约审结的12件国际货物买卖合同纠纷案件中，

11 件为外国公司或自然人起诉中国公司，中国商事主体作为被告应诉的比重为 91.7%。在一件匈牙利公司诉中国公司的国际货物买卖合同纠纷案中，中国公司作为被告辩称的理由为双方没有在合同中选择适用《联合国国际货物销售合同公约》，缺乏对国际公约优先适用原则的了解，导致应对手段不够有效，在诉讼中处于不利地位。

（六）对适用国际公约的说理不够统一

由于中国法律缺乏明确的国际公约适用规则，对于国际公约在具体案件中如何适用呈现不同的说理方式。有的案件采用直接适用的思路，在一件货运代理合同纠纷案中，法院认为当事人双方均为《蒙特利尔公约》的当事国，且涉案货运属于公约规定的“国际运输”，因此应当优先适用《蒙特利尔公约》审理货物丢失的赔偿问题，对于公约没有规定的部分，则适用中华人民共和国法律。有的案件则首先依据冲突规范确定准据法，在一件保险人代位求偿权纠纷案中，法院在确认案件具有涉外因素的基础上，根据《涉外民事关系法律适用法》第 41 条的规定将准据法确定为双方当事人约定的中华人民共和国法律，随后根据《民用航空法》第 184 条规定，认定对于案涉运输合同纠纷的处理有不同规定的部分适用《蒙特利尔公约》。处理思路和说理方式的不同，体现了法院对如何适用国际公约需进一步明确。

三　前海法院查明和适用域外法的主要做法和经验

（一）案件涉外因素识别机制充分完备

前海法院根据《民事诉讼法》《涉外民事关系法律适用法》及相关司法解释，结合涉港案件审判工作实际，制定关于审理民商事案件正确认定涉港因素的工作指引，详细列明主体、标的物、法律事实等 30 余项涉港因素，实现涉港因素认定灵活化、制度化、规范化。2020 年 8 月，深圳市人大常委会通过的《深圳经济特区前海深港现代服务业合作区条例》要求，“民商事合同当事人一方为在前海合作区注册的港资、澳资、台资及外商投资企业的，可以协议选择合同适用的法律”。前海法院以个案为突破点，率先研究在前海适用“最低限度联系原则”的相关标准，探索保护在前海合作区注册的港资、澳资、台资及外商投资企业选择适用域外法的权利，使更多商事主体在选择“熟悉的法律”解决纠纷时享有更广阔的制度空间。

（二）域外法查明机制立体多元

一是构建系统的域外法查明规则。制定《域外法查明办法》，确立域外法查明“充分努力原则”，提高域外法查明可操作性。明确域外法查明具体事项，细化实体与程序规则，明确域外法查明的主体要求、内容形式、期限要求、证明与确认程序、不能查明情形、提供虚假域外法的责任等规定，有效解决“怎么查”的问题，提高域外法查明可操作性。

二是搭建立体化查明模式。搭建“法院依法自主查明+香港地区陪审员和外籍、港澳台地区调解员参与查明+社会化专业力量协助查明”的立体化查明模式，拓宽查明渠道与方式，有效化解域外法查明中的法律分歧。在发挥法官自主查明作用方面，前海法院高标准组建专业化审判队伍，选任具有普通法学习背景、熟悉国际法和国际经贸规则、外语水平突出的法官专门审理涉外涉港澳台商事案件，并通过组织常态化英语培训、普通法培训等活动，着力提升法官涉外审判能力。截至2022年5月，前海法院依职权查明域外法46件，其中法官自主查明域外法38件。在一件涉澳夫妻共同债务纠纷案件中，前海法院法官确定澳门法为准据法，并主动对《澳门民法典》第四卷亲属法相关规定进行查明，这是前海法院首件适用澳门法审理的案件。在发挥香港陪审员、域外调解员协助查明作用方面，前海法院选任了19名香港地区陪审员、聘请16名外籍和港澳台地区调解员参与国际商事纠纷化解，同时成立国际商事审判专家委员会，为域外法查明提供智力支持。截至2022年5月，香港地区陪审员共参审案件758件，外籍和港澳台地区调解员成功调解商事案件共694件。

三是支持专家出庭协助查明。完善域外法律专家协助查明机制，支持域外法律专家出庭提供法律查明协助，推动《前海方案》在司法实践中有效落实。制定《关于涉外涉港澳台案件中专家查明域外法的若干规定》，对法律专家类型、专家资质、出庭条件、责任承担等内容进行细化，明确法院对专家查明意见的审查和采信规则，确保法律专家的中立性、专业性，促进域外法律专家协助查明机制有序运行。依托智慧法院建设成果，支持域外法律专家以在线出庭方式提供域外法律查明协助，打破涉外涉港澳台商事案件的空间限制，为域外法律专家出庭提供便利。强化信息技术保障，确保视频连线的稳定性与在线庭审的正常运行。

《前海方案》发布以来，前海法院共有4件涉外涉港澳台案件支持域外法律专家在线出庭提供法律查明协助，且均为在线出庭，在线出庭率为100%。出庭协助查明域外法的4名域外法律专家分别来自中国香港、澳门和美国、柬埔寨等，分别就夫妻财产关系、“个人”商业组织形式的商事主体权利、案涉股权转让协议的法律效力、借贷关系等内容，对美国明尼苏达州法令、中国香港《商业登记条例》、中国澳门《民法典》、柬埔寨《商业企业法》等法律进行查明，并当庭就当事人及法庭关于法律查明的提问进行回答，提升查明透明度。在一件涉港侵害录音录像制作者权纠纷案件中，香港律师唐汇栋受托对案涉香港法进行了查明。因双方当事人对查明内容有异议，考虑到疫情原因，前海法院支持唐汇栋律师在香港通过“深圳移动微法院”以视频方式出庭并对案涉香港法律查明内容进行了阐释。该案是全国法院第一件香港法律专家在线出庭提供法律查明协助的案件，节约了当事人的诉讼成本，有效提升查明效率。

（三）域外法适用机制专业准确

一是细化域外法适用规则。前海法院始终坚持平等保护、意思自治原则，制定《关于深入实施涉外、涉港澳台案件域外法查明与适用的若干规定》，不断完善适用域外法裁判规则，提升国际商事审判专业化水平。严格依程序开展案件定性、准据法确定、域外法审查与适用工作，确立客观性、真实性、关联性审查原则，保证适用准确的域外法。对援引适用域外成文法、判例和法律原则的方式、参考适用法律专家意见的方式、适用域外法裁判的语言表述等进行严格规定，并要求裁判文书说理应充分翔实、逻辑严密、用语简练、表达准确，确保域外法适用规范、透明、公信力强。

二是积极延伸域外法适用节点。将域外法查明与适用节点由诉讼向非诉讼拓展。前海法院认真落实“坚持把非诉讼纠纷解决机制挺在前面”的要求，探索在多元化国际商事纠纷化解中融入域外法适用工作，既促进纠纷源头化解实质化解，又与无争议事实记载机制相结合，使调解、中立第三方评估等工作已查明无争议的域外法直接作为无争议事实运用于诉讼过程中，深化“诉”与“非诉”机制衔接。将域外法适用节点向执行环节拓展，提升跨境纠纷化解效率，充分保障涉外涉港澳台商事案件申请执行人的合法权益。2019 年以来，前海法院先后有跨境调解和执行适用香港法案例，入选“广东法院粤港澳大湾区跨境纠纷典型案例”。

三是实现域外法的“类案类用”。在适用域外法案件裁判的工作指引中确立直接适用规则，从制度层面明确，已查明并在生效裁判文书中适用的域外法可在其他案件中适用。结合审理实践，创新域外法“类案”适用模式，台账式梳理适用域外法审理且已生效的案件，将查明的法律、相关案例和专家意见分类整理，为类案提供参考和指引，提高查明与审理效率。在一件涉港融资租赁合同纠纷案中，前海法院委托香港专家查明了香港《放债人条例》《银行业条例》等内容，在之后涉及相关内容的多件涉港案件中，直接引用和采纳了之前查明的内容，有效提升了域外法查明效率，开启了已查明域外法可持续适用的新范例。

（四）域外法查明与适用保障到位

一是建立专业化国际化法院队伍。前海法院立足涉外涉港澳台商事案件国际化、复杂化、专业化的实际，组建专业化审判组织，选任具有普通法学习背景、熟悉国际法、审判经验深厚的法官办理涉外涉港澳台商事案件，提高审判专业化水平。目前，6 名法官具有普通法硕士学位，具有研究生学历及以上的司法人员占比 59%。不断增强适用域外法裁判的司法力量，更好地发挥法院在域外法查明与适用中的主导作用。

二是建设“学习型”法院队伍。制订年度教育培训计划，组织开展前海法院职业精神培训、综合素质培训、司法实务培训共三大类 20 项多元化、针对性的培训，全面提升教育培训质量。开展法律英语培训班，邀请熟悉法律知识的外教老师到院开展面授课程，2022 年 1~5 月，共组织法律英语培训 13 次，全面提升法院干警外语能力。开展域外法系列培训，联合深圳大学港澳基本法研究中心，邀请香港中文大学、香港城市大学等高校资深法学教授以及具有丰富从业经验的香港执业大律师，围绕香港民事诉讼程序等内容进行授课，有助于增进前海法院法官对域外法的理解，开拓审判思路与视野，提升域外法查明与适用的信心与能动性。截至 2022 年 5 月，共开展各类培训 361 项，参训人员 15943 人次。

三是健全与域外司法机构常态化交流机制。先后接待英格兰及威尔士高等法院法官、迪拜国际金融中心法院院长、香港终审法院首席法官、澳门终审法院院长、香港律政司司长等域外法律界人士来访交流，承办六届“前海法智论坛”活动，组织人员赴港澳地区参加“海峡两岸暨香港澳门司法高层论坛”“‘一带一路’倡议及跨境商业争议解决发展趋势研讨会”等，与港澳执业律师开展关于港澳地区法律适用的交流活动，促进司法人员学习借鉴不同国家或地区适用域外法裁判的先进经验，推动域外法查明与适用的制度融合与创新。

四　查明和适用域外法未来展望

2022 年 5 月 20 日，前海法院发布《依法适用域外法审判商事案件白皮书（2015. 02~2022. 04）》（以下简称《白皮书》），全面分析适用域外法审判商事案件的基本情况和特点，从域外法查明机制立体多元、域外法适用机制专业准确、域外法查明与适用保障到位等方面，充分展示前海法院成立七年来在查明与适用域外法审判方面的探索与成效，充分保障和尊重域内外商事主体选择法律适用的权利，增强域内外商事主体在深圳投资创业的信心，积极营造稳定、公平、透明、可预期的国际一流法治化营商环境。

下一步，前海法院将围绕提升域外法查明和适用能力建设，从以下方面进行完善。

一是强化域外法查明与适用能力培育机制。在上级法院指导下，加强域外法查明与适用培训工作，强化对域外法查明与适用的研究，完善域外法适用的规则、标准与程序，提升法官查明和适用域外法的能力。加强裁判文书域外法查明与适用说理工作，规定对查明责任履行情况、当事人对域外法律查明与适用的意见、适用最密切联系原则的具体原因等进行详细阐述，提升域外法查明与适用的主动性。综合运用学习会、研讨会、调研等多种方式，提高对适用域外法的重视程度以及准确适用域外法的能力和水平。促进实务与理论沟通，加强与国际法专家学者、专业技术人员和行业协会人员等人士的交流。积极从查明和适用域外法审理的案件中挖掘和培育典型案例并定期向社会公众发布。针对实践中部分域内外商事主体对适用域外法认识不到位的现象，梳理相关内容以及与域内外商事主体密切相关的《联合国国际货物销售合同公约》《蒙特利尔公约》等国际公约的重点条文并进行深入分析解读，借助法院微信公众号等新媒体平台加强宣传，引导其选择适用域外法，在国际贸易中遵守国际公约。

二是完善域外法律专家查明制度。明确域外法律查明专家的主体认定标准，充分考量专家的职业经历、执业资格、职业声誉等，制定《域外法律专家名册》，建立权威性、中立性、公正性的域外法律专家队伍。健全域外法律专家出庭协助域外法律查明制度，细化法律专家出庭的资格、职责、权利义务、作证形式及法院对出庭专家意见采信规则等内容，并形成域外法律专家出庭提供法律查明协助的白皮书、典型案例集等成果，不断提升涉外涉港澳台商事审判的专业化、国际化水平。

三是优化配套平台与机制建设。搭建域外法查明平台，由上级法院指导，与港澳地区开展合作，搭建统一的法律资源及案例数据库，提升域外法查明的专业性和权威性。依托系统完整的法律资源及案例数据库，建立国际公约适用专栏，按案件类型、适用情况分类整理，为类案的国际公约适用提供参考，进一步提高国际公约适用与解释的一致性与审理效率。探索与香港、澳门法院通过个案司法互助渠道、相互协助查明法律机制，拓展域外法律的查明渠道与方式。探索建立查明费用垫付与负担机制，明确查明费用垫付的原则和依据，规范域外法查明收费标准，针对性解决因查明费用影响查明进程的问题，最终费用依案件审理情况由败诉方承担或当事人双方按合理比例承担，提高查明效率。

知识产权保护

Intellectual Property Protection

B.5

高标准建设粤港澳大湾区知识产权公共服务平台标杆

中国（深圳）知识产权保护中心课题组*

摘　要： 中国（深圳）知识产权保护中心（以下简称“深圳保护中心”）是在深圳国家知识产权局专利代办处基础上组建的全额拨款公益一类事业单位，自2018年揭牌运行以来，中心统筹推进知识产权快速预审、快速确权、快速维权、海外维权、协同保护、预警导航、知识产权代办、宣传推广等多元化业务，着力打造服务优质、保护有力、运用多元、技术支撑有力的全门类、全链条、一站式知识产权公共服务平台，为深圳科技创新和产业发展提供有力的知识产权平台支撑、服务支撑、数据支撑和智力支撑。

---

* 课题组成员：宋洋、张剑、邓爱科、李霄永、刘晨璐，祝铁军。执笔人：祝铁军，中国（深圳）知识产权保护中心行政部副部长；刘晨璐，中国（深圳）知识产权保护中心规划发展部员工。

关键词： 专利预审　快速维权　海外纠纷应对指导　预警导航

随着全球知识经济的蓬勃发展，知识产权日益成为驱动发展的刚需、国际贸易的标配。习近平总书记深刻指出，保护知识产权就是保护创新。2021年，中共中央、国务院印发《知识产权强国建设纲要（2021~2035年）》，科学制定中国知识产权强国建设的“总体设计图”，国务院印发了《“十四五”国家知识产权保护和运用规划》，明确“十四五”时期知识产权事业发展的“具体施工图”，中国向知识产权强国迈进的步伐更加坚定有力。

近年来，深圳认真贯彻落实习近平总书记关于知识产权工作的重要指示精神和党中央、国务院决策部署，着力打造知识产权标杆城市，将强化知识产权保护作为构建新发展格局的重要支点和提升城市发展位势的战略支撑，强调“知识产权是最重要的营商环境”，要求“实施最严格的知识产权保护”，出台《深圳经济特区知识产权保护条例》，率先实施惩罚性赔偿制度、行政禁令等创新举措，为深圳打造高质量发展高地、营商环境高地、对外开放高地和创新活力高地提供了有力保障。

2021年，深圳知识产权发展指标实现量质齐升。创造方面，全市专利授权量27.92万件，连续4年位居全国榜首；PCT国际专利申请量1.74万件，连续18年领跑全国；商标注册量46.44万件，蝉联全国城市首位；每万人口发明专利拥有量112件，约为全国平均水平的5.7倍。保护方面，建成知识产权保护工作站115家，年度知识产权行政保护绩效考核排名全国第二，快速协同保护绩效考核和海外纠纷应对指导考核成绩均居全国首位。运用方面，专利质押金额114.73亿元，专利实施许可备案金额4.6亿元，稳居全省首位；累计发行规模近85亿元的37单知识产权证券化产品全国领先。获第二十二届中国专利奖101项，居全国第二，其中金奖5项，占总数的12.5%。服务方面，专利代理机构达391家，品牌服务机构6家，专利代理师1785人，居全省第一。深圳知识产权成绩得到各级领导高度肯定，2021年，国家知识产权局局长对深圳知识产权工作作出如下批示：“深圳市在知识产权创造、运用、保护、管理、服务等方面成绩卓著，成为中国知识产权标杆城市。”

一 高效推动筹建工作，建设速度位居全国前列

2016 年，国家知识产权局启动知识产权快速协同保护工作，提出在全国优势产业集聚区布局一批知识产权保护中心。深圳市抓住这一重大机遇，在国家知识产权局和广东省知识产权局的大力支持和市领导的亲自争取、筹划和督办下，历经 5 个半月的紧张、有序筹建，深圳保护中心于 2018 年 12 月 26 日正式挂牌运行，成为全国建设速度最快的保护中心之一。

（一）领导高度重视，亲自筹划建设

深圳保护中心建设得到了国家知识产权局、广东省知识产权局以及深圳市委、市政府的高度重视。2017 年 9 月，深圳市委、市政府主要领导带队拜访国家知识产权局，双方签署《共创知识产权强国建设高地合作框架协议书》，明确提出支持深圳建设保护中心。2017 年 11 月，深圳市领导带队拜访国家知识产权局，国家知识产权局同意在深圳代办处基础上，围绕互联网和新能源产业建设深圳保护中心。深圳市领导多次召开保护中心建设工作专题会议，提出“2018 年 11 月 30 日完成场地建设并通过国家知识产权局验收，12 月 25 日挂牌投入使用”的总目标和场地、人员、经费上的要求，迅速推动相关工作。

（二）市政府全力统筹，多部门协作推进

为加快推进深圳保护中心筹建工作，深圳市政府成立由市委常委为组长的保护中心建设领导小组。2018 年 7 月，市委常委主持召开市编办、发改委、财政委、人社局、前海管理局及市场监管局参加的协调会，提出“一家主体、一份合同、一张蓝图、一把钥匙”的“四个一”建设思路，由市场监管局制订总体建设方案，与前海管理局签订“一揽子”协议，由前海

管理局进行软硬件建设。前海管理局以应急建设工程标准全力推进，倒排时间表，历经 3 个月的紧张施工，按期完成深圳保护中心场地建设。

（三）完善组织架构，建立人才梯队

根据国家知识产权局的相关要求，深圳市市场监督管理局结合实际情况，制订深圳保护中心员额薪酬方案，构建合理、公平、差别、激励的薪酬体系，为各项工作顺利开展提供强有力的支持。中心根据业务发展和内部管理需要，设置了综合管理部、行政部、审查确权部、维权保护部、数据运用部、海外维权部、业务协调部、专利受理部、专利收费部、资助审核部 10 个部门，构建了一支 100 余人的专业化、高素质、全领域人才队伍，其中，12 人入选深圳市知识产权专家库，17 人具备专利代理师资格，12 人具备律师职业资格。

（四）科学推进场地选址，合理规划办公环境

2018 年 6 月，深圳市政府综合考虑国家知识产权局、省知识产权局意见建议，决定将深圳保护中心设置在前海蛇口片区深港基金小镇 33 栋，建筑面积 4270 平方米，工场地设计分区功能如下：一楼为对外服务区域，分为服务受理大厅与成果展示大厅，服务受理大厅包括自助服务区以及 9 个服务窗口；二楼为办公区域，包括工作人员办公区域及仓库档案资料区域，共设工位近 100 个；三楼为对外功能区，包括多功能培训室、审理室和调解室。此外，深圳代办处维持原有的深圳市南山区学府路软件产业基地 4 栋的办公场地，办公面积 1985 平方米，包含 12 个服务窗口及工作人员办公区域等。

二　合理构建业务体系，满足优势产业发展需求

中心结合深圳的定位与需求，整合高端资源，聚合创新要素，探索符合深圳优势产业发展的工作机制，搭建“1+2+3+N”工作体系。

第一，构建一个业务框架。搭建“两快两全”基础核心业务框架，即围绕新能源和互联网产业推动知识产权快速授权，开展全领域知识产权快速维权，打造涵盖专利、商标、版权、集成电路布图设计等业务的全门类服务专业大厅，打通知识产权创造、运用、保护、管理、服务全链条。

第二，整合两个服务载体。整合深圳专利代办处和保护中心两大知识产权服务载体，承接国家知识产权局和深圳市市场监督管理局授权、委托的全门类、全链条业务，建成服务全面、业务权威、人才集聚、技术支撑有力的知识产权综合服务平台。

第三，打造三大特色平台。一是深圳市知识产权“一站式”协同保护平台。2019 年 11 月 26 日，以深圳保护中心为载体的“一站式”协同保护平台正式启动，实现全市各类保护资源的全面整合，提供仲裁调解、司法确认、法律指导、存证固证等知识产权保护综合服务。二是国家海外知识产权纠纷应对指导中心深圳分中心。2020 年 4 月 27 日，深圳分中心正式揭牌运行，主要开展涉外知识产权信息的收集与报送、纠纷应对指导、风险防控、培训宣传等工作。三是世界知识产权组织技术与创新支持中心（TISC）。2021 年 10 月 21 日，深圳 TISC 正式获批运行，提供知识产权培训、专利检索服务、知识产权金融服务、信息资讯推广等公共服务。

第四，开展多元知识产权业务。承接国家知识产权局授权和委托的快速预审、快速确权、海外维权、协同保护、数据运用、知识产权代办等 50 余项知识产权业务，推行一站式、集约化的知识产权业务办理模式，为创新主体提供优质、高效服务，打造科技创新“助推器”、企业走出去“护身符”、协同保护“总枢纽”、知识资产“转化器”、公共服务“大管家”和文化推广“扩音器”。

三　全面优化公共服务，打造全国一流保护中心

运行 3 年多来，深圳保护中心着力优化公共服务，强化平台建设，推动知识产权工作不断取得新进展、迈上新台阶。在 2021 年度保护中心快速协

同保护工作绩效考核和海外知识产权纠纷应对指导工作考核中均位居全国首位，荣获人力资源和社会保障部、国家知识产权局授予的“2021年度全国知识产权系统先进集体”荣誉称号。中心累计7项创新举措入选广东省自贸区和前海自贸区制度创新成果，“一站式”协同保护平台、国家海外知识产权纠纷应对指导中心深圳分中心、WIPO技术与创新支持中心建设先后获评深圳十大知识产权事件和十大法治事件，在全国率先开通集成电路布图设计登记受理窗口和外观设计专利权评价报告预审业务，为深圳高新技术产业取得先发优势和竞争优势、实现高质量发展作出了积极贡献。

（一）高质量开展快速预审确权工作

坚持专利快速预审业务的基础核心地位，推动专利快速预审工作提质增效，发挥预审业务在提高专利获权效率、加快国内外专利布局、促进高价值专利培育方面的积极作用，努力将专利预审业务打造为科技创新的“助推器”。

一是预审质效持续提升。截至2022年6月，中心备案企业数量超过4000家，累计接收预审案件超15000件，预审合格案件近10000件，通过预审并最终授权超7000件。通过预审，将专利平均授权周期压缩至58天，其中发明专利授权周期从原来的20个月缩短至3个月以内，实用新型专利授权周期从原来的6~12个月缩短至11天，外观设计专利最快1天授权，各项预审指标稳居全国前列。

二是企业服务不断深化。帮助永联科技、火乐科技等近20家拟上市企业在半年内完成上市专利指标，加快企业上市进程。探索“预审+PPH高速路”新路径，将海外专利授权周期从原来的3年左右缩短至1年以内，帮助比亚迪、旭宇光电等公司的400余件案件快速完成海外布局，为企业开拓海外市场、参与国际竞争奠定基础。主动与深圳清华大学研究院、鹏城实验室等高校和科研院所合作，大幅缩短基础核心专利授权周期，为成果转化提速，为基础研发和源头创新助力。

三是高价值专利培育深入推进。推行“项目制”预审服务模式，开展

“一对一”专业指导和服务，主动融入企业创新创造过程，培育了比亚迪“刀片电池”、腾讯区块链技术、荣耀智能手机、安软智能监控、火乐智能微型投影等60多组共计800余件高价值专利。对备案主体、代理机构进行规范管理和集中辅导，从源头上提升专利创造质量。

四是拓展业务高效推动。新增高端装备制造和珠宝加工专利预审领域，预审业务服务覆盖面进一步拓展，对高新技术产业的推动力进一步提升。成为全国唯一一家获批开展外观设计专利权评价报告预审业务的保护中心，将外观设计专利权评价报告审查时间从3个月缩短至10天左右，打通外观设计专利授权—确权—维权—运用快速通道，截至2022年6月，完成外观设计专利权评价报告100余件。

（二）高起点谋划海外维权援助体系

建设国家海外知识产权纠纷应对指导中心深圳分中心（以下简称“深圳分中心”），打造国家级的公益性海外维权综合服务平台，建立海外布局预警—案件监测响应—纠纷应对指导—意识能力提升—信息整合共享“五位一体”海外维权工作体系，着力解决深圳企业海外知识产权维权意识弱、维权能力弱、寻找资源难、维权过程难的“两弱两难”问题，为深圳“出海”企业提供高效、便捷的海外知识产权纠纷应对指导服务。

一是聚焦事前，助力海外知识产权布局。围绕金融科技、第三代半导体等重点产业及呼吸机、额温枪等防疫产品开展海外专利预警分析，为企业海外专利布局提供指引。发挥专利快速预审优势，将海外专利布局周期从3年以上缩短至1年以内，推动超400件高价值专利实现全球快速布局。开展重点企业海外商标预警，建立深圳100余家典型企业的重点国家商标预警档案，帮助企业排查风险。

二是聚焦事中，实施海外纠纷精准指导。建立动态化、常态化监测追踪机制，累计监测深圳企业涉337调查案件24件、涉美国地方法院知识产权案件477件，第一时间对接企业240家，帮助企业抢占应诉先机。通过市区联动、地方分中心合作、内外部专家协作指导等方式，为377家涉案企业提供精准、专业的“一对一”应对指导，累计推动30余件案件取得积极进展。为TCL、创维等企业的涉外案件和省领导牵头的汽车应急启动电源涉外案件出具专利无效检索分析报告，提供有力技术支撑。

三是聚焦事后，提升海外维权意识能力。开展“走企业·助出海”调研行动，回访近20家涉美国337调查和美国地方法院诉讼企业，引导企业在海外纠纷完结后总结应对实务经验。复盘近年来深圳企业涉美国337调查和美国地方法院诉讼整体情况，出具重点案例分析报告，归纳应对实务策略。围绕海外维权热点、难点和堵点问题，累计开展27场海外知识产权培训和16期“论道”海外维权沙龙，覆盖4000余家企业，有效提升企业海外维权意识和能力。

（三）高水平完善快速协同保护机制

建设深圳市知识产权“一站式”协同保护平台，成立深圳保护中心人民调解委员会，整合行政执法、司法保护、仲裁调解、行业自律等知识产权保护资源，推动知识产权纠纷多元化解，打造知识产权协同保护“总枢纽”，让企业“跑一次”“跑一地”便能获得所有知识产权保护问题的综合服务。

一是整合资源，汇聚协同保护合力。依托“一站式”协同保护平台，引入市仲裁院“云上仲裁”、市中级法院“深融平台”、市市场稽查局“云上稽查”等信息化平台，与前海法院共建远程司法确认系统。与市中级法院、市检察院、市司法局、市公安局、海关等19家单位建立常态化合作机制，推动在宝安、龙岗等辖区设立业务分窗口，延伸协同保护触角。建设社会组织库、服务机构库、海外维权专家库，为知识产权保护提供智力和服务支撑。

二是三调联动，助力纠纷多元化解。依托深圳保护中心人民调解委员会，创新开展知识产权人民调解工作，深化与法院和行政执法部门的合作，实现诉调对接、行政调解、人民调解“三调”联动。集聚优质调解资源，吸纳14家调解组织和149名调解员入驻调解委员会，截至2022年6月，累

计接收知识产权调解案件1800余件，处理了中兴和小辣椒标准必要专利许可纠纷、华为和哈勃（深圳）投资合伙企业商标权纠纷等重要案件，打出知识产权纠纷多元化解“组合拳”。

三是强化支撑，树立快速维权样板。聚焦知识产权行政执法侵权“判定难”和电商侵权“维权难”的堵点问题，为市市场稽查局、前海综合执法局、宝安区检察院等提供专业技术支撑，累计完成150余份知识产权侵权判定咨询和法律咨询意见。对接阿里巴巴等电商平台，累计完成2666件电商举报投诉案件。受龙岗分局委托，2个工作日内出具侵权判定咨询意见，为深圳出具全国首例“知识产权行政禁令决定书”提供重要技术支撑，树立“早维权、快保护”的“深圳样板”。

（四）高效率拓展数据分析运用维度

打造智库型、研究型平台，高标准建设世界知识产权组织（WIPO）技术与创新支持中心（TISC），通过知识产权数据分析、导航预警、金融创新、信息服务等多元运用形式，强化数据支撑，引领产业动向，融合创新要素，优化公共服务，为产业创新发展助力赋能。

一是数据分析研究更加深入。开展全方位、多维度的知识产权数据统计分析，提升深圳产业发展位势。累计完成深圳40周年知识产权报告、前海10周年知识产权报告、企业创新实力报告等50余份大型知识产权分析报告，配合全市各级部门整理报送知识产权统计分析报告报表300多份。聚焦人工智能、5G、第三代半导体产业，开展专利导航预警，为政府决策和产业发展提供知识产权依据。

二是金融创新方向更加多元。联合金融机构，探索“知识产权+金融”服务新模式。成功举办4期高新技术企业投融资路演活动，将知识产权分析评议报告与科创企业融资相结合，累计为投融资平台输送10余家优质企业资源，已有企业通过该平台获得千万级融资。指导前海工行推出知识产权属性的“智慧贷”金融产品，拓宽企业融资渠道，截至2022年6月，累计帮助10余家企业获得超亿元低息贷款支持。

三是信息资讯服务更加全面。依托 WIPO 技术与创新支持中心（TISC），高效推动知识产权信息资讯服务。推广新一代专利检索与分析系统，提供公益性专利检索服务，截至 2022 年 6 月，注册用户超过 3000 家，累计提供超 250 万次检索服务。建立“IP 快讯”信息资讯服务品牌，汇编全球知识产权和产业发展动态，面向公众广泛发布，累计为近 25 万人次提供信息资讯服务。

（五）高力度夯实知识产权代办基础

建设涵盖专利、商标、版权、集成电路布图设计等业务的“全门类”知识产权服务大厅，提供高质量、零差错的知识产权代办服务。深圳代办处连续 3 届获评国家知识产权局“青年文明号”，过去 7 年 6 次获得“代办处先进集体”荣誉称号。

一是业务指标稳步增长。2019~2021 年完成业务量超 500 万笔，业务量级不断迈上新台阶。截至 2022 年 5 月，全体代办业务“零差错”纪录刷新为 84 个月。持续提升代办服务效能，上线专利收费电子票据系统，推广代办业务属地化办理，简化专利费用缴纳流程。积极争取国家知识产权局试点业务，获国家知识产权局批复开展集成电路布图设计登记业务，开通商标受理窗口，实现主要知识产权代办业务“一窗通办”。

二是专项资金高效管理。全面承接核准类专项资金管理任务，开展知识产权专项资金申报材料受理、审核、资金拨付、系统建设等工作。建设专项资金管理信息化系统，全面实现专项资金管理业务全流程无纸化办理。2021 年拨付资助金额 3.5 亿元，涉及 13000 多个创新主体，为中小微企业创新发展和国内外知识产权布局提供有力支撑。

（六）高标准强化知识产权文化建设

开展形式多元、内容丰富的培训、宣传、推广活动，着力普及知识产权文化，培育知识产权人才，推广知识产权创新成果，打造知识产权文化建设高地。

一是打造文化建设高地。建设深圳知识产权成果展示大厅，生动呈现深圳知识产权发展历程和工作成果，打造深圳知识产权成果展示中心、文化建设基地和行业交流平台。定期编印知识产权刊物、中心工作年报、中心宣传册、业务手册、普法手册等各类推广材料，面向知识产权从业人员和社会公众广泛发放。每年举办知识产权论坛活动，深化知识产权国际合作交流。

二是打造专业培训枢纽。面向代理机构、企业、高校、科研院所、律师事务所、政府部门等，开展多层级、精准化的业务培训，充分满足不同主体的知识产权能力提升需求。截至 2022 年 6 月，累计组织外部培训 120 余场，培训人数超 12000 人次。建立全面、翔实的知识产权课程体系，打造内外部知识产权专家团队，为罗湖、南山、光明、龙岗、宝安等辖区知识产权工作人员提供专业化、系统化培训，提升知识产权服务水平。

三是打造宣传推广阵地。中心快速预审和海外维权等工作成果和建议意见被市委《信息快报》采纳，7 项制度创新成果被广东省自贸区和前海自贸区复制推广，全国首件评价报告预审案件、全国首例知识产权行政禁令等 10 多项开创性工作被学习强国、《人民日报》等媒体刊发报道，20 多条工作动态被国家知识产权局采纳推广。依托微信公众号，累计发布原创推文 1700 余篇，推文阅读量近 25 万次，提供全天候、高质量的知识产权信息资讯服务。

四　科学谋划发展方向，开创知识产权工作新局面

下一步，深圳保护中心将聚焦知识产权综合服务平台、协同保护枢纽、多元运用载体、海外维权标杆和人才集聚高地的定位和目标，不断完善专业化、多元化、国际化的工作格局，为深圳产业创新发展作出新的更大贡献。

（一）夯实专业化业务基础

加快承接高端装备制造和珠宝加工领域预审工作，全面推动专利权评价报告预审业务，坚持稳中有进工作基调，扩大快速预审、快速维权、海外维权、分析运用、知识产权代办等核心业务的影响力和辐射面，着力提升人才

队伍的专业能力，优化服务能力，不断提高知识产权对产业创新发展的引领和支撑能力。

（二）打造多元化保护格局

完善深圳知识产权保护中心分窗口网络，依托知识产权“一站式”协同保护平台和深圳保护中心人民调解委员会，打造深圳市知识产权保护“枢纽”，加快整合行政、司法、调解、仲裁、社会力量等知识产权保护资源，实现知识产权保护协同联动。

（三）开创国际化工作范式

加快建设国家海外知识产权纠纷应对指导中心深圳分中心和世界知识产权组织技术与创新支持中心，瞄准世界前沿，培树全球视野，加强与世界知识产权组织的合作，打造知识产权国际合作论坛品牌，培育专业化的海外知识产权工作队伍，着力提升对深圳企业开拓海外市场的“护航”能力。

B.6
深圳法院知识产权司法保护状况（2021）

深圳市中级人民法院知识产权司法保护课题组*

摘　要： 深圳法院充分发挥知识产权审判职能，依法公正高效审理各类知识产权案件，加强对核心技术以及新兴产业、重点领域和前沿领域技术成果的司法保护。未来深圳法院将不断健全完善公正高效、管辖科学、权界清晰、系统完备的知识产权司法保护体制，全面提高知识产权审判质量效率和公信力，努力建设支撑国际一流营商环境的知识产权司法保护体系，积极打造具有深圳辨识度和影响力的知识产权司法保护成果，为深圳加快建设知识产权保护标杆城市，建成具有全球影响力的科技和产业创新高地作出应有的贡献。

关键词： 知识产权　司法保护　创新驱动

前　言

2021年是中国共产党成立100周年，也是“十四五”开局之年，深圳法院坚持以习近平新时代中国特色社会主义思想为指导，深入学习习近平法治思想，全面贯彻落实《深圳建设中国特色社会主义先行示范区综合改革综合试点实施方案（2020~2025年）》，充分发挥审判职能、持续深化司法

* 课题组成员：蒋筱熙、周晓聪。执笔人：周晓聪，深圳知识产权法庭二级法官助理。

改革，以高起点、高标准、高要求践行综合改革试点赋予深圳的使命任务，为推动深圳创新驱动发展战略、建设中国特色社会主义先行示范区提供司法保障。最高人民法院2021年公布的典型案例中，深圳法院审理的1个案例入选中国法院十大知识产权案件，3个入选五十件知识产权典型案例。广东省高级人民法院公布的典型案例中，深圳法院审理的3个案件入选“广东省知识产权惩罚性赔偿典型案例”，1个入选“2021年度广东省法院涉互联网十大案例”，1个入选“广东省消费者权益司法保护十大典型案例”。

一 深圳法院2021年知识产权司法保护总体情况

2021年，深圳法院聚焦主责主业，充分发挥知识产权审判职能，依法公正高效审理各类知识产权案件，不断提升知识产权司法保护质效，为粤港澳大湾区和深圳先行示范区建设提供有力的司法服务保障。深圳全市法院共新收各类知识产权案件23745件，审结24941件，案件结收比达到105.04%。其中新收民事、刑事和行政案件分别为23399件、328件和18件（见图1），新收一审案件20856件，审结一审案件21369件，其中审结一审民事案件21092件；新收二审案件2889件，审结二审案件3572件。全市法院共计新收涉外、涉港澳台知识产权案件1225件，审结1263件。深圳知识产权法庭新收各类知识产权案件7881件，审结9331件（见图2），结收比达到118.40%，其中新收民事、刑事和行政案件分别为7787件、82件和12件，新收一审案件4992件，二审案件2889件，审结一审案件5759件，二审案件3572件。

（一）依法保护科技创新成果，保障创新驱动发展战略实施

加强对“卡脖子”关键核心技术以及新兴产业、重点领域和前沿领域技术成果的司法保护。2021年，深圳法院审理的知识产权民事案件呈现技术类案件多、涉及领域新、法律问题前沿、市场影响大的特点，全年新收专利、计算机软件、垄断、集成电路布图设计等案件4266件，审结专利、计算机软件、垄断、集成电路布图设计等案件5104件。审理的艾默生电气

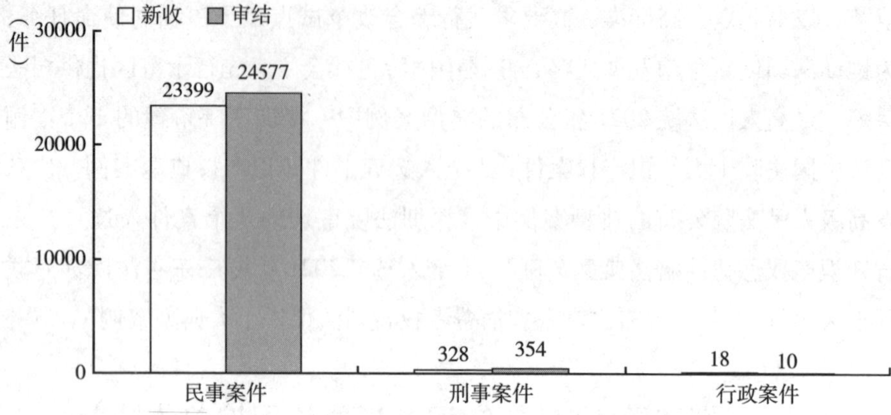

图 1　2021 年深圳法院各类知识产权案件数据

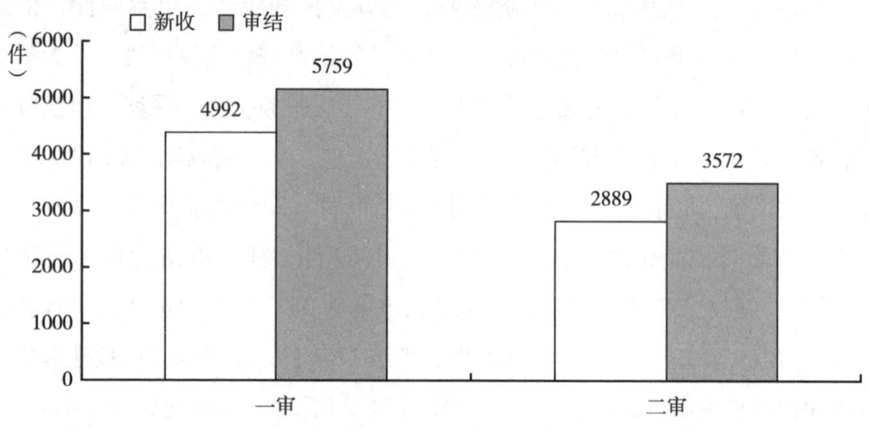

图 2　2021 年深圳知识产权法庭知识产权案件数据

（珠海）有限公司诉深圳市艾阿尔电气有限公司、第三人王某专利权权属、侵权纠纷案，系涉及侵占他人技术成果申请专利并反向主张权利的典型案例、认定权利归属的同时判决侵权损害赔偿的鲜活实践，明确了行为人侵占他人技术成果申请专利不会导致专利权权属的转移，行为人利用该专利向实际权利人恶意维权，需要承担与损害结果相对应的民事责任。切实保障了权利人的合法权益，在震慑此类恶意侵权行为、加强知识产权诉讼诚信体系建设方面具有重要意义。审理的深圳唐恩科技有限公司与万利达集团有限公司等侵害发明专利权纠纷案，细致阐述了解释权利要求相关术语的具体方法和规则，以及通过把握涉案专利发明点以合理界定等同侵权标准的裁判思路，具有较好的示范和借鉴意义。

（二）维护公平合理的市场竞争秩序，优化法治化营商环境

新收滥用市场支配地位、不正当竞争案件 497 件，审结 514 件，同比分别增长 21.8%、49.2%。依法规制经营者利用爬虫等技术手段影响用户选择，实施流量劫持、不当干扰、恶意不兼容等妨碍其他经营者合法提供的网络产品或者服务正常运行的行为。依法惩治经营者编造、传播虚假信息损害竞争对手商业信誉、商品声誉的商业诋毁行为；遏制经营者以不正当手段虚增网站访问量、视频播放量、网店浏览量、商品成交量等各类数据指标的方式欺骗、误导消费者。为进一步维护公平竞争环境，维护市场经营者、消费者的合法权益，打造市场化、国际化、法治化营商环境，深圳法院发布了十个反不正当竞争典型案例，统一深圳法院对反不正当竞争案件的裁判标准，同时为企业合规经营提供更加明确的规范与指引，为高质量发展赋能增力。审结的不正当竞争案，对群控“刷流量”等互联网市场上新出现的技术和商业模式是否构成不正当竞争以及如何进行司法规制给予明确指引，确立群控“刷流量”等新型互联网不正当竞争案件的司法裁判规则，正向回应互联网竞争与创新的关系，为互联网创新划定边界。宝安法院审结的窝友之家公司诉原景旅居公司不正当竞争案，从不正当竞争法角度对窃取他人数据挪为自用的行为给予了否定评价和及时制止，为处理同类案件，维护互联网时代的市场公平公正竞争秩序提供有益参考，被评为广东法院互联网领域反不正当竞争和反垄断十大典型案例。

（三）依法保护文化创意成果，促进文化创新和新业态健康发展

加强著作权司法保护，推动文化创新和培育新型文化业态，新收一审著作权纠纷案件 10490 件，审结 10388 件。充分发挥著作权审判的引领和导向功能，弘扬社会主义核心价值观，促进文化事业繁荣发展。妥善处理互联网

领域文化创作传播相关著作权保护新问题，加强知识产权互联网领域法治治理。审结的深圳市腾讯计算机系统有限公司诉北京微播视界科技有限公司著作权侵权及不正当竞争纠纷案，坚持公正合理保护，防范游戏开发者权利过度扩张，依法妥善处理互联网领域视频创作及著作权保护新问题，促进游戏作品传播利用及数娱产业深度融合。审结的腾讯公司诉上海新茶网络科技有限公司不正当竞争案件属于典型的网络服务商向用户提供洗稿软件引诱用户侵权而被认定构成不正当竞争的新类型案例，该案判决有利于从源头上打击洗稿行为，鼓励原创，规范自媒体的创作行为，净化自媒体平台的生态环境，保护著作权人的合法权益，对促进文化产业发展与繁荣具有重大意义。

（四）不断完善“三合一”审理机制，强化知识产权司法保护能力

全面实行知识产权民事、刑事和行政“三合一”审理机制改革，统一知识产权民事、刑事和行政案件裁判尺度，推动知识产权行政执法与刑事司法标准统一、程序有机衔接。2021 年，深圳全市法院共新收知识产权刑事案件 328 件，审结案件 354 件，新收知识产权行政案件 18 件，审结 10 件。深圳知识产权法庭审理的刘某某假冒注册商标刑事附带民事公益诉讼案，是全国首例知识产权刑事附带民事公益诉讼案件，在全国疫情防控紧张时期，具有较强的司法引导和教育示范意义，被评为广东省消费者权益司法保护十大典型案例之一。审理的王某侵犯著作权罪一案，依法认定被告人使用其他软件破解权利人软件的授权证书技术保护措施，并利用破解后的软件向他人推广交易，复制发行使用该软件牟取非法利益，构成著作权犯罪。审结的王某销售假冒注册商标的商品罪案，首次认定以电子弹窗形式呈现相关商标的行为属于商标性使用，未经权利人许可使用此类电子弹窗的商品属于假冒注册商标的商品，有效地保护知识产权、严厉打击违法犯罪行为。审结的大千视界（深圳）文化传媒公司、张某、李某等人侵犯著作权罪一案，认定美国电影协会成员公司对其影视作品享有的著作权依法应受保护，体现了人民法院对中外当事人合法权利的平等保护，对在互联网侵犯

著作权行为进行了严厉惩处，增强全民的知识产权保护意识。本案作为广东省唯一案例入选 2021 年度最高人民检察院知识产权综合性司法保护典型案例。

（五）坚持平等保护原则，不断提升知识产权争端解决能力和国际影响力

2021 年，深圳法院共受理涉外、涉港澳台知识产权案件 1225 件，审结知识产权涉外、涉港澳台案件 1263 件（见图 3），涉外、涉港澳台案件呈现数量多、地域广、品牌多、影响大的特点。深圳法院坚持平等保护境内外主体合法权益，不断提升知识产权争端解决能力和国际影响力，努力打造全球知识产权保护“优选地”。深圳知识产权法庭审结的圆周公司诉甲骨文公司计算机网络域名纠纷案中，践行公正合理保护原则，判决驳回原告关于确认诉争域名归原告所有的诉讼请求，通过司法实践认定侵权人试图以司法判决阻却裁决执行的不正当目的不能得到支持。前海法院依法委托香港律师进行域外法查明，并由该律师以在线视频方式出庭提供法律查明协助，突破了跨境知识产权纠纷解决的空间“壁垒”，推动粤港澳三地法律规则衔接，进一步提升法律事务对外开放水平。

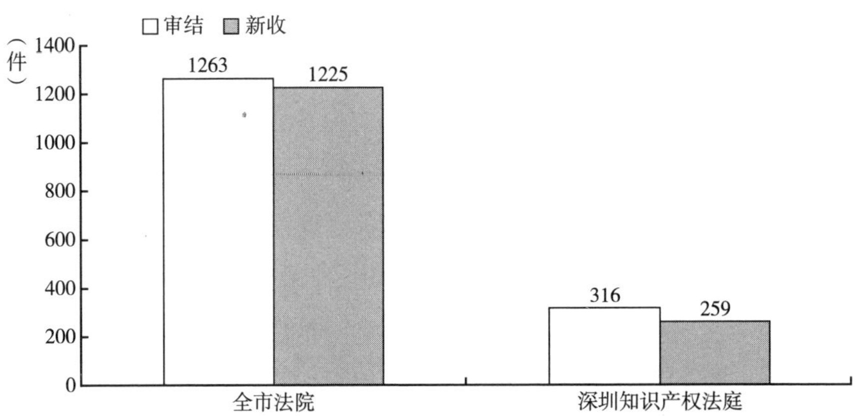

图 3　2021 年深圳法院涉外、涉港澳台知识产权案件数据

二 围绕“双区”建设，主动服务大局，全面落实综合改革试点

全面贯彻新发展理念，服务构建新发展格局，紧紧围绕服务创新驱动发展战略和“双区”建设大局，高标准、高质量完成综合改革试点的新使命、新任务。深圳综合改革试点是以习近平同志为核心的党中央作出的重大战略安排，是新时代深圳经济特区、深圳先行示范区发展的关键一招和重要抓手。中共中央办公厅、国务院办公厅专门印发《深圳建设中国特色社会主义先行示范区综合改革试点实施方案（2020～2025）》和首批授权事项清单，提出开展“新型知识产权法律保护试点”。深圳法院积极推进落实清单任务，聚焦湾区所需、立足深圳所优、结合深圳实际，勇于探索，率先完成改革试点任务落地生效。2021 年 8 月，国家发展改革委公布《关于推广借鉴深圳经济特区创新举措和经验做法的通知》，对深圳“明确侵犯知识产权行为惩罚性赔偿的违法经营额计算、率先界定证据妨碍排除规则的适用标准破解知识产权侵权举证难，以及实施司法审判技术调查官制度、准确查明认定技术事实，创新知识产权‘速裁+快审+精审’三梯次审判工作模式”等经验向全国推广。

（一）实施惩罚性赔偿制度，提高侵权违法成本

充分发挥惩罚性赔偿制度震慑力，提高侵权违法成本。在司法实践中真正以实现知识产权的市场价值为导向，明确侵权惩罚性赔偿的适用规则，对符合适用条件的案件，坚决实施惩罚性赔偿，让侵权者付出沉重代价。自制定出台惩罚性赔偿指引以来，深圳法院在司法实践中已适用惩罚性赔偿作出判决案件 15 宗，累计判赔金额近 1.25 亿元，传递了加强知识产权司法保护力度的强烈信号。龙华法院审结的华为公司诉刘某某侵害商标权纠纷案，通过被诉侵权产品的行业利润率印证被告在刑事案件中关于侵权产品获利的供述，为惩罚性赔偿中的基数认定提供了有益的司法实践。广东省高院首次发

布的六个知识产权惩罚性赔偿典型案例中，深圳法院审理的三个案例入选，占总数的一半。

（二）创建技术调查官队伍，完善技术事实查明

面对日益专业化的审判趋势，为从根本上解决知识产权案件审理过程中出现的技术性事实审查难题，深圳法院通过构建“1+2+3”多元化技术事实查明机制，有效提升技术事实认定的中立性、客观性和科学性，确保技术事实查明工作质效不断提升。以建立完善技术调查官队伍为中心，首创“技术调查官”全流程嵌入式协助技术类案件审判工作模式，以具有“技术背景的人民陪审员”和“专家咨询委员会”为创新依托；搭建“国家知识产权局专利局广东审查协作中心”和“专家意见”以及“司法鉴定”为一体的多元化技术事实查明外脑，多措并举不断提升技术类知识产权案件审理效率。制定出台了《深圳市中级人民法院技术调查官工作指引（试行）》和《深圳知识产权法庭技术调查官工作手册》，规范技术调查官工作流程，对技术调查官参与诉讼活动的具体工作规则、技术调查官的管理以及构建多元化技术事实查明机制作出了比较全面细致的规定。技术调查官参与的案件类型及比例情况见图 4、图 5。

（三）探索证据制度改革，切实破解“举证难”

积极探索知识产权证据制度改革，破解当事人举证难题，探索建立证据披露、证据妨碍排除和优势证据规则，明确不同诉讼程序中证据相互采信、司法鉴定效力和证明力等问题，适当减轻当事人的举证负担。在涉互联网不正当竞争纠纷案中，针对群控“刷流量”等新型互联网不正当竞争行为判赔金额“确定难”的现实困境，采用证据披露、证据妨碍排除规则，在综合考虑侵权情节、主观恶意、属于互联网生态型侵权等各种案情因素的基础上，以裁量性方式确定较高的赔偿金额，有效制止涉案不正当竞争行为。依法审理了曹某源诉深圳康普通电子公司侵害外观设计专利权纠纷案，是广东地区首次适用《最高人民法院关于知识产权民事诉讼证据的若干规定》对

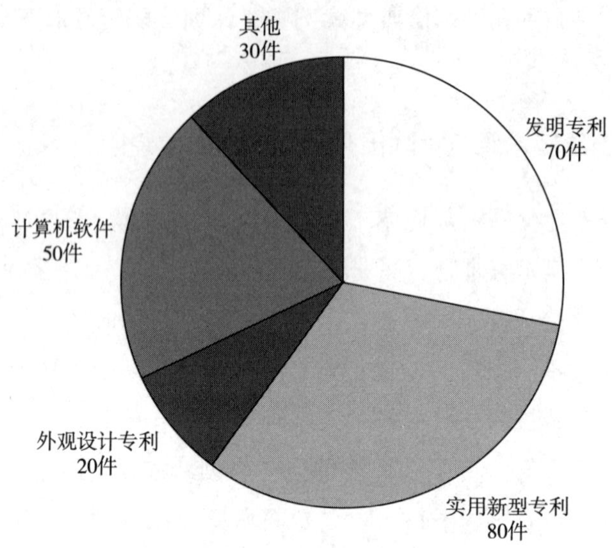

图4　技术调查官参与的案件类型数据

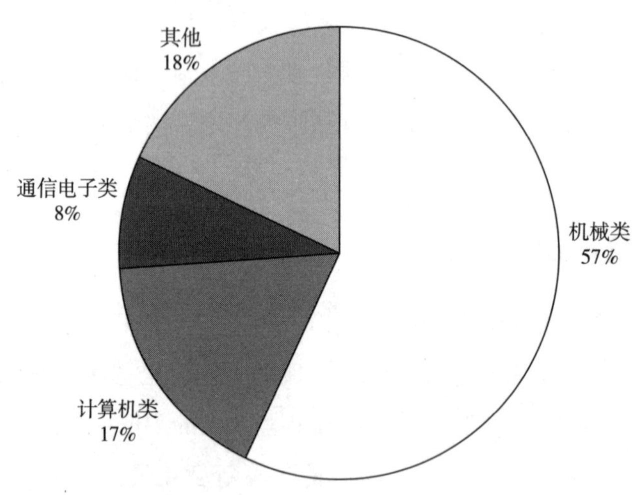

图5　技术调查官参与案件专业类型比例

于权利人滥用诉权钓鱼取证的行为予以否定性评价，体现了诉讼诚信、公平原则在知识产权民事诉讼证据规则中的运用，引导知识产权维权回归理性轨道，建立公平诚信的价值导向，实现保护合法权益与禁止诉讼权利滥用之间的平衡，为建立规范有序、充满活力、保护创新的环境提供司法保障。审结的小米科技公司诉深圳小米公司等侵害商标权及不正当竞争案中，作出书证提出命令裁定，责令被告提交进货交易凭证等证据，但被告无正当理由拒不提供，故推定原告就该证据所涉证明事项的主张成立。深圳法院通过司法个案积极探索界定证据妨碍排除的适用条件，依法适用不利证据推定规则确定当事人的赔偿责任，为证据妨碍排除在互联网侵权案件的司法适用提供了深圳样本。

（四）推进区块链技术的应用

为推动新时代知识产权审判智能化、数字化与现代化发展，进一步提升知识产权案件审判效能，深圳法院大力推广区块链技术在审判业务的适用，指导龙华法院先行先试，发布上线并使用法院区块链证据核验平台，该平台具有降低数字版权成本、简化电子证据核验过程、提高电子证据案件庭审效率、对接第三方存证平台信息互认、区块链技术应用场景广阔等优势，在司法实践中实现了首宗通过移动微法院提交区块链证据并自动核验的案件，有效解决维权成本高、周期长、取证难的问题。龙华法院制定出台了《区块链证据审查规程》《区块链证据提交和核验操作手册》等规范性文件，形成区块链证据平台配套规则。积极推动与各公证机关、时间戳固证平台、区块链固证平台的合作，强化全链条保护。

（五）完善新型数字权益司法保护规则

深圳法院根据最高人民法院《关于支持和保障深圳建设中国特色社会主义先行示范区的意见》精神，积极探索完善大数据、人工智能、互联网信息等新型数字化知识产权财产权益保护规则，树立保护知识产权就是保护创新理念，回应社会需求，提供精准司法服务，持续推动知识产权保护触角延伸至创新最前沿。深圳知识产权法庭审结的王某某诉腾讯公司个人信息保护纠纷案，是全国首例适用《个人信息保护法》的案件，首次提出界定互联网社交平台个人信息的四个要素，就互联网平台对个人信息的法律界定标

准和收集、处理个人信息行为应遵循的原则提出了具体的适用评判标准，厘清了互联网公司使用个人信息的界限，对规范互联网平台、App 服务商对用户数据的收集和使用，促进数字经济健康有序发展具有积极意义，被评为广东省法院涉互联网十大案例之一。

三　推动构建协同保护格局，汇聚知识产权保护合力

一是推动完善协同保护机制。深圳中院与市市场监管局签署《知识产权保护协作框架协议》，定期会商知识产权保护工作，积极参与深圳市知识产权“一站式”协同保护平台建设。探索与市场监督管理局建立知识产权诉源治理工作合作机制，完善纠纷信息通报反馈机制，法院定期向市场监督管理局通报知识产权纠纷情况和侵权违法线索，及时采取行政执法措施，从源头打击侵权违法行为。宝安法院推动联合区检察院、区公安分局、区市监局、区司法局等八家单位，制定出台《深圳市宝安区知识产权保护行刑衔接联动工作机制（试行）》，全面加强知识产权保护行政执法与刑事司法衔接联动。

二是完善多元化纠纷解决机制。坚持把非诉讼纠纷解决机制挺在前面，引入知识产权领域特邀调解组织 37 个、特邀调解员 456 名，完善诉前委派调解、诉中委托调解机制，畅通诉讼与仲裁、调解的对接机制，鼓励当事人通过非诉讼方式化解纠纷。建立“示范判决+先行调解”机制，对类型化的知识产权纠纷，先行作出示范判决，引导当事人理性协商、诉前和解，减轻当事人诉累。宝安法院积极完善“互联网+行业协会”多元化解机制，在区知识产权保护中心设置互联网远程视频调解室，推动行业协会参与远程联合调解。龙华法院在全国基层法院中首创设立集审判、调解、宣传、交流于一体的知识产权司法保护中心，专业调解员直接入驻审判业务庭，构建诉调对接、分类审理、联动保护运作机制，制定《知识产权诉调对接工作规程》，建立“诉前主导、行业支撑、诉中重心、判后延伸”的全流程诉调对接机制。

三是加强司法公开和普法宣传。坚持以公开为原则、不公开为例外，上网公开知识产权案件裁判文书，常态化开展网络直播庭审活动，让庭审和裁判文书成为生动的普法教材。通过庭审旁听、案例宣传、座谈交流等形式，积极营造知识产权保护氛围。针对假冒伪劣商品、药品专利侵权等社会关切，依托广电、微博、微信公众号等全媒体平台，走进社区、行业协会，运用鲜活案例，以群众喜闻乐见的方式，广泛开展知识产权普法宣传，推动形成尊重知识产权、保护知识产权、自觉抵制侵权行为和侵权产品的良好社会氛围。录制的《疫情之下加强药品专利保护》《外观设计专利侵权示范案例评析》《罪与罚：商标标识"件"之辨》《知识产权诉讼中的特别程序——证据保全和行为保全制度》微课堂宣传视频获得2020~2021年人民法院网络微课程"天平阳光杯"三等奖。南山法院针对辖区企业发展诉求，开展"以案说法：企业商业秘密维护及诉讼策略"等专题讲座，印制《知识产权维权指引与典型案例通报》特刊，全力护航企业知识产权保护持续向好发展。

四　深入开展队伍教育整顿，全力推进过硬队伍建设

一是突出党建引领，筑牢政治忠诚。开展政法队伍教育整顿是党中央提出的新要求、人民群众的新期盼、政法战线自我革命的新需要，是确保政法机关担负起新时代职责使命的重要举措。深圳法院坚持教育整顿和审判业务相结合，强化政治担当，牢记司法为民，转变工作作风，推进队伍教育整顿工作走深走实，对标习总书记提出的"五个过硬"要求，不断筑牢政治忠诚，自觉将学习教育成果融入工作实践，不断提升队伍战斗力，确保队伍绝对忠诚、绝对纯洁、绝对可靠。

二是开展"我为群众办实事"，牢记司法为民。充分发挥审判职能服务创新驱动发展，推动"我为群众办实事"出实效。积极开展为各类基层组织、民营企业、社区民众提供知识产权司法保护的服务，为创新驱动发展提供坚强后盾。知识产权法庭法官积极参加各区相关产业研讨，提供专业司法

建议，为政府管理提供决策参考，助力打造保护创新氛围。为高新技术企业讲授大数据司法保护知识，服务创新驱动发展，引导“独角兽”企业做好知识产权保护。到服装行业协会为相关企业组织开展知识产权保护讲座，加强行业知识产权保护的对策研讨。深入基层社区组织开展知识产权普法系列讲座，推动形成尊重知识产权的良好社会氛围。

结 语

2022 年，深圳法院不断健全完善公正高效、管辖科学、权界清晰、系统完备的知识产权司法保护体制，全面提高知识产权审判质量效率和公信力，努力建设支撑国际一流营商环境的知识产权司法保护体系，积极打造具有深圳辨识度和影响力的知识产权司法保护成果，为深圳加快建设知识产权保护标杆城市、建成具有全球影响力的科技和产业创新高地作出应有的贡献。

司法建设

Judicial Construction

B.7

海洋环境公益诉讼检视及进路析论

——基于粤港澳大湾区环珠江口视角

孟　亮*

摘　要： 海洋环境公益诉讼具有完备的司法效能，是检察权服务海洋强国建设的集中体现。在粤港澳大湾区建设视域下，环珠江口海洋环境公益诉讼既有公益诉讼的一般性特点，亦有基于海洋和“一国两制三法域”的个性特征。基于对公益诉讼一般性发展阶段、海洋环境特性、环珠江口区域特性三个维度的检视，得出现有困境制约海洋检察制度效能的结论。因此，应从完善检察内部机制建构、加强外部衔接协调、协调区际司法冲突、强化法治前沿理论研究与检察实务衔接四个维度发力，探寻和实现环珠江口海洋环境公益诉讼更加丰富的治理内涵和治理效能。

关键词： 海洋检察　环境公益诉讼　粤港澳大湾区

* 孟亮，深圳前海蛇口自贸区人民检察院第二检察部二级主任科员。

引言

海洋检察作为“四大检察”中的特色检察地位逐渐凝聚共识，检察机关服务保障海洋强国建设和粤港澳大湾区高质量发展，需要海洋检察的全面参与和深度发力。广东省十三次党代会报告提出，要着力打造环珠江口100千米黄金内湾①，环珠江口区域作为粤港澳大湾区发展的重要引擎值得重点关注。在粤港澳大湾区建设背景下，2020年3月，最高人民检察院出台的《关于充分履行检察职能　依法服务和保障粤港澳大湾区建设的意见》明确指出，要围绕人民群众关注的空气污染、水体质量、垃圾处理等民生热点积极作为，深化“守护海洋”专项监督，加强公益诉讼检察工作。作为“一国两制三法域”特色区域交织区域，环珠江口海洋检察既有基于海洋特性和检察权运行机制的共性，也有基于不同法域碰撞融合所产生的个性问题，在海洋强国建设、粤港澳大湾区一体化建设、泛珠三角区域战略联动多重战略交织视域下，以公益诉讼为视角检视海洋检察进路具有必要性和重要性。

一　环珠江口海洋环境检察公益诉讼的重要性和必要性

（一）海洋检察是新时代检察工作开展的必然要求

海洋检察是检察机关充分发挥法律监督职能，检察权服务国家海洋治理现代化的必由之路。涉海业务一直属于检察机关的业务范畴，但在“海洋检察”成为检察机关向海洋领域延伸检察职能的特定术语之前，对检察机

① 《忠诚拥护“两个确立”　坚决做到“两个维护”　奋力在全面建设社会主义现代化国家新征程中走在全国前列创造新的辉煌——在中国共产党广东省第十三次代表大会上的报告（2022年5月22日）》，http：//gd. people. com. cn/n2/2022/0531/c123932-35294151. html，最后访问日期：2022年7月1日。

关涉海业务的探索相对较为零散，集中于非法采矿、非法捕捞水产品、非法损害海洋生态环境、海洋生态修复及赔偿等领域，关注类案办理的重难点问题。随着海洋事务的发展与检察职能的延伸拓展，“海洋检察”逐渐成为专有术语。中国人民大学陈卫东教授指出，海洋检察是人民检察院依照法律，对涉海的执法和守法行为行使检察权，保护海洋资源，维护海洋秩序，保障海洋权益的法律监督活动，具有空间特定性、对象专门性和内容综合性三个特征①。海洋治理在权益维护、综合管理、央地关系、陆海统筹等方面面临错综复杂的问题。

（二）海洋环境公益诉讼是海洋检察探索的关键抓手

检察权以保障和维护公共利益为价值取向，新时代检察权正向着四大检察全面协调发展方向进步，海洋检察亦然。由于检察公益诉讼可以实现对海洋刑事、行政与民事“三位一体”的保护，实现“四检合一”，故而成为海洋检察体系化发展的最佳抓手。顺应公益诉讼业务完善和持续推进的趋势，推进海洋环境公益诉讼是检察机关维护海洋生态环境健康发展的必由之路。

此外，海洋环境公益诉讼的开展具有紧迫性和必要性。一方面，涉海管理监督部门繁多且存在权责重叠，多元主体交织反而导致行政责任稀释，海洋生态环境受损时反而缺乏全面及时的救济；另一方面，海洋生态环境受损时，单一个体提起民事公益诉讼或损害赔偿诉讼存在一定障碍，诉讼成本高昂和举证困难使检察机关作为监督和兜底方具有必要性，是检察机关发挥法律监督作用和保障作用的必然要求。

（三）环珠江口区域海洋环境公益诉讼推进具有重要意义

粤港澳大湾区环珠江口海洋资源具有海岸线长、海域总面积广的特征，且为联系港澳的重要枢纽，亦是亚太地区最开放、最高效的航运物流中心之

---

① 王晓青、冯瑞瑞等：《海洋检察：参与海洋治理　延伸检察职能》，《检察日报》2020 年 12 月 19 日。

一。基于粤港澳大湾区视角，以环珠江口海域为研究基点，推进海洋检察工作的开展，不仅对于广东全面建设“一核一带一区”具有重大意义，对建设海洋强国、服务社会主义事业高质量发展亦具有重要性。

同时，环珠江口区域是粤港澳大湾区核心枢纽，流域水环境具有整体性，环珠江口海洋环境关涉粤港澳三地共同利益。作为“一国两制三法域”特色区域，此区域海洋检察工作推进不仅面临一般意义上跨行政区域检察的挑战，也面临区际司法冲突与协作的重要课题，探索环珠江口区域海洋环境公益诉讼具有代表性意义。

二　环珠江口海洋公益诉讼检视

（一）基于公益诉讼现有发展阶段的检视

自2017年入法和2018年两高联合发布《关于检察公益诉讼案件适用法律若干问题的解释》以来，检察公益诉讼制度基本成熟，公益诉讼以诉前检察建议、诉前公告等程序为前置性程序，整体上划分为行政公益诉讼、民事公益诉讼两大类型。生态环境是公益诉讼的典型领域，检察机关提起海洋生态环境公益诉讼的实体和程序规则未溢出环境公益诉讼的基本理论和制度框架范围。因此，现阶段，海洋生态环境公益诉讼发展过程中同样存在公益诉讼制度所面临的一般意义困境和挑战。这些挑战主要包括：检察机关调查核实权乏力、检察机关与具有相关管理职责的行政机关协调不畅、公益诉讼赔偿金执行力度不足且欠缺规范化管理和使用机制、与其他法律机制协同关系不明确等①。这些问题的出现与检察权谦抑属性、检察权边界在公益诉讼中的模糊性密切相关。

---

① 梁平、潘帅：《环境公益诉讼模式的重构——基于制度本质的回归》，《河北大学学报》（哲学社会科学版）2022年第2期；解永照、余晓龙：《海洋环境公益诉讼的制度定位及体系完善》，《中国人口·资源与环境》2022年第1期；余妙宏：《检察公益诉讼在海洋环境保护中的路径与程序研究》，《中国海商法研究》2021年第2期。

此外，除一般的民事公益诉讼和行政公益诉讼外，刑事附带民事公益诉讼亦是环境公益诉讼的重要诉讼形态，诉讼方式的选择和衔接问题是当前公益诉讼工作中的重要问题。

（二）基于海洋环境特性的检视

海洋作为自然环境资源的组成部分，既具有环境要素的一般性征，也具有其自身特色。“海洋”的视角与检察工作相结合，使海洋检察在四大检察固有特征的基础上具有特殊的功能价值，立足检察专业领域与观照海洋事务特点相结合，有利于海洋检察业务开展的规范性和全面性。

海洋环境资源保护涉及地域广、证据易灭失、治理难度大、社会关注度高等特点，使得海洋环境保护较一般性环境资源更具有挑战性和紧迫性。早在 2019 年，最高人民检察院就统一部署开展“守护海洋”检察公益诉讼专项监督活动，针对海洋特性，从陆源污染防治力度缺失、海洋污染防控措施不力、海洋生态保护与修复工作滞后、海洋监督管理制度落实不到位等方面开展法律监督，基本搭建完成海洋公益诉讼检察业务框架，为检察机关开展海洋公益诉讼提供了基本指引。

随着海洋重要性的提升和海洋自然资源和生态环境保护的紧迫性提升，2022 年 5 月 15 日起施行的《关于办理海洋自然资源与生态环境公益诉讼案件若干问题的规定》明确对民事、行政和刑事附带民事海洋公益诉讼作出规定，赋予检察院海洋公益诉讼主体地位，并就民事公益诉讼中的督促、协同和兜底职能作用和督促海洋环境监督管理部门依法履职作出规定，同时明确了海事法院的专属管辖权，为检察公益诉讼的发展指明了方向。

然而，不能忽视的是，虽然《人民检察院公益诉讼办案规则》第 16 条规定的立案管辖与诉讼管辖分离原则与海事法院的专属管辖制度在相当程度上解决了检察机关在海洋环境公益诉讼中面临立案管辖和诉讼管辖错位问题，但在现阶段，大湾区范围内的地方性法规尚未以大湾区建设为导向形成合力，基于单一行政区域的环境保护和污染治理模式对环珠江口海洋环境保护力度尚不充足。

同时，海洋生态环境的特性使检察机关获取相关线索的途径更依赖于具有监管职责的行政机关，检察机关与行政机关的信息沟通渠道仍有待进一步拓展。此外，海洋环境监管部门众多，“九龙治水”局面下，多个行政机关均对特定海域具有监督管理职责，均属检察机关督促监督对象，且均为提起海洋民事公益诉讼的适格主体，职能交叉情况下，极有可能在接纳检察建议、履行相关职责时互相推诿，并在提起诉讼时相互掣肘，阻碍民事公益诉讼提起。海洋行政公益诉讼前置程序中，诉讼前发出检察建议相对缺乏规范性操作指引，诉前前置程序的非强制性亦不能避免其流于形式，而欠缺实质上的督促效力①。考虑提起行政诉讼时，负有管理职责的海洋环境监管部门怠于履职与海洋生态环境损害之间的因果关系亦缺乏明确的证明标准。

（三）基于环珠江口区域特性的检视

作为“一国两制”的集中体现区域，环珠江口区域担负着联通港澳的使命，粤港澳大湾区建设重在三地规则的衔接，海洋作为连接三地的载体是不可忽视的重要部分，环珠江口海洋生态环境牵涉粤港澳三地的共同利益。“推动规则衔接”在政府工作报告、各类发展规划中频繁出现。

珠三角地区“条块经济”与“空间破碎性”共存，公益诉讼案件中区域协作机制化不可或缺。2021 年 11 月 11 日，广东前海、南沙、横琴三个自贸片区检察机关在广州共同签署《广东自由贸易试验区海洋生态环境保护检察公益诉讼协作工作意见》，从定期会商、信息共享、线索移送、联合调查、法律研究、学习交流、联合观察、联合宣传、资质互认等方面作出了详细规定与指引规范，初步形成了以广州南沙—深圳前海—珠海横琴为三点的环珠江口“铁三角”检察公益诉讼防线，为环珠江口海洋公益诉讼的开展提供了坚实基础。但是，值得注意的是，整体来看，现阶段粤港澳大湾区一体化建设相关协议主要集中在营商环境等经济领域，生态环境方面则相对

① 彭松、邓月：《中国环境行政公益诉讼中检察建议的完善路径》，《中华环境》2022 年第 3 期。

较少，在行政分割状态下，环珠江口各地市具有海洋环境监督管理职责的部门之间尚缺乏规范的协同治理长效机制，检察机关的督促、监督职能发挥亦受到影响。

此外，港澳与内地司法制度、治理体系的区别更强化了环珠江口区域海洋治理的特殊性和复杂性。广东省与港澳司法制度、环境治理行政管理制度、执法标准、执法程序等方面存在巨大差异。环珠江口海洋环境保护存在壁垒。诚然，近年来，粤港澳在司法互助与协作方面进展良多，但主要存在于民商事领域。具体到公益诉讼范畴，三地之间的公益诉讼协作主要体现在民事公益诉讼方面。民事公益诉讼可参照已有的民商事司法互助制度，有较为深厚的司法互助基础，但送达、取证、法院判决认可和执行等领域的司法互助安排均有严格的案件类型限制，海洋民事公益诉讼并不能被完全涵盖在司法协助范围之内，且港澳之间尚未签署调查取证和判决流通的司法互助安排，仅有委托送达方面的司法协作具有局限性。基于法律制度和社会机制渊源，港澳虽也规定了行使检察职能的机关或部门提起公益诉讼的权力，但“利害关系人”亦均有权提起公益诉讼，因此，公民个人、相关组织提起的公益诉讼占比较大，检察权行使则相对较少，可谓与内地情况截然相反。行政公益诉讼方面，虽然澳门检察机关的“司法上诉”制度赋予检察机关维护公共利益的广泛职能，但香港行使检察职能的律政司则缺乏相同职能。

三　环珠江口海洋环境公益诉讼发展进路

（一）完善检察内部机制建构

第一，从海洋检察机构的完善角度来看，以检察一体制度为基础，畅通协作机制，在解决内地管辖争议、协调跨区取证、执行等问题上，上级检察机关可发挥强有力的领导和协调作用，施行海洋检察集中管辖制度。同时，适时推动设立海洋检察专门机构，达成与海警局、海事法院全域分布的海洋执法司法机构的平衡是海洋检察进一步探索的发展方向。两高于 2022 年 5

月发布的《关于办理海洋自然资源和公益诉讼案件若干问题的规定》明确了海事法院的专属管辖权，作为法律监督机关，针对海洋检察特色，检察机关亦应逐步探索专门化海洋检察机关，以设立海洋检察室为前期探索，逐步推动海洋检察院建设，从而完善海洋检察体制建构。

第二，从环珠江口海洋环境公益诉讼的推进角度，前海、南沙、横琴三地检察机关应依据《广东自由贸易试验区海洋生态环境保护检察公益诉讼协作工作意见》，大力推动三地海洋检察业务协作，逐步推进与中山、惠州等珠三角乃至泛珠三角沿海城市的协作，由点及面，最终形成体系完备、机制健全、合作广泛的环珠江口海洋检察公益诉讼协作机制。

第三，从具体工作的涵盖内容角度，检察机关应着力探索全方位海洋生态环境监督保护体系，建构网格化海洋检察监督力量，强化源头治理，注重陆源污染防范，加强近岸海域综合治理，做到公益诉讼重点问题“全覆盖”，逐步推动形成海洋检察全方位发展网络。现阶段，从地方立法体系对公益诉讼的完善和支撑来看，已有地方立法对探索建立健全涉及公益诉讼的刑事、民事、行政案件统一由公益诉讼部门办理的“三检合一”办案模式作出规定①。南沙区检察院一站式取证、一揽子评估、一体化运行、一键式修复的“四个一”海洋公益诉讼模式值得进一步落实和推广。

（二）加强外部衔接协调

为优化检察机关参与海洋治理的法律信息供给，强化海洋公益诉讼中检察职能发挥，有必要大力加强检察机关与其他主体的衔接协调。

一是推动执法司法协作联动机制规范化。2019 年 1 月，最高人民检察院与生态环境部等联合发布的《关于在检察公益诉讼中加强协作配合　依法打好污染防治攻坚战的意见》明确提出，要完善公益诉讼案件线索移送机制，建立交流会商和研判机制，健全信息共享机制。近年来，随着公益诉

① 《内蒙古自治区人民代表大会常务委员会关于加强检察公益诉讼工作的决定》，http://www.nmgrd.gov.cn/cwgb/2019ncwh/2019dliuh/201912/t20191203_353479.html，最后访问日期：2022 年 7 月 10 日。

讼工作的发展，检察机关同行政执法机关的交流沟通逐渐增强，已经建立起基本的信息沟通机制。海洋检察所涉部门更加多元，对信息线索时效性的要求更强，检察机关与国家安全机关、公安机关、海警部门、生态环境部门、规划与自然资源部门、海事部门等单位继续进一步借鉴行政执法与刑事司法衔接信息共享平台的经验做法，通过会签意见等方式形成机制，强化行政机关执法、监管职能和检察机关刑事检察、公益诉讼检察职能衔接，深入推进精细化治理，逐步实现生态环境和资源保护领域相关信息实时共享，同时收集各相关机关对海洋检察工作开展的意见建议。

二是推动“检察长+河湖长”协同工作机制在海洋检察方面发力。作为水资源的一部分，海洋生态环境不能离开河湖等淡水资源，海洋生态环境损害往往与淡水生态环境损害密切相关。现阶段，广东各地均积极推进河长制，河湖管理保护成效明显，且已成立了五大流域河长办，建立了网格化的河长管理信息系统，定期召开流域联席会议，加强跨区域统筹协调和监督指导，这与检察机关推动环珠江口海洋环境公益诉讼有共同利益。目前，广州市、深圳市、珠海市均已建立“河湖长+检察长”乃至“河湖长+警长+检察长”联动工作机制，环珠江口检察机关应以此为抓手，积极打造跨区域跨领域协作“护海网”，推动联络机制在海洋检察线索发现、工作沟通、执法司法方面的作为，助力建构网格化海洋检察监督力量。

（三）协调区际司法冲突

大湾区应逐步建立以“一国”为基础、以《粤港澳大湾区发展规划纲要》为依据，以粤港澳自主联合协调为桥梁，以中央主导为保障的多层次法治协调模式。

一是以“一国”为基础，粤港澳自主协调促进合作。前海、横琴两地检察机关应充分发挥沟通粤港、粤澳的纽带作用，发挥“先行先试”精神，大力加强粤港澳三地行使检察职能主体的沟通交流、业务研讨，建立联络会商机制，推动设立涉海专家咨询委员会，提供公益诉讼支持平台。粤港澳三地可以共同宣传维护海洋生态环境为切入点，逐步拓展海洋检察合作领域，

带动香港律政司在其职能体系内参与维护环珠江口海洋生态环境相关司法活动，激活澳门久未启用的检察公益诉讼制度。

二是推动以中央主导为保障的多层次法治协调模式。在“三法域”背景下，区际司法冲突客观存在，区际冲突的主要表征是法律难以统一适用。现阶段粤港澳区际司法协作更多集中在民商事领域，刑事司法协作亦有一定进展，但是行政法治方面则尚且匮乏。区域行政法治协调是海洋检察推进的题中应有之义。加之《深化粤港澳合作推进大湾区建设框架协议》在纠纷协商条款方面亦有缺位，在区际环境保护维度更付之阙如，推动中央主导的区际统一实体化规范符合发展趋势，内地与港澳之间虽有维护海洋生态环境的共同利益，但仍有诸多分歧，粤港澳三地深度融合的未来不能欠缺制度性协商机制的身影。区际海洋公益诉讼案件立案标准、证据采集、证据开示、赔偿金管理机制等各方面的协调统一，均需中央层面的大力支持，亦需要广东“先行先试”的更大权限和空间。

（四）强化法治前沿理论研究与检察实务衔接

近年来，公益诉讼理论与实践的飞速发展和海洋检察从无到有渐进发展的道路见证了理论关照现实并推动实践进步的历程。多个省级人大常委会出台了关于加强检察公益诉讼的相关决定，关于出台独立的“公益诉讼法”或“公益保护法”的呼声亦屡见报端，加强公益诉讼法律供给的必要性和重要性可见一斑。加强调查研究、强化理论支撑是完善制度体系的重要手段，法治理论与检察实务衔接有利于进一步完善海洋司法保护体系，形成更加完备的检察产品。

具体到海洋领域，2022 年 5 月发布的《关于办理海洋自然资源和公益诉讼案件若干问题的规定》就是海洋公益诉讼的重要指引，其中不乏学界长期以来呼吁建议的身影。因此，为加快推动区际司法冲突协调、健全海洋环境公益诉讼机制、推进海洋检察全面发展，不能忽视前沿理论研究的重要作用。

一方面，法治前海研究基地是四级共建的研究基地，深圳市检察院和前海检察院承担主体责任，研究资源丰富，且通过办案实践为检察研究提供平台载体。另一方面，借助外脑力量，加强检察系统与相关研究机构、高等院校的学术沟通与合作，亦是加强海洋检察人才及队伍建设、推动海洋检察公益诉讼纵深发展的关键。总之，学术论文、海洋检察白皮书、典型案例等多种研究形式均可作为海洋检察工作的发展助力。

结　语

检察机关服务保障海洋强国建设需要海洋检察的全面参与与深度发力，粤港澳大湾区高质量发展和泛珠三角一体化发展离不开环珠江口海域的良法善治。作为海洋生态环境保护的基础制度，海洋环境公益诉讼是环珠江口海域海洋检察工作推进的重要抓手。现阶段，环珠江口海洋公益诉讼虽已取得一定成绩，但仍存在一定的阻碍因素，制约了海洋检察的制度效能。应从完善检察内部机制建构、加强外部衔接协调、协调区际司法冲突、强化法治前沿理论研究与检察实务衔接等角度，由点及面，以“铁三角”串通“珠三角”，推动形成海洋环境公益保护最大合力。

B.8

深圳中院探索建立"15233"群体性证券纠纷审判体系

深圳金融法庭课题组*

摘　要： 深圳中院在长期的证券审判工作中不断积累和探索创新，构建了"15233"证券审判工作体系，即1个前置程序、五大审理机制、两项重点内容、3类简化处理模式、3种代表人诉讼情形。该体系的应用有助于快速处理案件，有利于形成多元调解机制全链条，有益于权益保护机制全方位落实。未来，深圳中院将深挖"15233"体系的价值，提升深圳在金融市场上的规则话语权，提高深圳金融中心、金融司法重镇的地位。

关键词： 证券纠纷　金融安全　虚假陈述

金融是国家重要的核心竞争力，金融安全是国家安全的重要组成部分，金融制度是经济社会发展中重要的基础性制度。深圳作为改革开放的前沿阵地，金融业已经成为重要支柱产业之一，在多个权威机构发布的排名中，深圳都位于全球十大金融中心之列，金融在深圳占有极为重要的地位。特别是证券领域，深圳是深圳证券交易所（以下简称"深交所"）所在地，证券业极为活跃。在证券市场中，证券虚假陈述是最为典型的违法行为表现形式。近年来，因上市公司虚假陈述行为导致的群体性维权纠纷呈现多高、高

* 课题组成员：袁银平，深圳金融法庭庭长；尚彦卿，深圳金融法庭法官；陈鹏飞，深圳金融法庭法官助理。执笔人：陈鹏飞。

发态势，依法打击虚假陈述行为，追究侵权民事赔偿责任，是净化证券市场、优化投资环境的重要一环。作为深交所所在地中级法院，深圳中院依法履行审判职责，审理了一大批证券虚假陈述责任纠纷案件，积累了丰富的审判经验，培养了一批高素质的专业化人才，探索了一系列新型证券审判机制。

一　群体性证券审判工作基本情况

2019 年以来，深圳中院共计新收证券虚假陈述责任纠纷案件 5236 件，其中 2019 年 916 件、2020 年 771 件、2021 年 1160 件、2022 年 1~7 月 2389。从整体趋势分析，该类案件呈现波动上升趋势，并且上升速度明显加快。2019 年以来结案数量分别为 953 件、381 件、1752 件、846 件。受理的证券虚假陈述责任纠纷案件共涉及上市公司 23 家，还涉及会计师事务所 5 家、评估机构 1 家。所涉虚假陈述行为主要有定期报告财务造假、重大信息遗漏、重大资产重组中虚增估值、盈利性预测中误导性陈述等。

从纠纷类型来看，证券虚假陈述责任纠纷基本上为群体性纠纷。可以说，群体性证券纠纷的主要形态即为证券虚假陈述责任纠纷。这类纠纷有以下三个方面的特征。一是集中性，体现在纠纷案件主要围绕特定的上市公司，上市公司的虚假陈述行为往往会对大量投资者的权益造成损害。深圳中院受理的证券虚假陈述责任纠纷案件中，上市公司对应的纠纷案件少则数件，多则上千件。二是分散性，主要体现为投资者分散，分布于全国多个区域，也正因如此，特别是中小投资者维权成本较高，维权难度大，同时也对法院审判工作带来了挑战。在此背景下，深圳中院为高效率、高质量地化解这类纠纷，开展了富有成效的探索工作。三是专业性，证券审判工作不仅涉及法律法规的适用，同时也融入大量的证券专业知识，包括交易规则的理解、因果关系及损失的认定，都极为专业，审判人员不仅要具备扎实的法律素养，还要掌握一定的证券专业知识。

二 “15233”证券审判体系的主要内容

为破解中小投资者维权难题，提高证券市场违法违规成本，确保群体性证券纠纷化解的法律效果和社会效果，深圳中院在长期的证券审判工作中不断积累和探索创新，构建了“15233”证券审判工作体系（1 个前置程序、五大审理机制、两项重点内容、3 类简化处理模式、3 种代表人诉讼情形）。该体系立足于深圳法院既有的证券审判经验，针对当前资本市场违法违规行为的新情况新特点，在全国法院首次提出群体性证券纠纷化解的系统化方案，是中国金融审判领域的重要制度创新、实践创新。从 2018 年“保千里”证券虚假陈述系列案开始，深圳中院持续开展群体性证券纠纷化解新机制的探索工作，探索示范判决等“七项机制”，在全国率先提出群体性证券纠纷化解的新思路、新举措。2020 年，深圳中院全面总结群体性证券纠纷案件审判经验，出台《关于依法化解群体性证券侵权民事纠纷的程序指引（试行）》（以下简称《指引》），率先将包括调解前置、合并审理、示范判决、代表人诉讼、支持诉讼、公益诉讼等在内的新机制制度化、体系化，建立了一整套证券审判工作体系，正式建立起“15233”证券审判工作体系。《指引》也是“15233”证券审判工作体系的基本制度载体。

（一）“15233”工作体系基本内容

1 个前置程序。深圳中院和深圳证监局签署关于进一步推进证券期货纠纷多元化解机制建设的合作框架协议》，建立协作关系。“15233”证券审判工作体系将“调解优先”作为审理群体性证券侵权民事纠纷的前置程序，并将调解贯穿案件审理全过程，采取立案前委派、立案后委托、诉中邀请等方式，紧紧依靠各方力量，充分调动市场专业资源化解矛盾纠纷的积极性，加大对群体性证券纠纷案件的柔性化解力度。建立了“小额速调机制”，鼓励证券市场经营主体基于自愿原则与调解组织事先签订协议，承诺在一定金额范围内无条件接受该调解组织提出的调解建议方案。

五大审理机制。根据当事人人数、起诉时间、诉讼效率和社会效果等考量，提出五大审理机制，即合并审理机制、示范判决机制、代表人诉讼机制、支持诉讼机制、公益诉讼机制，供法院和当事人灵活选择适用或综合适用。具体而言，在人数规模不大时，可以考虑采取合并审理机制；人数较多时，可以根据情况选择适用示范判决机制、代表人诉讼机制，并辅之以调解。还特别规定了支持诉讼机制，近期深圳中院新受理一起中证中小投资者服务中心支持诉讼的案件，深圳中院将根据《指引》的规定，将支持诉讼机制与示范判决机制以及多元调解相结合，及时稳妥化解纠纷。此外，《指引》还为公益诉讼机制预留了通道，将进一步加强这方面的研究探索。

两项重点内容。化解群体性纠纷的理想状态，是以较低成本、一次性解决纠纷，即使不能一次性解决，后续纠纷至少也能简便快速化解。《指引》特别突出了示范判决机制和代表人诉讼机制，并作了专章规定，较好地解决了法院案多人少的审判压力和当事人单独维权成本高的双重困境，这也是化解群体性证券纠纷的重点和难点。

平行案件 3 类简化处理模式。为充分发挥示范判决示范效应，《指引》参照示范判决认定的共通的事实、法律适用标准和处理原则，结合平行案件中当事人的不同诉请，采取 3 种简化处理模式，包括“示范判决+调解”（优先）、“示范判决+不开庭审理”（原则）和“示范判决+开庭审理”（例外），有助于提升审判效率，切实降低当事人的维权成本。

代表人诉讼 3 种情形。《指引》对代表人诉讼机制作了系统性规范，以应对代表人诉讼中可能出现的 3 种情形，包括人数确定的代表人诉讼、“明示加入”的人数不确定的代表人诉讼和“默示加入”的人数不确定的代表人诉讼。

（二）“15233”证券审判体系的主要亮点

群体性证券侵权民事纠纷的审理，目前全国法院均处于探索完善过程中。围绕便利投资者维权、提高审判效率、落实证券侵权民事责任这一主线，“15233”证券审判工作体系在一些领域作了进一步的创新探索。

亮点一：管辖权恒定。为避免上市公司或者其他相关行为人作为被告拖延诉讼而逐案提起管辖权异议，“15233”证券审判工作体系明确了管辖权恒定原则，规定在已有生效裁定确认本院有管辖权或者上级法院指定本院管辖的情形下，同一被告又在因同一侵权事实引起的其他案件中提出管辖权异议的，本院经释明后不再处理。同一案件或后续案件中被追加的共同被告提出管辖权异议的，也按照这一规则执行。

亮点二：平行案件简化处理。一是鼓励参照生效的示范判决，对平行案件作调解处理，案件受理费可以减免。二是根据平行案件审理需要，可以通知平行案件当事人观看示范案件的庭审直播或者庭审录像，并在当事人同意的前提下，不再开庭审理平行案件。三是平行案件文书简化。平行案件的裁判文书可以采取表格式、要素式等方式，在载明参照适用生效示范判决案号的同时，主要记载当事人基本信息、裁判主文和诉讼费负担、上诉权利等内容。

亮点三：未加入代表人诉讼的投资者直接适用代表人诉讼的裁判结果。人数确定的代表人诉讼，裁判效力只及于参加诉讼的当事人；但对于人数不确定的代表人诉讼，不论是“明示加入”类型中的未加入者和已加入又退出者，还是“默示加入”类型中的明确退出者，在诉讼时效期间因同一事实另行提起诉讼的，法院可以直接裁定适用已作出并生效的判决、裁定。

亮点四：辅助执行机制。为及时兑现当事人的胜诉权益，便于生效判决执行，“15233”证券审判工作体系明确要推动建立证券投资者保护机构辅助参与生效判决执行的机制，本院可将执行款项交由投资者保护机构提存，由投资者保护机构通过证券交易结算系统向胜诉投资者进行执行款二次分配。

亮点五：充分体现防止对投资者“二次伤害”和对“首恶”追责的司法理念。“15233”证券审判工作体系虽然是群体性证券纠纷程序方面的规定，但程序的适用也会直接影响实体裁判结果的实现。证券侵权纠纷的一大特点是很多投资者在诉讼阶段仍然持有该上市公司的股票，如果诉讼中对上市公司采取司法强制措施造成股价波动，很可能会让投资者受到“二次伤害”。为此，“15233”证券审判工作体系对于当事人申请对上市公司财产进行诉讼保全的，持审慎态度。但很多证券侵权民事纠纷中，欺诈发行、虚假陈述往往是受控股股东或者实际控制人指使而实施，在实体处理结果上也应当依法判令控股股东、实际控制人直接向投资者承担民事赔偿责任。为严格落实发行人及相关行为人的信息披露第一责任，“15233”证券审判工作体系明确了诉讼代表人申请对被告财产保全，人民法院经审查需要裁定采取财产保全措施的，如上市公司负有直接责任的控股股东等实际控制人、高级管理人员或其他相关行为人为共同被告，同等条件下先行保全负有直接责任的上市公司控股股东等实际控制人、高级管理人员或其他相关行为人的财产。

（三）“15233”证券审判体系的积极意义

“15233”证券审判体系具有较强针对性与科学性。群体性证券纠纷化解新机制专门针对群体性证券纠纷，新机制下的不同机制做法可以优化组合，能够适应各种场景，避免了审判资源重复耗损，实现批量化、快速化解决群体性证券纠纷。过去三个裁判年度，通过示范判决机制，深圳中院仅仅用一个合议庭的审判力量就审结群体性证券纠纷案件近5000件，诉讼效率持续大幅提高。不仅如此，还通过简化处理模式、代表人诉讼、支持诉讼等，有效破解了投资者维权成本高的问题，投资者已基本实现足不出户即可维权。经过两年的实践验证，充分证明这项机制是科学的、有效的。

“15233”证券审判体系具有首创意义。深圳中院在证券审判机制探索过程中，直面最新的司法难题，系统总结与提炼司法经验，新机制囊括了多项全国之最：在全国范围内首次探索并运用示范判决机制审理群体性证券纠纷；《关于依法化解群体性证券侵权民事纠纷的程序指引（试行）》提出了全国首个群体性证券纠纷化解的系统化方案；在全国首次审理由投资者保护机构支持诉讼的群体性证券纠纷案件，首次尝试“支持诉讼+示范案件”机制；在全国首次探索并实践“代表人诉讼+示范案件+联动调解”的群体性证券纠纷化解模式，推动法院审判主导模式升级为法院、社会机构、监管部门联动的纠纷化解模式；在全国首次将确权之诉与给付之诉并行应用于群体性证券纠纷；等等。

“15233”证券审判体系具有较强影响力。深圳中院群体性证券纠纷化解新机制是金融审判领域的重大创新，对审判工作产生深远影响。该机制的阶段性成果先后被评为深圳经济特区40年法治创新案例、深圳治理现代化“法治保障”优秀案例，《南方都市报》、《证券时报》、澎湃新闻等主流媒体广泛报道，并进行专题采访。确立的机制、规则具有普遍适用性，外地法院多次来院或者来函调研学习。改革做法被最高人民法院收录，核心规则被最高人民法院代表人诉讼和证券虚假陈述司法解释所吸收，成功输出深圳经验，有利于提升深圳在金融市场上的规则话语权，提高深圳金融中心、金融司法重镇的地位。

三 “15233”证券审判体系的实践价值

（一）快速处理机制全流程体现

2018年以来，深圳中院受理了涉及20多家上市公司的证券虚假陈述纠纷案件5700余件，众多投资者分布在全国各地，其主要诉求为依法尽快获得赔偿。“15233”证券审判体系立足群体性纠纷案件快速处理的价值导向，选定示范案件优先审理判决，推动平行案件简化处理，辅之灵活组合运用其他纠纷解决机制等，实现纠纷批量化处理，极大地提高了审判效率。

一是以示范判决为龙头，抓住提速的“牛鼻子”。由于群体性证券类纠纷案件在基础事实、适用法律方面具有相通性，“15233”证券审判工作体系确定了示范判决机制，从群体性证券纠纷案件中选取少量具有代表性的案件进行优先审理、充分审理，对侵权行为及重大性、“三日一价”、因果关系等共通事实及争点问题作出认定或者处理，并直接适用于后续的平行案件。2018年以来，深圳中院已审结群体性证券纠纷案件4000余件，其中示范案件仅10余件，耗费了少量的司法资源带动数千件案件的快速处理，示范判决机制的“示范效应”充分体现。

二是以简化审理为抓手，抓牢提速的“发动机”。在示范判决对共通事实、法律适用等问题作出认定的基础上，根据平行案件当事人不同的诉讼请求，法院可以采取“示范判决+调解”（优先）、“示范判决+不开庭审理”（原则）和“示范判决+开庭审理”（例外）三种简化方式，对平行案件进行规模化、批量化快速处理，直接参照示范判决作出的认定和处理，对平行案件进行调解或者书面审理，从而实现快速审结的目的。即便是例外情况开庭审理的，也可以通过集中开庭、简化程序等方式进行快速审理。2021 年，深圳中院仅用一个合议庭（3 名法官）的审判力量就审结群体性证券纠纷案件 2100 余件，绝大多数是在示范判决的引导下进行的简化审理，实现了传统审判模式下不可能完成的任务目标。

三是以机制组合为特色，抓好提速的“助推器”。“15233”证券审判体系是灵活的，该机制下各项机制可以优化组合，能够适应各种场景，避免了审判资源重复耗损，实现批量化、快速化解决群体性证券纠纷。例如：“示范判决”机制可以与“支持诉讼”机制组合，以适应投资者保护机构支持诉讼情况下的示范案件审理；“代表人诉讼”机制也可以与“调解优先”机制进行组合，以适应代表人诉讼情形下的调解案件处理。2021 年，中证中小投资者服务中心有限责任公司（以下简称“投服中心”）根据中小投资者申请，委派投服中心的公益律师或法律专业人员为中小投资者提供法律支持、参与诉讼。深圳中院将该支持诉讼案选定为示范案件，并在全国法院首次专门为投资者保护机构设立支持诉讼席位。在修订后的《证券法》颁布实施的大背景下，这标志着“支持诉讼+示范案件”模式正式破冰，是探索新型投资者权益司法保护机制的历史性突破，具有里程碑意义。

四是以管辖恒定为依托，抓稳提速的“定盘星”。为避免个别当事人单纯为拖延诉讼而反复提起管辖权异议，“15233”证券审判体系明确了管辖恒定原则，对于已经生效裁判确认本院有管辖权，而同一被告在因同一侵权事实引起的其他案件中提出管辖权异议，或者同一案件中其他被告提出管辖权异议的，经释明后法院不再处理。近 4 年来，深圳中院审结的 4000 余件证券虚假陈述责任纠纷案件中，无一因当事人提起管辖权异议而导致诉讼拖延，有效地保障了诉讼活动顺利进行。

（二）多元调解机制全链条适用

“15233”证券审判体系引入证券监管部门、专业调解组织等，形成了立体、开放的纠纷多元化解格局，并覆盖至诉前、诉中全过程。

一是诉前委派调。根据“15233”证券审判体系制度安排，相关纠纷在立案前可先行委派调解，调解成功的可以申请法院司法确认，避免诉讼立案、公开审理等对上市公司造成更大的负面影响，调动上市公司及相关责任人主动化解纠纷的积极性。同时，通过诉前调解还可以从上游着手对证券纠纷进行过滤，减少进入诉讼环节的案件数量，降低司法资源耗损。深圳中院与深圳证监局建立合作关系，将深圳证券期货业纠纷调解中心、中国证券投资者保护基金有限责任公司、中证中小投资者服务中心等多家专业组织和100余名专业人员纳入特邀调解机构、特邀调解员名册。

二是诉中委托调。诉讼过程中，对于有调解可能、调解意愿的案件，由法院委托给专业调解组织进行调解，调解成功后撤诉的，法院还可以减免案件受理费。特别是对已有生效示范判决的平行案件，向当事人充分释明，尽可能委托调解，调解组织根据示范判决确定的事实和作出的处理，对平行案件进行快速、批量调解。在涉“新纶科技”“长园集团”证券虚假陈述责任纠纷系列案中，经过专业调解组织调解，成功调解并促成当事人撤诉的就达到330余件。近五年来，通过诉前委派和诉中委托，深圳证券期货调解中心等调解组织已成功调解证券虚假陈述责任纠纷7100余件，涉案金额31.3亿元，涉及投资者13000余人，效果良好。

三是重大案件联动调。对于涉及同一上市公司的证券纠纷，法院与调解组织保持信息互通，统筹考虑投资者直接向专业调解组织申请调解的纠纷和向法院提起诉讼的案件，尽可能通过联动机制“一揽子”化解纠纷。对于直接向法院起诉的案件，委派或委托专业调解机构与其直接受理的纠纷合并调解，并安排法官加以指导。近五年来，仅深圳证券期货业纠纷调解中心即成功调解群体性证券纠纷7100多件，涉案金额31.3亿元，涉及投资者1.3万人，效果良好。2020年，因某上市公司虚假陈述行为受到中国证监会行政处罚，陆续有1000多名投资者向深圳中院提起民事诉讼，为妥善化解这一群体性纠纷案件，深圳中院联手深圳证券期货业纠纷调解中心，综合运用代表人诉讼机制、示范判决机制、联动调解机制等措施，推动纠纷调解解决。截至2021年底，该批系列案涉及的930名投资者与H公司虚假陈述责任纠纷，通过法院诉前委派、诉中委托调解已调解成功572件，H公司按时履行了调解协议，投资者已获得赔偿，有力维护了投资者合法权益，最大限度减少了对H公司正常生产经营的影响，也最大限度节约了有限的司法资源。

（三）权益保护机制全方位落实

“15233”证券审判体系中，就保护投资者合法权益作出了完善的制度安排，既能让中小投资者以较低的成本，便利参加诉讼活动，又能在实体和程序上确保投资者有效挽回损失。2022年5月，中国证监会发布的“全国投资者保护八大典型案例”中，深圳中院2个案例入选。

一是代表人诉讼机制保障投资者诉讼参与权。根据《民事诉讼法》《证券法》关于代表人诉讼的规定，“15233”证券审判工作体系对代表人诉讼机制作了系统性规范，为应对代表人诉讼可能出现不同情形，形成了人数确定的代表人诉讼、“明示加入”的人数不确定的代表人诉讼和“默示加入”的人数不确定的代表人诉讼三种情形，覆盖代表人诉讼的全部类型。在某公司虚假陈述责任纠纷系列案中，深圳中院依法启动普通代表人诉讼机制，59名投资者推选出3名诉讼代表人，将原来的59件纠纷合并立为一案，既减轻了当事人的诉讼负担，也大大提高了审判效率。

二是支持诉讼机制提升投资者诉讼能力。针对中小投资者诉讼能力欠缺的问题，“15233”证券审判工作体系对《民事诉讼法》第15条规定进行了细化，专门确立了支持诉讼机制，投资者保护机构对损害投资者利益的行为，可以通过为投资者提供专门法律服务等方式，依法支持投资者向人民法

院提起诉讼。2021 年，深圳中院在审理“美丽生态”证券虚假陈述责任纠纷案过程中，中证中小投资者服务中心作为支持诉讼方派员出庭支持两位投资者进行诉讼，法庭在全国首次为投资者保护机构设置专门的支持诉讼席位，有效弥补了中小投资者专业知识、诉讼经验欠缺的问题，最终相关案件当庭达成调解协议。

三是“追首恶”机制拓宽投资者获赔渠道。为避免“大股东犯错、小股东担责”的问题，“15233”证券审判体系率先明确并落实“追首恶”理念与机制，可对上市公司负有直接责任的控股股东等实际控制人、高级管理人员或其他相关行为人财产进行先行保全，并作为第一责任人承担赔偿责任。深圳中院审理的何某诉赵某、东方金钰公司等证券虚假陈述责任纠纷一案中，判决公司实际控制人赵某作为第一责任主体承担赔偿责任，不仅对证券市场恶意造假者形成有力震慑，切实保护投资者合法权益，也在一定程度上解决了公司承担责任后不得不再次起诉进行追偿的问题。

四是通过在线诉讼平台降低投资者维权成本。为做好化解群体性证券纠纷配套保障，深圳中院启动了“一站式证券纠纷化解平台”建设工作，着手建立一个集投资者身份确认、立案登记、多元调解、在线审理、审判辅助、执行赔付、公告及送达、数据交换以及代表人诉讼程序支持等功能于一体的智能化平台，为投资者提供“一站式”诉讼服务。目前该平台已具雏形，并在不断完善中。

国际法务区

Special Topics in the International Legal-Services District

B.9

前海深港国际法务区建设路径和创新举措研究

前海深港国际法务区研究课题组*

摘　要： 法务区是近年来各地为加强法治建设而探索发展的一种新的法治建设模式，通过集聚各类法律服务产业和资源，探索打造的多功能法治创新聚集区。本文通过对四川天府中央法务区、福建海丝中央法务区、上海虹桥国际中央法务区、西安“一带一路”国际商事法律服务示范区等法务区的比较，发现各法务区建设各有特点，未来前海深港国际法务区建设应当重视横向比较，借鉴其他法务区建设的路径和创新举措，以中国特色社会主义法治建设示范区为总纲，以深港合作为总责，联动香港，面向世界，规划建设前海深港国际法务区。

* 课题组负责人：卢文鹏，深圳市委副秘书长、政研室主任、改革办副主任、财经办副主任；王汝津，深圳市委政研室（改革办）副主任。课题组成员：马晓军、唐晓博、杨泽航、陶佳丽、舒卫东、王寿群、陈龙。执笔人：陈龙，华商林李黎（前海）联营律师事务所律师。

关键词： 前海深港国际法务区　建设路径　创新举措

一　前海深港国际法务区的现状与基础

（一）前海深港国际法务区的定位和布局

前海致力于建设以习近平法治思想为指导，以中国特色社会主义法治建设示范区为总纲，以深港合作为总责，联动香港，面向世界，规划建设前海深港国际法务区。前海深港国际法务区建设，是将前海打造成为习近平法治思想的坚定信仰者、积极传播者和模范实践者，成为大陆法系与英美法系融合对接的法治策源地，深港规则衔接、机制对接的先行地，国际商事争议解决的首选地。

前海深港国际法务区致力于构建“两中心一高地”的功能布局。“两中心”即建设国际商事争议解决中心和国际法律服务中心，国际商事争议解决中心聚焦“司法审判+国际仲裁+商事调解”，依托以最高人民法院第一巡回法庭和深圳国际仲裁院为核心的司法终审和一裁终局的“双终局”架构，打造国际商事争议解决的优选地。国际法律服务中心则突出联动香港，聚集港澳及国际知名律师事务所、公证、司法鉴定、法律查明等全链条、全生态法律服务机构，打造国际化法律服务资源集群。“一高地”即知识产权保护高地，以中国（深圳）知识产权保护中心为依托，着力打通知识产权创造、运用、保护、管理、服务全链条，构建以严保护、快保护、大保护为全流程的知识产权保护生态。

（二）前海深港国际法务区建设的基础

1. 前海制度规范体系建设成果

（1）充分发挥特区立法权优势推进前海立法

2020 年 8 月 26 日，《深圳经济特区前海深港现代服务业合作区条例》

修订通过，《深圳经济特区前海蛇口自由贸易试验片区条例》及《深圳国际仲裁院条例》发布，加上2011年9月5日公布的《深圳市前海深港现代服务业合作区管理局暂行办法》和《深圳前海湾保税港区管理暂行办法》等，形成了以“三条例两办法”为基础性立法的格局。

（2）构建“条例+办法+指引”梯次型规则体系

前海先后出台了现代服务业综合试点、外商投资管理等50多项具有前海特色的产业规范指引以及政策配套措施及操作指引。立足金融、现代物流、科技服务和其他专业服务四大产业的政策创新和开放，出台公平竞争指引等具有前海特色的规则，并发布企业所得税优惠产业认定办法、前海产业发展资金暂行管理办法等多项政策配套措施及操作指引，形成了“条例+办法+指引”梯次型规则格局（见图1）。

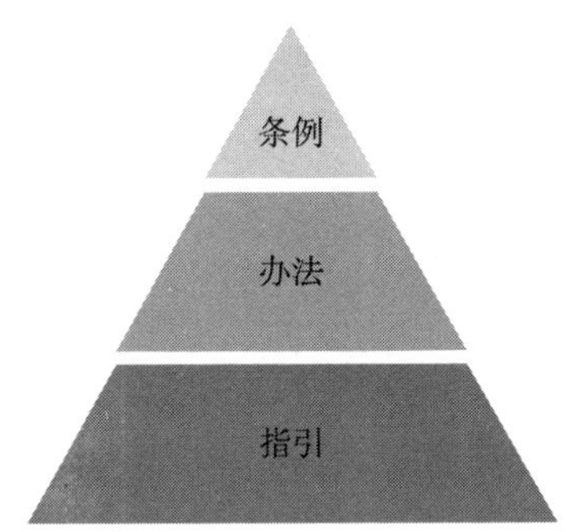

图1　前海“条例+办法+指引”梯次型规则体系

（3）建立了以法定机构为主、多机构并存，涵盖决策、执行、监督、咨询等各环节的现代治理结构

2010年3月，深圳市借鉴中国香港和新加坡经验，成立全国首个以法定机构模式主导区域开发治理的公共组织——前海管理局。与一般行政机构相比，前海管理局具有依法设立、集中下放权力、独特治理架构、实行企业化管理和市场化用人制度等明显优势。2019年2月，深圳市前海地方金融监督管理局正式揭牌，这是自贸区首家按法定机构模式运作的地方金融监管机构，迈出了前海管理局内设机构法人化第一步。

（4）形成一系列制度创新成果，其中法治创新成果110余项

前海建立的中国自贸区首份法治指数评估体系，是前海对外发布的三大核心指数之一，也是前海中国特色社会主义法治建设示范区的主要标志和标识。根据《前海法治发展报告No.4（2021）》，2020年度及2021年上半年前海法治指数评估总体得分为85.23分，相比2020年的83.57分、2019年的82.43分逐年进步。而且在规则体系、简政放权、优化营商环境、司法建设等方面走在全国前列。作为国家唯一批复的中国特色社会主义法治建设示范区，前海在规则体系、司法建设、纠纷解决国际化等方面在国内众多自贸区中处于领先地位。

2. 国际商事争议解决中心建设成果

前海通过构建层级完备、专业齐全的司法审判体系，与国际商事规则深度接轨的仲裁体系，行业自治主导的调解体系，打造前海国际商事争议解决中心。

第一，司法机构方面，前海形成了“三审级六法院（庭）”“双终审”制的新格局。前海法院管辖前海民商事案件、前海蛇口自贸区知识产权案件以及全市涉港澳台和涉外商事纠纷案件，近年来形成了50多项全国领先的审判改革经验，为全国司法体制综合配套改革提供了一大批可复制、可推广的经验。

此外，前海正在推动建设最高人民法院第一巡回法庭（第一国际商事法庭），积极争取粤港澳大湾区国际商事法院落户前海，支持前海法院、深圳知识产权法庭、深圳金融法庭、广州海事法院深圳法庭等在前海创新发展，为全国司法配套改革提供“前海经验”。

前海构建起了层级完备的司法保障体系。最高人民法院第一巡回法庭、最高人民法院第一国际商事法庭落户前海，司法终审权在前海落地。深圳知识产权法庭、深圳金融法庭在前海挂牌成立。前海蛇口检察院是全国首家自贸试验区检察院。当前，前海已经形成了全国独一无二的商事、金融、知识产权等门类齐全的专业审判机构布局。目前，深圳国际仲裁院已经整体迁入前海，前海形成了“双终审”制的独特优势。

第二，立足前海，深圳国际仲裁院实施“六个国际化”，建设国际仲裁中国高地。前海成立了全国第一家按法定机构模式治理的仲裁机构——深圳国际仲裁院，建立了全国唯一一个以国际化理事会为核心的法人治理机构。2021 年 7 月，全国首座国际仲裁大厦（SCIA Tower）在前海落地，深圳国际仲裁院整体迁入前海。经过多年的努力，深圳国际仲裁院已经初步实现了治理结构的国际化、仲裁员结构的国际化、业务结构的国际化、仲裁裁决执行的国际化、仲裁合作平台的国际化和仲裁规则的国际化。

前海成为全国唯一同时拥有“具有终审权的国际商事法院”和“一裁终局效力的国际商事仲裁机构”的区域。深圳国际仲裁院 13 名理事中 7 名来自香港和海外，仲裁员名册覆盖 77 个国家和地区，境外仲裁员有 385 名，占比超过 41%。香港法律专业人士能以理事、仲裁员、调解员、代理人、专家证人五种身份参与仲裁。截至 2021 年 12 月 24 日，深圳国际仲裁院共受理仲裁案件 6878 宗，涉案金额合计人民币超过 850 亿元。其中，涉外案件 333 宗，涉及金额超过人民币 200 亿元，涉及美国、日本、新加坡及港澳台等 22 个国家和地区。

前海国际仲裁院努力在前海建设世界一流的国际化、专业化和品牌化仲裁机构，将前海打造成面向全球的国际仲裁中心和仲裁高地，为前海发展营造稳定、公平、透明的法治化营商环境，为“一带一路”企业建立起多元化纠纷解决机制。

此外，前海还将以深圳国际仲裁院为支撑，引进一批国际知名的仲裁机构落户前海。建设国际投资联合仲裁中心、知识产权仲裁中心，推动最高人民法院“一站式”国际商事纠纷解决中心、中非联合仲裁中心（深圳）联合国国际贸易法委员会（UNCITRAL）、世界银行国际投资争端解决中心（ICSID）、国际商会仲裁院（ICC）等落户前海。

第三，前海法院、深圳国际仲裁院深化深港法治合作，着力推进深港规则衔接的探索。近年来，深港法治合作成效明显，特别是前海法院适用香港等域外法审理案件等，成为一张靓丽的“前海名片”。在全国首创“港籍调解”与“港籍陪审”制度，截至 2021 年 12 月底，共受理涉外涉

港澳台商事案件13842件，其中涉港案件9240件，居全国法院第一。前海法院首创适用香港法律审结经济纠纷案件，截至2022年4月，受理适用域外法商事案件共125件，目前已审结118件，其中，适用香港法裁判的商事案件96件，占适用域外法审判案件总数的76.8%，数量位居全国基层法院第一。前海法院选任32名港籍陪审员、78名港籍调解员参与涉港案件办理，深圳国际仲裁院聘请149位香港专业人士担任仲裁员参与前海国际商事仲裁。

第四，调解组织建设成果丰富。一则成立“一带一路”国际商事诉调对接中心。2018年1月成立了前海“一带一路”国际商事诉调对接中心，初步建立联通国际区际的专业化多元纠纷化解平台。整合粤港澳大湾区30余家司法、仲裁和调解机构，聘任外籍和港澳台籍专家调解员78名，律师调解员172名。与深圳国际仲裁院、深圳市律师协会等多家调解机构建立合作关系，支持培育社会调解组织。制定专业化调解规范。二则建立健全律师调解制度，设立外籍和港澳台籍调解员制度。前海法院采用“内地调解员+域外调解员”或“调解法官+域外调解员”联合调解模式，委派有突出金融、贸易等专业化背景，且熟悉香港法律及调解制度的域外调解员，对专业性较强的涉外涉港澳台商事案件开展调解。发挥港籍调解员的域外调解优势，推动完善国际商事调解协议司法确认机制。截至2022年6月，前海法院在册的港澳台地区调解员和外籍调解员共有16名，已成功调解案件674宗。三则成立市场化的商事调解机构。2020年8月15日，由华商林李黎（前海）联营律师事务所推动成立的深圳市前海国际商事调解中心（以下简称“调解中心”）第一届理事会会议成功举行。调解中心重点解决粤港澳大湾区和“一带一路”建设在各领域的跨境及国际商事争议，重点探索促进商事调解与商事仲裁、商事诉讼、公证对接协作机制，提升商事调解可执行效力的渠道和做法，推动调解中心与内地、港澳台及国际商事调解机构发展交流合作关系，促进调解中心与企业及行会商会建立调解服务对接合作机制，打造多元化的国际争议解决机制。自2020年8月揭牌以来，调解中心陆续和前海合作区人民法院、福田区人民法院、罗湖区人民法院、深圳国际仲裁院签署合作协议，与各大律所、商协会、政府机构等建立紧密合作关系。已受理法院分配百余件案件和自收的几件涉外案件，并取得良好成果。目前调解员名册共有118名调解员，包括中国内地调解员69名，港澳台地区调解员32名，国际调解员17名。

未来，前海还将积极引进新加坡国际调解中心、香港调解会、中国矿业联合会国际调解仲裁中心、深圳市民商事调解中心等落户前海，做大做强前海“一带一路”国际商事诉调对接中心、粤港澳仲裁调解联盟、深圳市蓝海法律查明和商事调解中心和前海国际商事调解中心等商事调解机构。

3. 国际法律服务中心的主要建设成果

目前，前海正在全面落实《粤港澳大湾区发展规划纲要》要求，加强前海与香港的法律事务合作。深化粤港澳合伙联营律师事务所改革试点，解决其法律地位、执业范围等瓶颈问题。推动涉外法律服务业发展，支持业务领域、服务能力具有较强国际竞争力的涉外法律服务机构发展。

前海将联动香港，打造适应开放型经济体制的国际化法律服务体系，进一步提升前海及深圳涉外法律服务能级，为国家“一带一路”建设贡献法治力量。规划建设前海国际律师大厦，深化粤港澳合伙联营律师事务所试点，推动公证体制改革，积极引进知识产权、电子商务等新型司法鉴定机构，建设前海公共法律服务中心，创设前海“法律+”服务驿站，聚集金融、海事、科技、知识产权等专业领域法律服务机构，打造全链条、全周期、全生态国际法律服务体系。

（1）律师事务所

粤港澳联营律师事务所建设取得进展。作为全国唯一的中国特色社会主义法治示范区，前海先行先试，大胆创新，率先全国成立首家粤港澳联营律师事务所。在全国15家粤港澳联营律师事务所中，有7家设在前海。内地与香港合伙型联营律师事务所的成立，既是前海社会主义法治示范区法治建设的一项新成果，也深圳市律师行业向国际化迈出一大步的重要标志，有助于深圳市律师行业与香港律师行业进一步深化合作，逐步实现两地律师业优势互补，拓展、创新律师服务领域，为前海现代服务业合作区的发展提供符合国际标准的法律服务，促进两地法律服务业的共同繁荣发展。

截至2022年6月，前海注册的律师事务所达32家，其中粤港澳联营所7家，外资所代表机构2家。前海在打通港澳律师内地执业通道方面先行先试，2020年8月，《深圳经济特区前海蛇口自由贸易试验片区条例》通过，赋予了香港执业律师参与前海法院开庭出庭的权利。

粤港澳大湾区律师执业考试落地。2021年7月，首届粤港澳大湾区律师执业资格考试在深圳、珠海和香港特别行政区开考，共有430名香港法律执业者和澳门执业律师通过了粤港澳大湾区律师执业面试考核。2022年6月11日，第二届粤港澳大湾区律师执业考试顺利在香港、深圳及珠海举行。

考试合格的人员，经广东省律师协会集中培训并考核合格后，即可向广东省司法厅申请粤港澳大湾区律师执业，由广东省司法厅颁发律师执业证书（粤港澳大湾区），办理适用内地法律的部分民商事法律事务，港澳律师可办理的诉讼案件为粤港澳大湾区内地九市的高级、中级、基层人民法院和有关专门法院受理的民商事案件，进一步降低了从事内地法律事务的门槛，为港澳法律执业者拓宽执业范围提供了机遇。

（2）法律服务平台

近年来，前海着力打造优质法律服务供给，推动仲裁、律师、公证、知识产权、法律查明与“一带一路”系列法治服务的快速发展。率先落户了全国第一家按法定机构模式治理的仲裁院、第一个港澳台和外国法律查明基地、第一家粤港澳合伙联营律师事务所，最高人民法院法律查明“一中心两基地”、最高人民检察院“法治前海检察研究基地”、西南政法大学博士后流动站等高端法律智库平台。

在全国人大、司法部等的支持下，成立全球首家以华语律师为主要成员的国际性法律平台——深圳市前海“一带一路”法律服务联合会，为全球律师、项目、案件提供对接平台。前海还打造了全国首个“一带一路”法治地图项目，提供“一带一路”沿线64个国家和地区的宏观法治地图和微观法治地图，该项目已被司法部确定为国家级“一带一路”重点项目。

（3）公证机构

前海公证处是全国首个自贸区公证处，于2014年5月6日由广东省司法厅批准设立，于2015年5月正式对外提供公证法律服务，是依法独立行使公证职能、承担民事责任的法定证明机构。

前海公证处在公证业务方面推出了多项便民利民的创新举措，包括首创跨境公证法律服务、率先开拓保理新型公证业务、首推海外远程视频电子公证服务、推出首例意定监护公证、率先推出遗嘱保管服务等。积极推行“互联网+公证”服务，依托“前海公证云平台”应用改进了传统公证服务方式，加速了人才、资金、技术等创新要素的流动、聚集、衍化、融合，激发了创新活力，有力推动了公证服务再发展。

4. 知识产权保护高地的主要建设成果

目前，中国（深圳）知识产权保护中心、国家版权创新发展基地、国家海外知识产权纠纷应对指导中心深圳分中心三大国家级重大知识产权保护机构落户前海，大大提升了前海知识产权发展和保护能级。设立深圳知识产权法庭，为知识产权保护提供强有力的司法保障。承接最高人民检察院在前海设立知识产权检察研究院，成立华南高科技知识产权仲裁中心，引进华南地区仅有的两家知识产权司法鉴定机构，2021年12月，国家知识产权局和世界知识产权组织（WIPO）共同设立的世界知识产权组织技术与创新支持中心落地前海，构筑了快速确权维权、行政保护、司法保护、纠纷解决一条完整的知识产权保护链条。

前海未来将继续构建以严保护、快保护、大保护、云保护为全流程的知识产权保护生态。积极引进前海授时中心等机构落户前海；继续支持中国（深圳）知识产权保护中心、国家海外维权纠纷应对指导中心深圳分中心、国家版权创新发展基地等机构创新发展，做大做强检察院知识产权理论研究基地，举办国际知识产权保护高峰论坛。

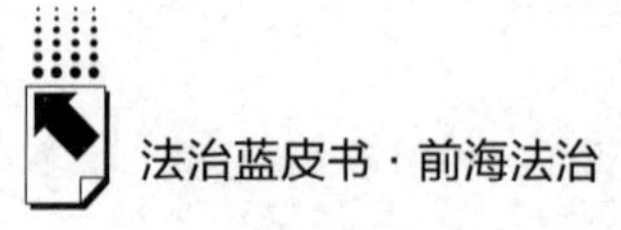

二 国内法务区建设及香港法治情况

（一）国内法务区建设经验

1. 四川省天府中央法务区

（1）建设规划

2020 年 12 月 4 日，四川省委十一届八次全会通过《中共四川省委关于制定四川省国民经济和社会发展第十四个五年规划和二〇三五年远景目标的建议》，指出要推进天府中央法务区建设。

2020 年 12 月 21 日，成都市委审议通过《关于支持天府中央法务区建设工作的意见》，提出努力打造习近平法治思想研究实践先行区。

《中共成都市委关于制定成都市国民经济和社会发展第十四个五年规划和二〇三五年远景目标的建议》（2020 年 12 月 27 日实施）提出，充分发挥自贸试验区、进口贸易促进创新示范区等战略平台的牵引集成作用，推动川渝自贸试验区协同开放示范区建设，高标准建设天府中央法务区，打造面向区域的国际仲裁中心。

2021 年 1 月 7 日，四川省委召开全面依法治省工作会议，坚定以习近平法治思想为指导纵深推进法治四川建设，加快建设天府中央法务区。

《最高人民法院关于为成渝地区双城经济圈建设提供司法服务和保障的意见》（2021 年 1 月 13 日实施）提出，充分发挥两地自贸区法院职能作用，助力重庆、四川自由贸易试验区协同开放，支持天府中央法务区建设，助力国际性商事仲裁、调解、认证、鉴定权威机构建设，探索建立商事纠纷多元解决机制。

《四川省国民经济和社会发展第十四个五年规划和二〇三五年远景目标纲要》（2021 年 2 月 2 日实施）提出，加快推进天府中央法务区、公共法律服务平台建设，均衡配置法律服务资源，建立“全生命周期”法律服务供给机制，健全覆盖城乡的现代公共法律服务体系。

《成都市国民经济和社会发展第十四个五年规划和二〇三五年远景目标纲要》（2021 年 2 月 7 日实施）提出，建设天府中央法务区，聚力引进与区域产业发展关联性强、匹配度高的银行、保险、会计、法律、管理咨询等高端生产性服务企业总部和各级分支机构。

中共四川省委办公厅、四川省政府办公厅印发《关于进一步深化税收征管改革的实施方案》（2021 年 9 月 7 日实施）提出，建设天府中央法务区涉税法律服务中心、公职律师涉税争议咨询调解中心，建立纳税人缴费人诉求快速响应机制，维护纳税人缴费人合法权益。

四川省人民政府办公厅《关于印发〈四川省“十四五”公共法律服务体系建设规划〉的通知》（川办发〔2021〕87 号）提出，要建设天府中央法务区法律服务高地，从全面丰富法务资源、融合创新法务业态、优化升级智慧法务这三个方面提出了具体要求。

（2）发展规划

四川省委、省政府将天府中央法务区融入天府中央商务区总体规划，明确“政商学研企”融合发展产业发展路径和“一心一带多点”产业发展规划，形成集公共法律服务、法治理论研究创新、法治论坛交流合作、法治文化教育培训、智慧法务、涉法务全链条服务等功能于一体的法治创新集聚区。实现在地理空间内法律服务业高度集聚，功能层面上凸显提供高能级、国际化法律服务的特征。

“近期建平台、聚资源，中期提功能、升业态，远期优机制、强辐射”的路径策略。“三步走”的发展目标：到 2020 年，引入司法机关及公共法律服务机构 1 家以上、高校及研究机构 1～2 家、国内外知名头部律所 1～5 家，天府中央法务区功能架构粗具雏形；到 2025 年，落户国际商事仲裁中心、国际法律学院等高能级法律服务机构，集聚法律相关就业人口 1.7 万人以上，在全市法律服务及相关产业增加值中占比超过 30%，规模质量跨越提升，成为具有区域影响力的法治平台；到 2030 年，构建形成全面覆盖、无缝衔接国际国内法律服务需求的高能级产业体系，持续完善国际法务企业孵化机制和国际法律人才培养模式，不断输出国际领先的法律服务解决方案，成为具有国际影响力的法治平台。

（3）功能定位

一是产业支撑“高地”建设。《天府中央法务区建设总体实施方案》明确，在产业策划上，天府中央法务区将构建“平台驱动层、核心产业层、关联功能层、衍生配套层”的“法治生态圈”。平台驱动层，以司法及司法行政服务机构进驻为引领，整合法律教育和法律研究资源，搭建国际化公共法治创新平台，形成法律服务融合创新的内生力和对高端要素的牵引集聚。核心产业层，聚焦律师、公证、仲裁、司法鉴定四大产业，充分发挥成都拥有西部唯一知识产权法庭的优势，创新做好知识产权、国际商事纠纷、国际投资纠纷等“专业+涉外”特色法律服务细分领域，招引世界级和国内、省内顶尖法律服务机构入驻，加速汇集优质要素，持续提升辐射能级。关联功能层，补全会计、税务、资产评估等关联产业功能，充分运用5G、人工智能、大数据等现代科技手段，创新发展智慧法务新业态，形成全产业链的生态系统。衍生配套层，以满足各类法律服务机构商务需求为导向，加快布局会展、酒店等配套服务，构建功能完善、高端优质的生产性服务体系。

二是空间布局与产业布局同步规划。规划形成“一心一带多点”的空间布局。“一心”，即公共法律服务中心。依托四川省高院、成都中院、天府新区法院检察院等司法机关及司法行政服务机构，天府中央法务区将积极争取设立专门审判机构，联动建设国家律师学院、“一带一路”国际法律教育学院等教育研究机构，打造具有国际影响力的“政商学研企”法律服务创新策源平台和法律智库中心。“一带”，即高端法律服务产业发展带。结合轨道交通6号线沿线站点，自北向南布局四大功能片区，打造与天府总部商务区功能融合发展的特色产业发展带。“多点”，即法治文化交往节点。天府中央法务区聚焦法治文化教育与法治宣传功能，以打造国际化对外交往窗口。

（4）支持性文件

四川天府新区管委会《关于印发〈四川天府新区推动天府中央法务区加快发展若干政策〉的通知》（川天管发〔2021〕2号）明确，从机构落户、办公用房、国际合作、经济贡献、机构提升、法治交流、人才引进培育、促成总部落户八个方面，对入驻的法务机构、知识产权服务机构、重点法学研究院校和商务服务等机构、人才给予政策激励。

机构落户方面，符合条件的法务机构，设立总部或分支机构，最高奖励200万元。办公用房方面，经认定，按当年租金的100%补贴，最高三年，每年不超过100万元；按购房金额的10%补贴，不超过150万元。国际合作方面，港澳律所与内地律所设立联营所、外国律所设立驻华代表处、代表机构，最高给予100万元奖励；极具行业影响力的国际性机构（含分支机构）落户，给予100万元奖励。经济贡献方面，上年度地方经济贡献达100万元以上且当年正增长的，按涨幅每年最高奖励300万元。机构提升方面，落户一年以上机构（含执业人员）首次取得行业权威评价或认可的，按认定条件最高奖励200万元。法治交流方面，机构召开相关主题论坛、活动，每年最高补贴30万元。人才引进培育方面，对落户机构人才提供奖励补贴、项目资助扶持，提供住房、落户、配偶就业、子女入园入学、医疗、出入境和停居留便利、创业扶持等服务保障。促成总部落户方面，机构促成经认定的总部企业注册登记，最高奖励300万元。另外还有其他支持政策。

四川省司法厅已争取到司法部19个政策和项目，先期获批17个。四川省司法厅出台《关于在四川天府新区开展政府购买法律服务试点的指导意见》，指导成都市出台《关于加快建设天府中央法务区的实施意见》，指导天府新区出台《关于加快形成高端法律服务集群　大力支持天府中央法务区建设的若干政策》。

（5）建设成果

2022年1月18日，“四川用改革思维和创新办法建设天府中央法务区”被推荐为“中国改革2021年度特别案例”，也是全国唯一一个省级特别案例。

a. 入驻机构情况

司法机构聚集形成“一点、五院、六庭”的核心法务资源结构：最高人民法院第五巡回法庭成都审判点，四川省高院、成都中院、成都铁路运输第一法院、成都铁路运输第二法院、天府新区法院，成都国际商事法庭、成都知识产权法庭、成都金融法庭、成都破产法庭、成都互联网法庭、四川大熊猫国家公园生态法庭入驻天府中央法务区。在此基础上，天府中央法务区引进了通商、泰和泰、鼎立等多家律师事务所，还有司法鉴定、公证、知识产权、法律新媒体、法律科技类企业等各类法律和泛法律市场化机构。2022年2月，四川天府新区党工委委员、管委会副主任接受采访时表示，已有100多家机构入驻天府中央法务区。

b. 教育研究资源

2022年4月22日，经司法部批复同意，国家律师学院西部分院落户天府中央法务区。同日，四川天府新区管委会还与四川大学、中国政法大学、西南政法大学、西南交通大学、西南财经大学、四川师范大学等签署了战略合作协议，开展高端复合型人才培养、聚集、交流等方面的合作。

c. 科技创新

2021年2月5日，“天府法务”门户网站开通，该平台作为天府中央法务区配套综合智慧服务平台，整合了省法院、检察院、公安厅、司法厅各自主要的便民法务服务系统，提供在线合同审查、翻译、签订、存证取证等司法科技服务。

2022年4月22日，智慧司法科技创新中心启动。该中心由中国联通联合四川省委政法委、四川省高级人民法院、四川省司法厅、四川天府新区管委会等单位共同打造，融合联通云、联通链等底层能力，重点攻关5G、物联网、AI、区块链、大数据等新兴技术在司法领域的运用，旨在通过中国联通数字技术融合创新能力，建设政商学研企一体化的法律科技创新联合体，赋能法律产业全链条数字化转型。

2022年4月22日，“天府中央法务云”发布，目前可应用于法律资源汇聚、法律文书专属存储、法律产品智能服务三大类智能法律服务场景，并在云上融入互联网庭审、律师远程视频会见、合同智能审查等一系列智慧法务应用。

2022年4月22日，“天府中央法务链”发布，旨在解决电子证据存证难、固证难、取证难、认证难问题。通过逐步优化网上阅卷、证据交换、电子公证、取证验证等环节流程，形成“一网通用、一网通办、一网通管”高效智慧司法服务模式。目前，四川全省的电子司法鉴定委托书、电子司法鉴定意见书和不动产电子公证书及相关文书已在天府中央法务链上进行存证。

2. 海丝中央法务区

2021 年 11 月 5 日，以海丝中央法务区启动大会暨首届论坛的形式，海丝中央法务区正式揭牌。福建省主要领导为厦门市颁授“海丝中央法务区”和“海丝中央法务区自贸先行区”牌匾。

（1）建设规划

2020 年 12 月，福建省委书记提出在福建设立中央法务区的构想。2021 年 1 月 24 日，福建省第十三届人民代表大会第五次会议政府工作报告提出，积极探索建设中央法务区，打造有影响力的法治平台。2021 年 6 月 11 日，福建省委十届十二次全会召开，提出探索在合适区域建设海丝中央法务区。2021 年 11 月 5 日，厦门市第十三次党代会报告提出，要推进海丝中央法务区建设，为法治厦门建设提供有力支撑。

（2）功能定位

海丝中央法务区以打造立足福建、辐射两岸、影响全国、面向世界的一流法治服务高地为目标定位，构建具有国际影响力、世界知名度的法治创新平台，形成集多功能于一体的现代化法治创新区。

厦门建设海丝中央法务区的总体思路布局为“一岛两片区互补叠加、自贸片区先行先试、思明片区全面示范”。自贸法务先行区侧重集聚法务资源平台，重点发展外贸、物流、政务服务型法务等产业；思明法务示范区立足中心城市优势，重点发展金融、商贸、科技服务型法务等产业。

自贸法务先行区集中打造公共法务服务区、法务（泛法务）企业集聚区、行政机构办公区，并围绕“一中心统筹，N 法务协作”的法务资源分配方式，通过自贸片区集中统筹，各部门法务联动联合，进一步提升法治核心竞争力。

思明法务示范区着力推动“一核三带”建设，观音山核心承载区以建设现代法务集聚区为目标，充分发挥现有法律服务业集聚区粗具雏形的优势，以国际化、市场化、创新型为核心理念，聚焦律师、公证、仲裁、司法鉴定等四大产业，创新优化知识产权、国际海商事、国际投资纠纷等“专业+涉外”特色法律服务细分领域，延伸拓展泛法律服务产业、涉法律科技产业等，形成“政府引导、产业聚集、人才会聚、特色鲜明、配套齐全”的现代综合性法律服务产业生态圈。

（3）管理机制

福建成立省级层面的海丝中央法务区建设工作领导小组，统筹指导法务区的规划建设和发展工作，研究协调解决重大问题，由福建省委副书记、政法委书记担任组长。厦门成立市级层面的海丝中央法务区建设工作厦门领导小组，下设海丝中央法务区建设工作厦门领导小组办公室，按照“一核两区三带四板块”的总体思路布局，出台完善产业策划、空间布局、硬件模式、优惠政策等具体措施，加快建设步伐。

2021 年 11 月 4 日，海丝中央法务区建设工作推进会举行，会议审议通过《海丝中央法务区总体建设方案》，明确了海丝中央法务区建设的方向规划、总体要求、建设重点、保障措施和牵头单位等内容。方案强调，要积极向国家部委争取相关项目和政策落地，鼓励省直部门和建设地区加快研究出台促进发展政策，丰富配套举措。

（4）支持性文件

一是立法支持。

①《厦门经济特区公共法律服务条例》（厦门市第十五届人民代表大会常务委员会公告第 48 号，2021 年 10 月 1 日实施）系全国首部公共法律服务市级地方性法规，将法律服务集聚区条款写入法规，通过特区立法为海丝中央法务区建设发展提供法治保障。该条例第 33 条规定，探索建设法律服务集聚区，整合资源，拓展领域，健全机制，形成集法律服务、法治宣传、法治研究、法治教育、智慧法务、法治文化交流等功能于一体的综合性法务中心和法务创新实践中心，持续营造和优化法治化营商环境。法律服务集聚

区建设应当坚持专业化、国际化、市场化方向，推动线下聚合与线上融合相统一，创新法律服务模式，加强涉外法务建设，深化两岸法务交流合作，提升区域法治竞争力和影响力。市人民政府及其有关部门根据需要研究制订措施，在人才保障、财政补贴、租金减免、法律科技研发等方面给予政策支持，提供优惠便利，引进高端法律服务机构、法律教育培训机构、法律科技企业等，推动优质法律服务资源集聚发展。

②《厦门经济特区优化营商环境条例》（厦门市第十五届人民代表大会常务委员会公告第 54 号）规定，市、区人民政府及有关部门应当统筹规划推进海丝中央法务区建设，人民法院、人民检察院及其他有关单位应当积极参与海丝中央法务区建设。

③《福建省优化营商环境条例》（福建省人民代表大会常务委员会公告第 71 号）规定，鼓励建设专业化、市场化、国际化、便利化的法律服务与法治创新示范区，推进海丝中央法务区建设，聚集各类法律服务机构和法律人才，全面提升公共法律服务能力和水平。

④《中共福建省委、福建省人民政府关于支持厦门建设高质量发展引领示范区的意见》提出，建设海丝中央法务区。支持打造海丝中央法务区论坛品牌，组建实体化运作的海丝中央法务区秘书处。支持推动设立海丝国际商事法庭、国际海事法庭，推动将厦门仲裁委纳入最高人民法院“一站式”国际商事纠纷多元化解决机制国际商事仲裁及调解机构名单。推动国际商事争端预防与解决服务机构在厦门落地运营，建设“一带一路”国际海商事争端解决平台。支持设立海丝中央法务区公共法律服务中心。支持涉外涉海法治建设，开展国际法务交流合作，发展国际海商事仲裁等法律服务行业核心业务，建设一批国际化高端法务机构。支持境外律师事务所、仲裁机构在厦门市设立代表机构，推动闽台律所开展联营。开展“智慧政法”改革创新试点，发展“数字法务”，建设“海丝中央法务区·云平台”。开展民营企业公司律师试点工作。加强境外法律研究，完善境外法律查明服务机制。支持法务人才队伍发展，建设高端法务智库和国际海商事法律人才培训基地，推动设立国家律师学院海丝中央法务区分院、“一带一路”律师联

盟海丝分中心。

二是配套政策支持。

①《中国（福建）自由贸易试验区厦门片区支持海丝中央法务区自贸先行区建设的若干措施》（厦自贸委规〔2021〕7号）围绕机构落户奖励、人才激励政策、办公用房补助、举办活动补助、涉外服务奖励、平台建设奖励等六个方面制定了针对不同法律服务机构的扶持措施。精细区分了各项支持措施适用对象的条件，着眼于机构在片区的长期持续运营，就不予扶持和追缴已扶持款项设置了一定的否定情形和对应措施。

②海丝中央法务区建设工作厦门领导小组办公室与厦门市财政局联合出台《关于支持海丝中央法务区建设的若干措施》围绕支持高端法务机构落户、支持专业特色法务机构、引进境外优秀法务机构及人才、租赁或购房、经济贡献增长、交流平台、人才培养、重大创新八个方面提出激励措施。

（5）建设成果

以海丝中央法务区自贸先行区服务大厅和“海丝中央法务区·云平台”线上线下两个平台的建设思路，积极打造公共法务服务区，行政机构办公区、法务企业集聚区三个功能区，促进法务（泛法务）服务集聚。

海丝中央法务区自贸先行区服务大厅已有总工会、仲裁、公证、司法鉴定、税务、律师等19家单位、法务机构首批进驻。

“海丝中央法务区·云平台”于2021年11月5日正式上线运行，由福建省委政法委主办，厦门市委政法委、福建自贸区厦门片区管委会承办。以国际化、专业化、智能化法律服务为重点，聚集了法院、检察院、公安、司法局、人社局、海关、财政局等涉法政务机构，同时将律所、公证、鉴定、调解、仲裁法律服务机构及金融、税务、会计、知识产权等专业服务机构纳入其中，打造覆盖法律服务全链条的“一站式”泛法务大厅。

思明法务示范区建设稳步推进。观音山国际商务营运中心西北部海西金谷广场则是思明法务示范区的“核心”所在。目前已有一批法律企业和法务机构入驻，包括厦门仲裁委员会、思明区检察院第二巡回检察室（更名为“海丝中央法务区检察服务中心”）。

3. 上海虹桥国际中央法务区

（1）建设规划

2021 年 2 月 22 日，国家发展和改革委员会印发的《虹桥国际开放枢纽建设总体方案》明确："建设高标准的国际化中央商务区……建设富有特色的现代服务业集聚区。积极吸引管理、会计、法律等咨询服务机构入驻，推动专业服务业集聚发展。允许在上海自由贸易试验区临港新片区设立的境外知名仲裁及争议解决机构在虹桥商务区设立分支机构，就国际商事、投资等领域发生的民商事争议开展仲裁业务。"

自 2021 年 6 月起，上海市司法局主要领导亲自部署和调研，分管领导牵头会同虹桥国际中央商务区管委会、闵行区政府、闵行区司法局、长宁区司法局等形成联合调研组，全面摸排上海虹桥商务区现有发展基础、区域产业经济发展业态、区内企业法律服务需求，初步形成了虹桥国际中央法务区建设方案。

2021 年 7 月 31 日，上海市人民政府印发的《虹桥国际开放枢纽中央商务区"十四五"规划》提出："完善国际化的专业服务配套。积极引进具有国际服务功能的国内外知名专业服务机构，推动会计服务、人力资源、文创设计、知识产权等专业服务机构加快集聚。加强与法律、仲裁、会计等领域各类国际行业组织、协会、产业联盟交流合作，促进相关领域有国际影响力的国际组织落户，建设法律服务产业集聚高地。鼓励在临港新片区设立的境外知名仲裁及争议解决机构在商务区设立分支机构，开展国际商事、投资等领域的民商事争议的仲裁业务。加快上海国际仲裁中心项目建设，打造面向亚太的全球性国际仲裁中心。"

2021 年 9 月 24 日，上海虹桥国际中央法务区作为虹桥国际中央商务区功能性平台之一举行了揭牌仪式。

虹桥国际中央法务区先期是以建设虹桥国际中央法务中心为核心基点，依托虹桥区域独特的政策优势、区位优势、交通优势，会聚一批知名度高、专业性强、在业内有影响力的律师事务所、仲裁机构、公证机构、司法鉴定机构等法律服务机构入驻，搭建集公共法律服务、专业法律服务、法治研究和交流等功能于一体的综合性平台，并加速成为全国法律服务“新地标”。

未来3~5年，虹桥国际中央法务区将整合、吸引长三角一体化重大战略区域内新业态、全类型法律服务机构等要素，梯次接续实现法律服务产业发展战略突破、优势合围效应；5~10年，逐步在区域内形成法律服务机构集聚度高、法律服务生态完备、民商事法律服务专业优势凸显的法律服务软实力核心生态圈，形成一个具有国际影响力的法律服务产业集聚区。

（2）功能定位

虹桥国际中央法务区作为上海虹桥国际中央商务区九大功能性平台之一，以打造面向长三角、辐射全国、联通国际的法律服务平台为定位，以构建全链条、全方位的法律服务生态圈为目标，是法治保障长三角一体化和虹桥国际开放枢纽建设等国家战略的重要举措。

（3）管理机制

《虹桥国际中央商务区管理委员会2021年度法治政府建设报告》显示，虹桥国际中央法务区正由上海虹桥国际中央商务区管委会牵头，会同上海市司法局、相关区人民政府共同推进建设。

（4）支持性政策

现阶段，上海市闵行区在梳理市、区等相关政策基础上，正在研究制定《闵行区支持打造虹桥国际中央法务区的政策意见》。同时，上海市司法局也已制定“本市律师事务所在虹桥国际中央商务区开设同城分所政策”，鼓励上海有条件、有意愿的优质律师事务所到虹桥国际中央法务区设立分所。

（5）建设成果

2021年11月8日，在“第三届上海国际仲裁高峰论坛暨2021上海仲裁周”开幕式上，举行了虹桥国际中央法务区与上海仲裁委员会虹桥中心、长三角仲裁一体化发展联盟、上海市律师协会长三角律师行业发展中心的签约仪式，标志着以上机构正式入驻虹桥国际中央法务区。目前，在上海市司法局、虹桥国际中央商务区管委会和上海市闵行区政府的共同推动下，虹桥国际中央法务区内已有24家律师事务所和1家公证机构。2022年，虹桥国际中央法务区计划引入累计 50 家国内外律师事务所及代表机构、公证、司法鉴定、法律科技公司等法律服务机构，初步形成规模效应。

未来，虹桥国际中央法务区将继续发挥法律服务集聚能效，在更好地服务产业发展的同时涵养法律服务生态，系统性打造长三角法律服务一体化示范区、法治化营商环境示范区，为推进落实长三角一体化和虹桥国际开放枢纽建设国家战略提供有效法治保障。

4. 西安“一带一路”国际商事法律服务示范区

（1）建设规划

2020 年，陕西省、西安市向司法部请求在西安国际港务区建设“一带一路”国际商事法律服务示范区。2020 年 9 月 8 日，司法部印发了《关于支持西安“一带一路”国际商事法律服务示范区建设的分工方案》。2020 年 12 月 1 日，西安“一带一路”国际商事法律服务示范区在西安国际港务区举办揭牌仪式。该示范区的范围为西安国际港务区规划建设全域，以国际商事诉讼、调解、仲裁、法律服务、司法人才合作及国际法查明研究为核心功能，以最高人民法院第二国际商事法庭、第六巡回法庭、“三个中心”、西安知识产权法庭、知名法律服务机构等为重要功能支撑，构建全功能、全生态链的国际商事法律服务保障体系，推动西安打造国际一流的营商环境和“一带一路”具有影响力的法律服务高地。

2021 年 3 月 13 日，西安市人民政府印发的《西安市国民经济和社会发展第十四个五年规划和二〇三五年远景目标纲要》制订了远期规划，提出国际商事法律服务示范区建设工程：建设“一带一路”国际商事法律服务示范区，用好中国—上合组织法律服务委员会西安中心、“一带一路”律师联盟西安中心、西安“一带一路”国际商事争端解决中心等平台，探索建立一站式、多元化国际商事争端解决机制和知识产权协同保护机制，聚集优质法律服务资源，实施律师制度政策创新，加强涉外法治人才培养，构建全产业链、生态链的国际商事法律服务保障体系。

2021 年 11 月 22 日，《西安国际港务区国民经济和社会发展第十四个五年规划和二〇三五年远景目标纲要》明确了西安“一带一路”国际商事法律服务示范区建设规划。一是探索推动国际商事法律服务制度创新发展。以最高人民法院第二国际商事法庭、第六巡回法庭、中国—上合组织法律服务委员会西安中心、“一带一路”律师联盟西安中心、西安“一带一路”国际商事争端解决中心、西安知识产权法庭、知名法律服务机构等为重要功能支撑，切实发挥国家级国际商事法律服务示范区功能。加强与国家有关部门的沟通对接，先行先试，争取各类政策、制度、机制等方面的创新支持；重点围绕中欧班列、对外贸易等特色业务和主导产业，积极发挥示范区在涉外法律服务方面的功能，开展国际商事法律服务领域热点、难点问题研究探讨，促进法律服务领域的国际交流合作，探索编制或发布国际贸易投资指南、涉外法规汇编、法律服务指引、经贸摩擦预警信息等，为区域经贸合作提供法律服务和法治保障，创造开放、融通、互利、共赢的国际营商环境，切实提升园区涉外法律服务影响力、竞争力，进一步夯实示范区的国家级平台功能。二是积极引进国际商事法律服务机构聚集发展。以国际商事诉讼、调解、仲裁、法律服务、司法人才合作及国际法查明研究为核心功能，对标世界级城市法律服务聚集区，打造专业化、国际化、市场化的法律服务聚集区。积极发挥“三个中心”等支撑平台在法律服务资源聚集方面的功能作用，吸引和鼓励知名律师事务所、仲裁、调解、鉴定、研究、培训、域外法查明等法律服务机构落户示范区。协调引入国内知名律师事务所和外国律师事务所驻华代表处等法律服务机构进驻示范区，依托最高人民法院第二国际商事法庭，聚合境内外优质的国际商事争端仲裁和调解机构，打造调解、仲裁、诉讼有机衔接的“一站式”国际商事争端解决平台，培育和发展面向“一带一路”国家和地区的全功能国际商事争端解决服务保障体系，为境内外商事主体提供综合性的国际商事争端解决服务。

（2）功能定位

西安建设“一带一路”国际商事法律服务示范区，是深入贯彻落实习近平总书记重要指示批示精神的具体行动，也是践行“一带一路”倡议并为“一带一路”建设提供法治保障和法律服务的重要举措，对于推进陕西深度融入“一带一路”倡议，推动形成西部大开发新格局、打造内陆改革开放高地具有重要意义。示范区将打造成为立足陕西、面向西部、辐射周边国家和地区的法治创新聚集区和法律服务高地，为推进“一带一路”建设高质量发展提供全方位的法治保障与法律服务。

（3）管理机制

西安市于2021年1月13日发布了《关于落实司法部办公厅〈支持西安“一带一路”国际商事法律服务示范区建设的分工方案〉的实施方案》，其中建立了三项详细的管理机制。一是建立专门办事机构，由国际港务区党工委、管委会牵头，市委政法委、市司法局等相关部门配合，在国际港务区管委会下设西安“一带一路”国际商事法律服务示范区建设工作推进局，作为专司中国—上合组织法律服务委员会西安中心等“三个中心”服务与保障的办事机构，推进“三个中心”建设运行和可持续发展。二是建立定期会议机制，由市司法局牵头，会同工作专班有关单位，定期召开会议，及时通报工作进展、分析研判形势、协调解决问题。各牵头单位要进一步分解任务、落实责任、细化工作，明确年度目标和重点任务；各配合单位要密切配合、加强协作、形成合力，共同推进各项任务按时高质量完成。三是建立宣传机制，由市委宣传部牵头，工作专班有关单位配合，大力宣传西安市落实中央支持政策、建设“一带一路”国际商事法律服务示范区、营造国际一流法治营商环境的做法，不断提升“一带一路”国际商事法律服务示范区的吸引力、影响力，为助力提升法律服务聚集虹吸效应、加快推进示范区建设营造良好的舆论氛围。

（4）建设成果

截至目前，最高人民法院第二国际商事法庭、第六巡回法庭、中国—上合组织法律服务委员会西安中心、“一带一路”律师联盟西安中心、西安“一带一路”国际商事争端解决中心、西安知识产权法庭等机构已正式入驻“一带一路”国际商事法律服务示范区。此外，西安国际港务区牵头与清华大学法学院、西安交通大学法学院、丝绸之路区域合作与发展法律研究院签署战略合作备忘录，与陕西永嘉信律师事务所、北京金杜律师事务所、北京大成律师事务所、上海段和段律师事务所签署了进驻协议。

将来，西安市将继续积极发挥“三个中心”的品牌效应，加强法律服务机构招引，持续引进更多知名法律服务机构入驻“一带一路”国际商事法律服务示范区。

5. 国内法务区建设的亮点

一是举全省之力开展法务区建设。天府中央法务区由四川省委主导、省委主要领导直接谋划推动建设。四川省专门设立了天府中央法务区建设工作领导小组，集中了四川省委、四川省委政法委、四川省级政法部门、成都市委、成都市委政法委、天府新区等多层级多部门力量建设天府中央法务区，并积极向中央政法委、最高人民法院、最高人民检察院、司法部、中国法学会汇报天府中央法务区建设情况，争取指导支持。四川省委对建设天府中央法务区高度重视，将其纳入全省改革发展大局和依法治省全局统筹谋划部署。

海丝中央法务区在福建省委十届十二次全会、福建省政府工作报告、福建“十四五”规划等重要会议、文件中被作为一项重点工作部署。福建省设立了海丝中央法务区建设工作领导小组，统筹指导法务区的规划建设和发展工作，研究协调解决重大问题。厦门成立市级层面的海丝中央法务区建设工作厦门领导小组，负责具体实施。

西安“一带一路”国际商事法律服务示范区系由陕西省和西安市请求司法部支持，并获得司法部印发的该法务区建设分工方案。

因此，结合省委举全省之力支持前海合作区建设的战略部署，推动前海深港国际法务区建设纳入全省重点任务，高站位高起点高规格开展法务区建设工作。一方面，加强组织协调，建立务实高效的领导推进机制，成立领导工作小组，统筹指导、定期研究，推进前海深港国际法务区规划建设和发展，确保各项重大改革任务落地落实；另一方面，积极向国家层面争取指导和支持，同时充分调动省内各级各部门力量和资源支撑前海深港国际法务区建设，研究出台各级各层面系统集成的产业规划、空间布局、营建模式、优惠政策等具体措施。

二是制订系统的规划方案和落实举措。天府中央法务区由四川省天府中央法务区建设工作领导小组审议通过《天府中央法务区建设总体实施方案》。海丝中央法务区由海丝中央法务区建设工作推进会审议通过《海丝中央法务区总体建设方案》。西安市出台了《关于落实司法部办公厅〈支持西安“一带一路”国际商事法律服务示范区建设的分工方案〉的实施方案》，明确了建立专门办事机构、建立定期会议机制、建立宣传机制三项管理机制。通过制订和印发系统化的建设总体实施方案，落实前海深港国际法务区建设的方向规划、总体要求、建设重点、保障措施、各部门职责，为法务区建设提供明确指导。

三是突出立法保障和引领功能。海丝中央法务区由厦门通过制定《厦门经济特区公共法律服务条例》，将法律服务集聚区条款写入其中，以特区立法的形式为海丝中央法务区建设发展提供法治保障。条例提出，要探索建设法律服务集聚区，形成多功能于一体的综合性法务中心和法务创新实践中心；明确了海丝中央法务区的建设方向和政府职责；规定了厦门市政府及有关部门要研究制定各项措施和政策支持，推动优质法律服务资源集聚发展。《厦门经济特区优化营商环境条例》明确，市、区政府及有关部门应统筹规划推进，法院、检察院及有关单位应积极参与海丝中央法务区建设。《福建省优化营商环境条例》亦明确，推进海丝中央法务区建设，聚集各类法律服务机构和法律人才。

因此，在条件成熟时，将前海深港国际法务区的有关内容通过立法形式予以明确，为法务区建设发展提供更为坚强有力的法治保障。

（二）香港法治建设经验

1. 积极参与国际交流

香港通过派员积极参与世界各地的相关国际会议，促进本地法律人才与其他地区同行就不同法律范畴的最新发展趋势相互交流知识和经验，并与全球的法律专业人员建立联系。与此同时，香港业界广泛接触世界各地人士，不仅能拓宽自身视野，亦可担当香港的宣传大使，借交流分享向外推广香港的法制和法治。

香港律政司一直积极参与亚太经合组织经济委员会的会议。2020年律政司在智利主办的亚太经合组织会议期间，多次举办有关经济法律基建工作组网上争议解决框架相关议题的工作坊和政策研讨会。另外，律政司普惠办公室主任作为亚太经合组织经济委员会主席，在2021年2月负责主持经济委员会于马来西亚举行的第一次全体会议。因受疫情影响未能举办实体会议，办公室主任亦于2020年8月顺利主持经济委员会第二次经济委员会全体网上会议，并于7月及10月两度主持经济委员会非正式网上会议，促使亚太经合组织经济体在加强经济和法律基建及结构性改革上取得重要成果。

律政司的律师以中国代表团成员身份参与多项国际会议，包括海牙会议总务与政策理事会、判决及管辖权项目和旅客及访客项目，以及贸法委第三工作组（改革投资者与国家间争议解决制度）和第六工作组（船舶司法出售）的工作。

2. 加强国际组织参与

透过参与国际组织及其会议的培训和经验积累，本地法律专业人员具备更佳的条件，可在香港以中国代表团成员身份参与国际组织（如海牙会议和贸法委）或以成员身份参与的国际组织（如亚太经合组织）中积极参与其工作，有助于增强国家在国际组织的话语权及影响力，促进国际合作和提升香港的国际形象。

律政司也鼓励和支持本地法律人才在香港以成员身份参与的国际组织中担当领导角色。在这方面，律政司一名律师自2015年起担任亚太经合组织经济委员会“加强经济法律基建主席之友工作组”的召集人。香港一直领导工作组推动以国际法律文书进行结构改革和加强经济及法律基建，相关工作包括：在亚太经合组织范围内发展一套适用于中小微企业交易的网上争议解决框架，此项目已在2019年8月完成。律政司普惠办公室主任于2019年9月1日起接任亚太经合组织经济委员会主席，任期为两年。另一名律师亦同时继续担任工作组的中国香港代表。可见香港法律专业人士具潜力及实力在重要国际组织担当领导角色，有助于进一步提高香港的地位和在国际组织中的影响力。

3. 人才政策

为吸引及留住顶尖法律人才，律政司推出一系列措施，包括放宽解决国际商业纠纷的资历要求、厘清业务交易律师相关证明文件要求等。另外，律政司自 2020 年 6 月推出先导计划，为短期来港参与仲裁程序的合资格非香港居民以访客身份入境提供条件，无须事先取得工作签证，巩固香港作为亚太区国际法律及争议解决服务中心的地位。

4. 培育本地法律人才

要保持香港作为主要国际法律及争议解决服务中心的地位，必须为法律人才提供培训机会，让他们具备所需技能，提升竞争力。香港律政司一向积极与贸法委（UNCITRAL）、海牙会议（HCCH）及国际统一私法协会（International Institute for the Unification of Private Law；UNIDROIT）进行紧密磋商，以期为本地法律专业人员（包括公私营机构的律师）作出借调安排，让法律人才在不同的国际法领域获得宝贵的在职培训机会。参与该等国际组织的工作，可加深本地法律专业人员对国际组织运作的认识，向国际法律专家学习和拓宽视野，让香港可参与规划国际法的发展。国际组织亦能借此接触香港的法律人才，有助于提升香港在有关组织的形象，促进合作。

5. 为年轻律师提供机遇：担任副手

律政司自 2020 年 6 月起就民事和刑事法律工作方面推出修订的练习计划，供获认许后执业少于五年的大律师和事务律师在民事和刑事诉讼中担任副手，或为民事案件撰写法律意见，为资历较浅的律师提供更多培训机会，从而扩阔他们的视野，让他们汲取宝贵经验并提升专业技能。

6. 举办跨地域法律课程

鉴于国际经济法形势日趋复杂，为加强香港特区在这方面的应对能力，国际法律科自 2021 年 1 月起为律师新增两项培训课程：世贸组织争议解决课程——由驻日内瓦世贸组织法律支援中心的法律人员主讲，国际投资法课程——由香港中文大学法律学院卓敏法律学教授及伦敦大律师主讲。

香港还开设了政府律师相关国家事务研习课程。律政司在国务院港澳事务办公室的支持下，定期举办国家事务研习课程。2020 年 10 月，律政司首次与清华大学合办培训课程，名为“中国法基本原则课程”，当中包括九场由清华大学教授在网上授课的讲座。律政司最近为80名来自律政司、其他政府部门和立法会秘书处的律师举办网上讲座，并计划在疫情过后前往内地考察。

7. 非香港律师制度

在香港，有两类经香港律师会认证的非香港律师，一是注册外地律师，二是海外律师。

注册外地律师需要向香港律师协会提出申请并通过律师证书转换，程序较为简单；但注册外地律师的业务范围受到严格限制，不能执香港法（practise Hong Kong law），不能在香港开所执业或者成为香港律所合伙人，而仅能作为外国（外地）法律顾问参与业务。

而对于海外律师，香港律师会设立了海外律师资格认证，规定通过外地及海外律师香港执业资格考试（Overseas Lawyers Qualification Examination，OLQE）和满足相关法定程序的注册外地律师，香港律师会允许其以香港律师身份在港执业。

香港外地律师及海外律师执业资格考试针对的是非香港地区执业律师，因此对于申请者的专业素养和执业经验有较高要求。通常来讲，参加该类考试需要满足以下条件：①具有境外法律职业资格，如内地律师执业资格；②普通法系国家和地区执业律师具有2年以上执业经验，非普通法系国家或地区执业律师具有5年以上执业经验。

三　前海深港国际法务区的建设路径和创新举措

（一）前海深港国际法务区建设的总体思路

1. 前海深港国际法务区的战略定位

根据前海当前建设的现状，结合《全面深化前海深港现代服务业合作区改革开放方案》（以下简称《前海方案》）提出的建设国际法律服务中心和国际商事争议解决中心的战略部署，进一步践行习近平法治思想，深化“一国两制”实践，促进大湾区发展，建议赋予前海深港国际法务区以下几个定位。

一是习近平法治思想的实践示范地。习近平法治思想，是为实现中华民族伟大复兴时代要求应运而生的重大理论创新成果，是马克思主义法治理论中国化的最新成果，是习近平新时代中国特色社会主义思想的重要组成部分，是全面依法治国的根本遵循和行动指南。

深圳是中国特色社会主义道路的先行探索者，是一部深圳经济特区成长史、改革开放进化史和中国特色社会主义道路的开拓史。中央支持深圳建设中国特色社会主义先行示范区，就是要为中国打造一个面向未来的典范，为世界立起一个全球标杆城市，向世界打开一扇能更好地观察和读懂中国的“魅力窗口”。法治建设既是深圳打造城市核心竞争力的必由之举，又是深圳建设中国特色社会主义法治先行示范城市的使命所系。2021 年 9 月，市委全面依法治市工作会通过部署《深圳市建设中国特色社会主义法治先行示范城市的实施方案（2021~2025 年）》，决定坚定扛起建设法治先行示范城市的政治责任、主体责任，努力打造中国特色社会主义法治的“窗口”和“名片”，把深圳建设成为习近平法治思想的生动实践地和精彩演绎地。

前海深港国际法务区，定位为习近平法治思想的实践示范地，体现了深圳坚定扛起“先行示范”的使命担当。

二是国际规则、标准融合对接的法治枢纽。当今世界正经历百年未有之大变局。国家核心竞争力的重要内容是法治，涉外法治则是国家以法治方式参与国际事务和全球治理的重要实践。在全球治理体系发生深刻调整，制度竞争成为国家间最根本竞争的时代背景下，联动香港充分发挥好利用好“一国两制”的独特优势，协助国家提升全球法治话语权和影响力，是深圳的优势也是义不容辞的使命。

涉外法治的发展离不开良好的制度创新与国际规则对接，在前海全面深化改革开放的背景下，前海深港国际法务区是统筹推进国内法治和涉外法治工作、参与国际竞争的最佳实践场。前海作为制度创新高地，要发挥制度创

新的优势，开展涉外制度创新，与国际规则全面对接，在把握国际条约、公约和通行规则具体适用的基础上，研究衔接应对机制，重点对接最新国际贸易新规则、与国际商事争议解决规则、国际法律服务规则等国际市场规则体系，更好地发挥司法规范引领作用，升级自身规则体系和标准体系，成为国际规则、标准融合对接的法治枢纽，进一步发挥前海全面深化改革、对外开放的引领作用。

三是粤港澳大湾区法治融合示范区。粤港澳大湾区拥有“一国两制三法域”的独特性。粤港澳大湾区加速融合，深圳身担重任，深化改革发展的每一道关卡，都需运用法治思维和法治方式加以破解，都离不开法治先行、法治引领和法治保障。在保留粤港澳各自制度差异和优势的基础上，以前海深港国际法务区建设为契机，更加深入、更加精准、更加全面地对接内地与香港两套民商事法治规则和制度体系，创新大湾区法治机制体制融合，在法治领域率先推动深港两地规则衔接，推动粤港澳大湾区法治化进程走向纵深，以法治融合引领粤港澳大湾区一体化发展。

四是中国特色社会主义法治先行示范城市建设“样板”。中央全面依法治国委员会于 2021 年 5 月印发《关于支持深圳建设中国特色社会主义法治先行示范城市的意见》，提出深圳要积极探索具有中国特色的法治建设模式和路径，先行先试、引领示范，为建设中国特色社会主义先行示范区提供坚实的法治保障。前海深港国际法务区是深化司法机制制度改革、诉讼制度改革，率先健全涉外涉港澳法治交流合作机制，落实加强知识产权保护等部署的重要载体，将前海深港国际法务区定位为中国特色社会主义法治先行示范城市建设的“样板”，充分发挥前海深港国际法务区在建设中国特色社会主义法治先行示范城市中的作用和力量。

五是国际法律服务和商事争议解决中心。2019 年 2 月，党中央、国务院印发的大湾区发展规划纲要首次提出，“联动香港打造国际法律服务中心和国际商事争议解决中心”，《前海方案》亦提出，在前海合作区内建设国际法律服务中心和国际商事争议解决中心，探索不同法系、跨境法律规则衔接，探索完善前海合作区内适用香港法律和选择香港作为仲裁地解决民商事案件的机制，探索建立前海合作区与港澳区际民商事司法协助和交流新机制。完善的法律服务体系是区域发展软实力的关键指标，在民商事活动日益活跃的背景下，多元化纠纷解决机制成为优化营商环境的重要一环。前海多年来的司法创新、仲裁创新已经在港澳规则衔接、机制对接上迈出了先行先试的步伐，在现有规划基础上，前海深港国际法务区是深圳打造国际法律服务中心和国际商事争议解决中心的最佳载体。

综上，建议将前海深港国际法务区规划定位为：联动深港、辐射大湾区、影响全国、联通世界的习近平法治思想实践先行地，打造具有世界影响力的国际规则、标准的法治枢纽、大湾区法治融合示范区和具有国际影响力的国际法律服务与商事争议解决中心，成为展示社会主义法治的国际窗口。

2. 前海深港国际法务区的规划目标

结合《全面建设前海深港国际法务区　提升法律事务对外开放水平行动方案（2021~2025 年）（征求意见稿）》的规划，建议对前海深港国际法务区建设作出如下发展目标规划。

到 2025 年，习近平法治思想实践先行地建设成效初显，国际规则、标准融合对接的法治枢纽初具规模，粤港澳大湾区法治融合成效显著，国际仲裁机构、调解组织及法律服务机构集聚，初步建立与港澳及国际通行规则机制贯通融通的国际法律服务和国际商事争议解决制度规则，建立涉外商事纠纷便利、高效的多元解决体系，逐步成为国际贸易、国际法律风险管理中常用的国际法律服务中心和国际商事争议解决中心。

2030 年，习近平法治思想实践先行地建设成效显著，国际规则、标准融合对接的法治枢纽作用显著，粤港澳大湾区法治融合程度进一步提升，基本建立国际一流水准的制度体系，高效便捷的多元化纠纷解决机制基本完善，国际商事争议解决机构集聚效应明显，成为公正权威的高水平国际法律服务中心和国际商事争议解决中心。

到 2035 年，基本建成涵盖全链条、全周期、全生态的国际商事争议解决中心、国际法律服务中心和知识产权保护高地，成为习近平法治思想实践先行地，将前海打造成为国际规则、标准融合对接的法治枢纽，建成空间集约、体系集成、产业集群、要素集中、人才集聚、具有国际影响力的国际法律服务中心和国际商事争议解决中心，成为展示社会主义法治的国际窗口。

3. 深港互补协同的思路

粤港澳大湾区的不同城市有不同的定位，香港已经在《粤港澳大湾区建设规划纲要》中被赋予“建设亚太区国际法律及争议解决服务中心，打造更具竞争力的国际大都会”的定位。

深港合作是前海的使命所在，也是前海的特色优势。前海深港国际法务区建设，不是要取代香港，而是依托香港作为国际金融、航运、贸易中心和国际航空枢纽，拥有高度国际化、法治化的营商环境的优势，依托香港建设亚太区国际法律及争议解决服务中心的规划定位，把握港澳律师大湾区执业的重要契机，充分发挥香港的国际法律服务资源的专业服务优势，深度参与前海规则衔接机制对接，联动香港深度合作共同打造的前海深港国际法务区，形成“差异化—互补—协同”的正向循环路径。

（二）进一步完善前海深港国际法务区的建设管理机制

1. 建立与国家战略相匹配的领导机制

一是建议统筹市委政法委、市委湾区办、市委体改办、市前海管理局、市法院、市检察院、市司法局等相关部门，严格落实法治建设第一责任人原则，成立以市主要领导为负责人的前海深港国际法务区领导小组，建立健全前海深港国际法务区领导小组工作机制，定期讨论研究前海深港国际法务区建设进度及面临的困难，统筹协调前海深港国际法务区建设过程中面临的问题和困难。二是联动深港，加快制订前海深港国际法务区建设规划方案，通过制定和印发系统化的建设总体实施方案，落实前海深港国际法务区建设的方向规划、总体要求、建设重点、保障措施、各部门职责，为法务区建设提供明确指导。

2. 探索建立前海法治力量共建机制

一是探索设立前海法律机构参与前海深港国际法务区建设机制，如探索定期座谈会制度、建议意见箱制度以及重要意见、建议被采纳后奖励制度等；二是探索建立前海深港国际法务区建设进度定期公示机制，展示前海深港国际法务区建设最新进展，宣传前海深港国际法务区建设的“前海形象”，利用公示制度给相关建设单位更大的紧迫感，提升前海深港国际法务区建设进度；三是探索建立港澳籍全国人大代表和政协委员的议案、提案协助机制，为港澳籍全国人大代表和政协委员提出提案、提案提供信息支持、数据支持和专业力量支持。

3. 创新深港人员交流机制

一方面，以前海合作区为试点与香港特区政府互派人员进行挂职交流，在实践中探索创新交流机制，逐步实现常态化交流，通过人员交流加深相互理解，推动深圳与香港规则衔接和机制对接；另一方面，加强深港社会组织交流合作和保障，建立深港社会组织人员定期交流、挂职机制，为前海社会组织引进港澳会员等建立“绿色通道”。

（三）创新深港规则衔接机制对接举措

1. 推动中央顶层设计，赋予粤港澳规则衔接立法权限

推动建立粤港澳规则衔接的原则、方向和路径的纲要性指引，就人员、资金、货物、信息等要素流动以及市场准入、监管制度、标准规则、专业资格、法律冲突、争端解决、民商事司法协助等中央事权领域，作出原则性、方向性规定，为相关权力主体协调探索推进这些领域的具体规则和制度衔接提供上位法保障。

2. 依托深圳综合改革试点，推动深港规则衔接机制对接

以深圳为起点探索可复制推广的经验做法，对已有政策实践和经中央审批同意、成熟度高、具有重要现实意义的规则衔接政策进行梳理总结，上升为立法，赋予其更高效力，有机整合综合授权灵活性与地方立法稳定性，扎实推动深圳综合改革试点服务粤港澳大湾区建设全局。

建议系统梳理研究现行法律法规及相关政策举措，对单行认可领域做好配套政策“畅通”，不合理的规则制度该废止的废止、该调整修改的调整修改，逐渐消除现行法律规则和政策体系的弊端。

3. 以需求为牵引，政府引导建立规则衔接研究体系

一是面向国际，建立“理论+实务”研究体系。在国际规则较为明确完善的领域，通过与现行国际公约、标准接轨，实现与香港有效对接。政府重点引进仲裁、调解、金融、投资、合规等领域权威的法治研究机构入驻深圳，开展规则融合衔接研究，支持和引导粤港澳联营律师事务所等涉港、涉外专业服务机构开展规则融合衔接研究，打造规则融合衔接研究机构集聚区。

二是设立“粤港澳大湾区规则研究平台”。联动港澳两地政府、企业、社会组织等力量建立跨地域跨法域跨专业的产业规则研究平台，发动现有前海一带一路法律服务联合会、智库组织等专业组织力量，进一步强化深圳智库联盟的组织引导，鼓励支持研究机构和专业服务机构加入平台开展专业规则衔接机制对接工作，以粤港澳大湾区规则研究平台统筹组织开展各专业领域规则衔接机制对接工作，重点梳理香港专业领域和各行业法律法规，重点承接政府、行业协会和大型企业委托，以社会实际需求为导向，在金融、法律、建筑设计、教育等专业领域进行规则衔接研究。

三是争取在前海设立全国人大、广东人大立法联系点。争取全国人大常委会、广东省人大常委会在前海设立立法联系点，以立法联系点为依托，组织整合联动前海香港商会、粤港澳联营律师事务所、深圳国际仲裁院等单位形成深港澳法治研究力量合力，参与国家法治立法，拓宽深港澳机构团体参与内地法律制定等高层次规则对接融合的渠道。

4. 多措并举，加大保障支持容错力度

一是探索将前海深港国际法务区作为“规则适用特区”。组织各相关职能部门列出制约深港规则衔接、机制对接的制度红线，根据深港规制衔接的需要，推动部分事项申请全国人大或国务院、相关部委在前海暂时停止实施有关法律法规规章的规定，避免深港规则衔接、机制对接过程中与现行法律

法规规章相冲突，为深港体制机制创新创造更加宽松的环境。

二是探索建立深港规则衔接、机制对接创新容错机制。结合深港规制衔接、机制对接的特征，在前海深港国际法务区建立深港规制衔接、机制对接专项创新容错机制，进一步细化规则衔接机制对接的容错标准和适用范围，为深港规则衔接、机制对接的探索创新提供保障。

三是探索参与规则衔接、机制对接的激励措施。一方面，按照《深圳建设中国特色社会主义先行示范区综合改革试点实施方案（2020～2025年）》提出的“健全改革的正向激励机制，注重在改革一线考察识别干部，大胆提拔使用敢于改革、善于改革的干部”要求，探索推动深港规则衔接机制对接规则工作成果成为提拔使用领导干部的重要指标或考察因素，充分肯定和表彰领导干部参与规则衔接机制对接的工作成果，进一步调动领导干部参与规则衔接机制对接的积极性；另一方面，建立针对社会主体的规则衔接机制激励机制，针对香港和深圳的行业协会、企业和医生、律师、建筑师等部分专业人士，在深圳试点规则衔接、机制对接成果激励机制，支持新能源、5G、人工智能、中医药等行业做湾区标准、世界标准，对推动深圳取得重大制度创新成果（包括行业标准、技术标准、制度规范等）的行业协会、企业、专业人士给予表彰和奖励。

四是建立规则衔接机制对接的深港两地专家论证机制、听证机制和评价机制。在规则衔接机制对接的制度起草过程中，应当邀请深港两地相关领域的专家进行论证，在征求社会公众意见时邀请深港两地代表举行听证会听取意见。同时，在形成制度创新后，建立规则衔接机制对接的评价机制，设计相应的评价体系，邀请专业机构和相关企业、协会和社会代表等对规则衔接机制对接的成效进行评价，为进一步优化规则完善机制提供参考。

5. 以行业协会为抓手，加快推进专业人才职业资格互认

将行业协会作为深化专业资格互认的主要抓手，联动港澳专业行业协会和中华全国律师协会、中国建筑业协会等内地行业组织，扩大香港与深圳在建筑工程、医疗、会计、法律、设计、导游等领域专业人才资格互认。

（四）进一步完善民商事司法协作机制

1. 推动建立粤港澳大湾区更紧密民商事司法协助机制

在“一国两制”框架下，求同存异、先易后难、重点突破，探索采用签订合作协议、设立专门机构、加强司法沟通交流、制定相关程序规则等形式，从强化民商事司法协作安排、完善推进粤港澳大湾区民商事司法协作工作体制机制、畅通粤港澳大湾区仲裁裁决高效互认与执行、建立仲裁裁决和民商事判决的简易执行程序等方面着手，推动建立粤港澳大湾区更紧密民商事司法协助机制。

2. 推动建立协助转送文书机制

探索采用签订合作协议、设立专门机构、加强司法沟通交流、制定相关程序规则等形式，加快建设粤港澳大湾区民商事司法协助电子平台，制订深港文书转送工作指引，在涉港澳民商事案件中探索在当事人认可的前提下，由当事人、律师、公证机构等协助转送文书，提高送达效率。

3. 探索引入香港居民作为任期制法官

在广东省和深圳市政法部门、编制部门、财政部门的支持下，支持深圳前海人民法院向中央有关部门提出改革试点请求，参考新加坡、迪拜和英国建立“国际商事法庭”吸收外国法官的经验实践，参考香港法院临时聘任大律师为暂委法官的做法，经全国人大常委会和最高人民法院批准，授权前海人民法院在经过必要政治审核程序后，聘任符合资格条件的中国籍香港居民作为任期制法官，专门审理涉港民商事案件。试点初期的聘任对象范围可限于香港退休法官和退休资深大律师或资深律师，积累经验后可拓展范围。

4. 探索司法人员双向交流机制

广东省司法行政部门、人民法院、监察部门支持前海法治人才与香港法治人才的双向交流。鼓励深圳前海人民法院、前海管理局法治部门向中央有关部门提出改革试点请求，简化人员交流审批授权机制与流程，建立前海法治部门与香港法治部门互派公务员（作为法律研修访问学者）实习和观摩交流的常态机制，鼓励贴近观察，扎实交流粤港澳大湾区各法域的法治经验，夯实互信互谅的基础。

（五）加强国际商事争议解决中心建设

1. 畅通诉讼与仲裁调解的对接机制

一是建立以司法为支撑、以法院为核心形成多种形态的纠纷解决系统，形成多样化纠纷解决手段、裁决或协议有效得到承认与强制执行的长效机制，建立诉讼、仲裁、调解协调机制，促成不同纠纷解决机构的紧密合作，在发挥仲裁和调解人员专业性强、纠纷解决平台统一、当事人自主性高优势的同时，与纠纷处理结果的司法确认程序联动，赋予其强制力，确保权利得到切实保护；二是建立内地与香港、澳门仲裁调解机构的合作机制，探索国际商事“港澳调解+深圳仲裁”模式。

2. 完善深港法律服务配套措施

广东省司法行政部门、人民法院、教育行政部门支持前海细化《全国人民代表大会常务委员会关于授权国务院在粤港澳大湾区内地九市开展香港法律执业者和澳门执业律师取得内地执业资质和从事律师职业试点工作的决定》，在执业资格考试、实习、代理诉讼执业范围、内地律师事务所聘用香港法律职业者的管理职责、“港人港税”、执业责任保险等各个环节完善配套措施细节，支持前海吸引香港法律职业者（尤其是年轻职业者）北上，参加执业资格考试，参与跨境诉讼、仲裁和非诉等法律服务业务，积极吸引香港法律职业者在前海人民法院代理诉讼案件并以此形成口碑，向海外当事人推广前海人民法院的诉讼协议管辖。

3. 推动香港法律职业者在前海仲裁机构从事代理业务

在前海试点明确香港法律职业者以香港律师或大律师身份（非以取得内地法律执业资格为条件）准入从事仲裁代理业务。

支持前海向国家司法行政部门和商务部门申报试点，在《内地与香港关于建立更紧密经贸关系的安排》服务贸易正面清单的附件《内地向香港开放服务贸易的具体承诺》中明确列明：在商事仲裁领域，允许香港法律职业者以“跨境交付”和“自然人存在”方式在前海仲裁机构从事代理业务。

4. 支持诚信诉讼探索创新

支持前海人民法院总结已有经验和案例，探索构建虚假诉讼、恶意诉讼及无理缠诉预防、识别、惩治机制体系，规制人为制造管辖连接点的滥诉行为，惩治滥用管辖权异议等恶意拖延诉讼行为，探索通过律师费转付、诉讼费用合理分担等方式，加大对滥诉行为和恶意拖延诉讼的制裁和教育宣传力度。

5. 加快构建国际商事争议解决生态圈

积极引进各类高端法治机构，除了目前已有的最高人民法院第一巡回法庭和深圳国际仲裁院为核心的司法终审和一裁终局的“双终局”架构，探索引进新加坡调解中心、英国有效争议解决中心、美国司法仲裁调解机构 JAMS 等国际知名调解组织，进一步形成公证、司法鉴定、法律查明、中立评估、法律服务、国际争端与解决组织等共同集聚的国际商事争议解决生态圈。

（六）创新国际法律服务举措

1. 创新商事调解制度发展

一是支持前海人民法院探索推进与繁简分流改革试点配套的诉讼费用制度改革，研究总结适宜先行调解案件类型，探索开展民事案件调解前置程序。支持前海人民法院探索扩大司法确认范围，促进诉调对接实质化。

二是支持前海人民法院加大在线视频调解力度，健全完善诉调对接规则，优化司法调解与人民调解、行政调解、商事调解、行业调解等联动工作体系。支持深圳经济特区国际仲裁机构在前海牵头建立国际调解组织和调解员交流协作机制，探索中国作为首批缔约国签署的《新加坡调解公约》在前海试点落地。

三是支持由金融监管部门和商事调解机构团体等在前海建立“粤港澳大湾区跨境金融消费纠纷处理平台”，参照欧盟跨境金融消费纠纷处理平台

(FIN-NET)，为跨境保险、证券、贷款等金融消费纠纷处理提供高效、迅捷的平台。形成调解、仲裁与诉讼相互衔接的跨境多元化纠纷解决机制。

四是探索建立深港商事联合调解机制，联动深港共同订立相应的联合调解规则，向当事人提供联合调解服务，分属不同地区的当事人可以指定其所属地区的调解员参加调解工作，消除当事人对不同文化背景或法律环境的调解员可能怀有的顾虑，帮助当事人理清争议事实，分清责任，弥合分歧，促成和解。

2. 加快中立评估制度建设

一方面，支持前海人民法院总结调动社会资源对跨境涉港民商事纠纷开展中立第三方评估调解的经验并复制推广。探索采用委托调解的方式，邀请香港法律专业人士适用香港法律，就可能的判决结果作出中立的第三方评估，参照香港及外国法院附设 ADR 的“不利讼费”配套制度，当事人在得到第三方中立评估结果后如仍坚持诉讼且诉讼结果与评估结果相差不大应承担对方律师费和诉讼费的不利后果，在息诉止纷的同时，降低香港法查明和适用的成本，减少司法资源耗费。

另一方面，鼓励律师、律师事务所参与社会矛盾纠纷多元化解工作。完善律师调解工作效力确认机制，建立健全中立评估、律师调解与司法确认衔接机制，律师调解可以作为政府、国企解决纠纷的途径，依法依规并经中立评估的调解结果应当得到审计部门的认可。

3. 支持前海探索建立泛亚太地区破产重整中心

支持深圳市人民法院破产法庭落户前海，发挥示范功能，与香港特区共同探索跨境破产重整协作机制，探索泛亚太地区破产重整中心的制度环境建设，建立健全跨境债务重整、企业信用拯救和财产公平处置配套制度，鼓励更多企业在香港和前海登记注册以及在香港和深圳上市。

吸纳粤港澳大湾区破产重整人才，支持在前海设立粤港澳大湾区跨境破产重整（清盘）管理人协会等社会团体，推动泛亚太地区破产重整中心建设的相关立法和司法工作。

4. 创新国际化法律服务产业管理机制

一是深化中外联营律所的探索实践，鼓励支持联营所聘请外籍律师、持海外律师执业资格的中国公民在律所执业，同时探索联营所可以同外国律所联营，参照香港海外律师制度探索建立前海海外律师制度，外国律师可以按照海外律师制度取得深圳律师执业资格，在深圳为委托人提供外国法律服务。

二是探索内地涉外律所“总包”服务模式，鼓励境内企业选用具有涉外法律服务能力的内地律所担任涉外项目法律服务总包商，由内地律所通过港澳律师、海外律师的分包管理提供涉外法律服务，降低海外律师因意识形态、法治理念等方面差异所导致的风险，确保服务质量和效率，培养中国的涉外法治人才。

三是构建由境内律师、港澳律师、海外华语律师和境内公司法务有机融合的“四位一体”涉外法律服务发展新模式，集中企业海外法律服务需求，建立涉外公共法律服务平台，更加高效、精准地满足海外法律服务需求。

5. 高标准建立健全国际公共法律服务体系

联动香港，面向国际，打造适应开放型经济体制的国际公共法律服务体系，建设高端、高效、高质的全链条全生态国际法律服务促进中心。

一是在现有法律查明机制的基础上，联动全国其他法律查明机构，充分运用大数据技术、区块链技术等科技力量，建立前海域外法律查明数据库，参照论文库运行模式建立法律查明成果数据库市场化运作机制，提升域外法律查明的质量和效率，做好域外法律法规的数据储备。

二是进一步优化深港及跨境公证服务。与前海公证处合作，开设前海深港国际法律服务公证服务点，为辖区内群众及港澳人士提供家事、商事等跨境公证专窗服务，支持公证机构在跨境公证服务、金融公证服务、知识产权保护服务等方面加强创新，搭建“前海公证云”服务平台，进一步完善线上公证业务操作。

三是提供全面专业司法鉴定服务。与司法鉴定机构合作，结合前海商事纠纷特点，为深港及国际商事主体提供计算机、知识产权等司法鉴定专业服务。在前海开展包括法医、物证类、声像资料、产品质量、环境监测、工程造价、司法会计、税务、资产评估、建筑工程等门类齐全的一站式、综合性司法鉴定服务。

四是提升国际合规研究与服务水平。通过新设合规机构或合作方式引进世界知名合规咨询机构，建立国际组织和合规机构交流协作机制，为中国企业“走出去”提供全方位的国际合规服务、国际法律保护和国际法律应急服务，包括但不限于：可按国别提供海外合规体系咨询、服务，美国和欧盟经济制裁和出口管制合规及交易咨询，中国、美国、欧盟、英国网络安全和数据隐私、数据保护合规，金融合规、美国、英国和欧盟反腐败、反洗钱合规及与 SWIFT 系统有关的监管与交易咨询、服务，世界银行制裁、世界银行及其他多边开发银行调查咨询、服务，美国外国投资委员会（CFIUS）审查咨询及相关政府关系事宜咨询、服务，跨国公司在中国的合规业务咨询、服务等。

（七）进一步健全知识产权保护机制

1. 充实智库参与推动构建海外知识产权纠纷预警防范和协调解决机制

联动深圳法律服务社会组织和法律服务平台的力量和资源，全力吸纳海内外知识产权专业组织、知识产权专业服务机构、知识产权律师、科技公司知识产权法务人员、知识产权审判领域法官等力量建立海外知识产权仲裁专家和仲裁员，进一步完善深圳海外知识产权仲裁专家智库工作机制，充分发挥智库专家的智慧。

推动专家智库为构建海外知识产权纠纷预警防范和协调解决机制提供咨询、政策分析及建议，组织顾问团成员为深圳重点企业遇到的重大复杂新型知识产权法律事务提供专家意见、争议解决方案、技术鉴定意见及法律服务方案，组织顾问团成员开展交流互鉴和业务协作，共同提升深圳知识产权仲裁的能力和水平。

2. 推动参与建立海外知识产权保护服务机构优选库

在现有一体化知识产权信息公共服务体系的基础上，依托深圳海外知识

产权纠纷应对指导中心地方分中心和南山海外知识产权协同服务平台，参与建立海外知识产权保护服务机构优选库，将有海外知识产权保护需求的企业纳入服务名单，以服务平台的名义建立海外知识产权保护服务机构优选库，集中采购一批海外知识产权服务机构，利用平台订单优势确定更为有利的服务价格、服务标准和服务质量，并以平台的名义对入库机构的服务进行考核监督和动态调整，降低海外知识产权保护服务成本，提升服务标准，保障服务质量。

3. 加强平台建设和信息共享机制，打造“海外知识产权保护地图”

打造“海外知识产权保护”信息数据库，整合行政机关、司法机关、行业协会、知识产权服务机构、科技公司的知识产权保护信息资源，收集整理主要国家和地区知识产权相关的法律、法规、政策，梳理主要国家和地区知识产权相关政府部门、服务机构、纠纷解决机构等，依托信息平台进行实时更新、发布、管理，打造“海外知识产权保护地图”，为深圳乃至全国提供海外知识产权保护政策指导、技术咨询、情报分析等公共服务。

4. 定期编制《知识产权仲裁案例评析选编》、深圳海外知识产权仲裁维权实务指引等实务指引刊物

继续加快编制《知识产权仲裁案例评析选编》，探索编制新版深圳海外知识产权仲裁维权实务指引，成立深圳海外知识产权仲裁维权实务指引编委会，根据深圳的产业特征和产业需求，结合当前世界经济形势和先行海外知识产权相关监管政策、最新的海外仲裁维权案例，梳理可以复制和推广的维权实务经验，为全国知识产权仲裁工作提供参考和借鉴。

5. 深化深港合作，加快构建与国际接轨的知识产权争议解决规则，扩大知识产权纠纷仲裁范围

参考香港仲裁规则的较高标准，探索制定与国际接轨的知识产权仲裁规则，明确仲裁受案范围、仲裁员的选定和指定方式、仲裁程序、采取临时措施的条件和程序、仲裁裁决在三地法院得到承认和强制执行的条件和程序等影响仲裁程序和效力的重要问题，扩大知识产权纠纷仲裁范围，充分发挥仲裁的纠纷化解作用。

6. 强化知识产权保护社会共治

一是充分发挥行业协会、产业协会等行业自律和行业调解功能，建立行业调解与仲裁联动机制，针对知识产权保护案件推动采取“行业调解+仲裁”模式解决纠纷；二是联动仲裁、调解机构等与行业协会、商会等建立知识产权保护培训机制；三是充分发挥知识产权维权公益基金的支持作用，加快推广南山区知识产权保护专项基金资助制度，为知识产权争议纠纷处理机制提供必要的支持和帮助。

（八）加快打造国际化法治交流窗口

根据习近平总书记作出的“加强和改进国际传播工作”的重要指示，支持前海建设面向港澳和国外的中国内地法治示范外宣基地。

1. 向海外当事人推广在前海人民法院的诉讼协议管辖和在前海的仲裁管辖

一是支持前海人民法院持续、定期在港澳公布、编辑或出版繁体版的内地人民法院优秀涉港澳司法判决，尤其是涉及由内地法院管辖但查明和适用港澳法律作出判决的民商事裁判文书和港澳人士相关的刑事裁判文书作为公共产品。

二是提高前海人民法院港籍人民陪审员在香港社会的认受程度。一方面，在遴选环节注重广泛征求香港法律职业团体、香港本地商业团体和社会团体的意见和建议。另一方面，聘任港籍人民陪审员后强化在职培训，积极开展事实认定和法律适用能力建设。

三是支持以深圳经济特区国际仲裁机构为基础在前海建设粤港澳大湾区国际仲裁中心，支持深圳经济特区国际仲裁机构在前海牵头建设国际投资联合仲裁中心，通过合作方式引进相关国际组织和世界知名仲裁机构在前海落户。

2. 开展法律研究深港跨境合作

一是支持前海管理局和律师协会、商会组织合作通过研讨会和培训等形式，对香港法律界和商界进行内地民商事纠纷解决协议管辖的推广和跨境比较法专业研究，突出体现内地司法和仲裁体制的高效、廉洁和成本可控。

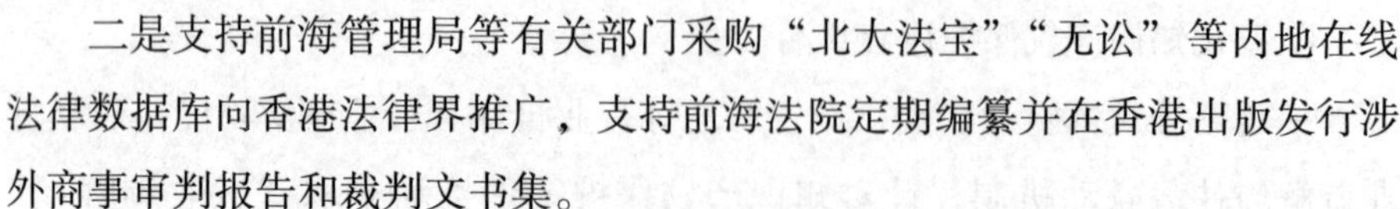

二是支持前海管理局等有关部门采购“北大法宝”“无讼”等内地在线法律数据库向香港法律界推广，支持前海法院定期编纂并在香港出版发行涉外商事审判报告和裁判文书集。

三是前海管理局鼓励内地高校、律师协会和香港法律执业者与法学学者合作，发挥后者的语言能力和跨文化交际能力，通过设立跨境合作研究课题、跨境合作论文发表和译介，发挥“国家所需，香港所长”，对国家立法和判决文书进行翻译、介绍和解读，对国家法律的实施展开实证研究和动态跟踪研究，在境外法律期刊、汉学期刊上发表，用境外受众理解的方式有效传播中国法治声音。

3. 建议进一步完善粤港澳大湾区法律学术交流机制

一是联动中国内地和港澳法律学术界开展法律学术交流活动，可以在“前海法治讲堂”的基础上，定期在前海举办“中国政法实务大讲堂”等讲座、论坛活动。

二是加强法治教育交流。一方面，搭建香港与内地青年法律交流培训平台，合作设立“前海国际法律青年之家”，协调前海各法务部门，为港澳法学院校中的港澳居民学生、内地法学院校中的境外留学生和国外法学院校学生在前海各法务机构实习提供岗位推荐、临时宿舍安排和中国法治文化学习的便利，促进北京大学、深圳大学、香港大学、香港中文大学等国际法学院师生交流培训。另一方面，为港澳和国外法学院校在前海开展非学历法学专业培训提供场地、远程会议设备、教学人员差旅等支持与保障。

三是港澳法律界、国际法律界共同创建一个常态化、专业化、品牌化的大湾区法律交流互鉴高端论坛，邀请港澳法律人士、国际法律人士参与学术交流活动，进一步提升港澳法律界人士、国际法律人士对中国法治建设的了解和认识，增强内地在港澳和全球的法治影响力。

4. 充分发挥跨境类法律服务组织的作用

支持联合会等法律类社会组织发展，赋予其更多的责任和使命，支持指导联合会等法律类社会组织，联动香港加强深港澳、大湾区法律人才交流互鉴，通过定期开展“线下+线上”直播活动，邀请两地及国际知名律师及法律工作者开展深港、国际法律事务交流、研讨及讲座等活动。联合香港共同举办或承办大型国际法治交流活动，举办前海法智论坛、前海法治讲堂、法律服务国际高峰论坛等交流活动，打造前海法律服务品牌，在深港两地、大湾区建立法律服务专业高端机构、组织、个人互联、互通、互鉴的平台和机制。

5. 探索建立跨境法律培训中心

联动深交所、港交所、港澳高校及相关部门建立大湾区“跨境法律培训中心”。一是探索开展跨境金融业务培训，聘请熟悉香港资本市场的港澳律师、投行、券商等专业人才，对全国在香港上市的董监高、国资国企香港派驻人员进行系统培训；二是开展跨境民商事司法业务培训，聘请熟悉香港司法机制的港澳院校教师、法官、律师等专业人才，对内地法院、司法行政部门、前海管理局等机构法治专业人才进行系统培训；三是为港澳法律工作者来深圳执业提供培训，联动深圳法院、司法局、法学会、律协等单位开展港澳律师湾区执业培训、港澳企业内地投资法律服务培训。

6. 加大前海深港国际法务区的国际宣传力度

市委、市政府统筹安排，依托深圳市海外经贸代表处、境外工业园区、国际友好城市等平台，大力宣传前海深港国际法务区，打造前海法治化国际化营商环境品牌形象，鼓励支持中外企业尤其是“走出去”“引进来”的深圳企业选择前海深港国际法务区解决争议纠纷，提升前海深港国际法务区的全球公信力及国际影响力。

B.10
深圳国际仲裁院建设“双城两院三中心”

深圳国际仲裁院课题组*

摘　要： 按照中央《关于深圳建设中国特色社会主义先行示范区综合改革试点首批授权事项清单》的要求，落实深圳市委先后印发的《深圳国际仲裁院关于建设粤港澳大湾区国际仲裁中心的改革方案》和《深圳国际仲裁院与深圳证券交易所共建中国（深圳）证券仲裁中心改革方案》等重要文件精神，深圳国际仲裁院（又名华南国际经济贸易仲裁委员会、粤港澳大湾区国际仲裁中心，英文简称“SCIA”）服务粤港澳大湾区国际化法治化营商环境建设，充分发挥“一国两制三法域”优势，持续推动规则衔接、机制对接，进一步加强深港国际仲裁合作，推动“深圳+香港”成为全球仲裁高地，重点建设中国（深圳）证券仲裁中心、中国（深圳）知识产权仲裁中心、海事仲裁中心。深圳国际仲裁院从深化国际合作、联动港澳、打造专业中心等三个方面大力建设“双城两院三中心”。

关键词： 综合改革试点　粤港澳大湾区　深圳国际仲裁院

根据中共中央办公厅、国务院办公厅印发的《深圳建设中国特色社会

---

* 项目组成员：深圳国际仲裁院国际合作与发展处（自贸区仲裁处）；执笔人：曹健雄，深圳国际仲裁院国际合作与发展处（自贸区仲裁处）副法律顾问。

主义先行示范区综合改革试点实施方案（2020~2025年）》及其附件《深圳建设中国特色社会主义先行示范区综合改革试点首批授权事项清单》第29项，深圳将完善国际法律服务和协作机制，以经济特区国际仲裁机构为基础建设粤港澳大湾区国际仲裁中心，健全国际法律服务和纠纷解决机制，支持经济特区国际仲裁机构牵头建设国际投资联合仲裁中心，通过合作方式引进相关国际组织和世界知名仲裁机构，建立国际调解组织和调解员交流协作机制。本文介绍了深圳国际仲裁院落实综合改革任务情况，从深化国际合作、联动港澳、打造专业中心等三个方面大力建设“双城两院三中心”的相关经验做法。

一 完成机构编制审批

2021年2月9日，深圳市委机构编制委员会印发《关于深圳国际仲裁院有关机构编制事项的批复》（深编〔2021〕20号），同意深圳国际仲裁院加挂“粤港澳大湾区国际仲裁中心”牌子。2021年7月，深圳国际仲裁院“创新机制建设国际仲裁高地”被国家发展改革委列入《深圳经济特区创新举措和经验做法清单》，在全国发挥了示范带动效应。

二 扩大深化国际合作

（一）服务“前海深港国际法务区”建设

深圳国际仲裁院推动中国首座国际仲裁大厦（SCIA Tower）项目在前海落实，并引入世界组织和知名仲裁机构。作为深圳市委六届十七次全会要求建设的前海深港国际法务区的“双终审”两大支柱之一（一为最高人民法院第一巡回法庭，另一为深圳国际仲裁院即粤港澳大湾区国际仲裁中心），中国首座国际仲裁大厦已在前海落地，成为中国仲裁创新发展和国际合作的坚实平台。目前，深圳国际仲裁院与20多家国际组织和境外仲裁调解机构沟通，逐步以合作方式引入前海深港国际法务区，构建“以我为主、优势互补”的国际争议解决中国高地。首批已引入国际商会（ICC）国际仲裁院、新加坡国际调解中心（SIMC）、南部非洲仲裁基金会（AFSA）、非洲商法统一组织（OHADA）、内罗毕国际仲裁中心（NCIA）。

（二）仲裁员结构进一步国际化

深圳国际仲裁院于2021年第四季度启动仲裁员全球选聘工作，共收到来自全球近120个国家和地区的数千份申请。新一届仲裁员共1547名，覆盖全球114个国家和地区，其中中国内地978人，中国香港特别行政区151人，中国澳门特别行政区18人，中国台湾地区17人，外国383人，境外仲裁员占比36.78%，超过了《深圳国际仲裁院条例》规定的1/3的比例要求。全球选聘仲裁员工作进一步凸显了深圳国际仲裁院对国际专业人才的吸引力，进一步形成粤港澳大湾区国际仲裁人才高地，增强了深圳国际仲裁院的国际影响力。

（三）深化与重要国际组织合作

2022年4月25日，深圳国际仲裁院正式获得联合国国际贸易法委员会（UNCITRAL）观察员席位，将作为非政府机构代表参与其第二工作小组（争议解决）与第四工作小组（电子商务）的立法工作。同时，深圳国际仲裁院获得了第三工作小组（投资人与国家间争议解决的改革）预备观察员席位，依据该小组会议议题的设置受邀参与相关会议。

（四）加强涉外法治人才梯队建设，持续建设粤港澳大湾区国际仲裁人才高地

深圳国际仲裁院主办第三届“国际投资仲裁模拟法庭深圳杯”（FDI MOOT SHENZHEN），共有来自47个国家和地区的国际仲裁专业人士报名担任裁判，来自中国内地和港澳的42支高校队伍报名参赛。自2022年6月起，连续举办多场国际投资仲裁主题研讨会。

三　联动港澳协同创新

（一）推动粤港澳大湾区国际仲裁中心治理机制进一步国际化

在与香港长达40年深入合作的基础上，加大与澳门的合作力度，研究引入澳门籍理事加入深圳国际仲裁院理事会，联合港澳共同面向世界。2021年4月21日至23日，经深圳市委、市政府批准，深圳国际仲裁院代表团访问澳门，拜访了澳门中联办、澳门特别行政区政府法务局、澳门律师公会、澳门世界贸易中心仲裁中心、澳门大学法学院等机构。

（二）支持河套深港科技创新合作区建设，在河套搭建粤港澳大湾区国际仲裁中心交流合作平台

2021年4月24日，根据深圳市委部署，深圳市建设深港科技创新合作区领导小组办公室与深圳国际仲裁院在河套共同举办“粤港澳大湾区国际仲裁中心交流合作平台”揭牌仪式。平台以开放包容、先行示范为思路，为符合条件的粤港澳法律界人士依法开展以国际仲裁为中心的业务提供空间，为粤港澳大湾区仲裁调解机构开展交流合作提供便利。首批三家香港机构——华南（香港）国际仲裁院、一邦国际仲调中心、德辅大律师事务所已经签约，并在2021年9月6日深港高层会晤暨深港合作会议签约暨合作项目启动仪式上正式启动进驻。澳门世界贸易中心仲裁中心等首批四家澳门机构以合作方式进驻粤港澳大湾区国际仲裁中心位于河套地区的交流合作平台。同时，广东省司法厅也印发《关于仲裁机构进驻粤港澳大湾区国际仲裁中心交流合作平台的通知》，统筹安排省内仲裁机构入驻。

（三）持续推进粤港澳仲裁调解联盟发展

为推动粤港澳大湾区规则衔接和机制对接，深圳国际仲裁院牵头粤港澳三地15家主要仲裁调解机构于2013年12月设立粤港澳仲裁调解联盟（以

下简称“联盟”）。联盟自成立以来，通过运用一系列创新举措，建立共商、共建、共享的多元化纠纷解决机制，积极服务于粤港澳大湾区和“一带一路”市场化、法治化、国际化营商环境建设。2019 年，联盟推出《粤港澳仲裁调解联盟争议解决规则》，着力在成员之间建立更紧密的运作机制及合作方式。2021 年，联盟正式发布“粤港澳仲裁调解联盟联合调解员名册”，新吸纳粤港两地 3 家争议解决机构加入，并进驻粤港澳大湾区国际仲裁中心交流合作平台，进一步促进大湾区商事调解活动的规则衔接和机制对接。

（四）持续推动华南（香港）国际仲裁院稳步运作

华南（香港）国际仲裁院是深圳国际仲裁院在国务院港澳办和香港中联办的支持下在香港设立，也是内地在境外设立的第一家独立仲裁机构，是粤港澳大湾区国际仲裁中心工作体系的重要组成部分。最高人民法院和香港特区政府律政司已在《关于内地与香港特别行政区法院就仲裁程序相互协助保全的安排》中将华南（香港）国际仲裁院纳入香港仲裁机构名单。《华南（香港）国际仲裁院仲裁规则》自 2022 年 5 月 1 日起施行，是华南（香港）国际仲裁院第一部仲裁规则。该仲裁规则基于《贸易法委员会仲裁规则》（2013 年版）制定，并吸纳了现代国际仲裁规则的最新发展成果。与深圳国际仲裁院仲裁规则共同形成香港和深圳“双城两院，规则衔接”格局，为当事人在粤港澳大湾区的争议解决提供了全新选择。

四　重点建设三个中心

深圳国际仲裁院聚焦重点行业，建设三个战略性专业化分支机构。以综合改革试点为牵引，以服务中国重点行业和新兴产业为业务发展导向，初步形成“双城两院三中心”发展格局。

（一）深圳证券交易所共建中国（深圳）证券仲裁中心

为贯彻深圳先行示范区综合改革试点首批授权事项清单任务要求，深圳国际仲裁院积极争取国家有关部委的支持和指导，主动联合深圳证券交易所（以下简称“深交所”）协同创新，共同创建中国（深圳）证券仲裁中心。

深圳的协同创新经验得到国家有关部委的充分肯定，中国证监会和司法部于2021年10月15日联合发布了《关于依法开展证券期货行业仲裁试点的意见》（以下简称《试点意见》）。2021年11月1日，中国（深圳）证券仲裁中心作为全国首个证券仲裁机构揭牌，标志着深圳成为全国率先开展证券仲裁试点的城市。

1. 中国（深圳）证券仲裁中心的创建动力

中国首个证券仲裁中心能在深圳诞生和先行先试，主要是因为深圳有效整合了先行示范的改革动能和资本市场的迫切需求，可以归纳为“四轮驱动”。

一是综合改革试点驱动。按照中办、国办印发的《深圳建设中国特色社会主义先行示范区综合改革试点实施方案》及首批授权清单任务的要求，2021年6月15日，深圳市委全面深化改革委员会第二十二次会议审议通过《深圳国际仲裁院与深圳证券交易所共建中国（深圳）证券仲裁中心改革方案》，决定在资本市场建设上先行先试，探索证券仲裁的中国模式，成立中国（深圳）证券仲裁中心。这是全球第一个由国际仲裁机构与证券交易所深度合作的证券仲裁平台，创建了资本市场法治领域的改革范例。

二是部市协同创新驱动。2021年7月，中共中央办公厅、国务院办公厅印发的《关于依法从严打击证券违法活动的意见》提出开展证券行业仲裁制度试点的要求。10月，中国证监会和司法部联合发布了《试点意见》，推动北京、上海、深圳等三个城市试点证券期货行业仲裁。深圳国际仲裁院积极争取中国证监会和司法部的指导和支持，加快试点工作，发挥“部委联动、部市协同”效应，率先推进规则安排、机制衔接、资源配置等方面。

三是资本市场需求驱动。截至2021年11月5日，深沪交易所上市股票总数4624只，总体市值超过93万亿元。深交所的交易量连续多年位居全球第三，投资者权益保护需求日益增长。正是由于资本市场风险防范和纠纷解决的迫切需求，中国（深圳）证券仲裁中心应运而生。

四是人才高地建设驱动。按照习近平总书记在中央人才工作会议上关于“聚天下英才而用之”和“在粤港澳大湾区建设高水平人才高地”的要求，中国（深圳）证券仲裁中心从三个层次建设资本市场法治人才的国际高地：第一层次是由梁定邦、高西庆、吴志攀、王利明等境内外顶尖专家组成的专业指导委员会，第二层次是全球布局的高水平仲裁员名册，第三层次是全球招募的证券案件专业管理人员。

2. 中国（深圳）证券仲裁中心的建设思路

中国（深圳）证券仲裁中心将紧紧围绕资本市场的需求，有机结合资本市场特点和国际仲裁优势，面向市场提供“全领域”“全方位”“全链条”的服务。

一是面向资本市场提供“全领域”的仲裁服务。在中国证监会的指导和协调下，中国（深圳）证券仲裁中心已经分别与中国资本市场的四大自律组织——中国证券业协会、中国期货业协会、中国证券投资基金业协会、中国上市公司协会——签署战略合作协议，覆盖证券、期货、基金、上市公司等多领域，实现资本市场全行业联动，顺应市场需求。

二是面向资本市场提供“全方位”的仲裁服务。中国（深圳）证券仲裁中心除了重点服务深交所的上市公司、会员机构和交易产品，还与上交所、全国股转系统（北交所）建立了合作关系，并将发挥仲裁跨地管辖、跨境执行的“全方位”特点，争取与香港合作建立跨境资本市场纠纷解决合作机制，在巩固深圳作为中国资本市场中心城市地位的同时，促进中国资本市场国际化与红筹企业的“回归”。

三是面向资本市场提供“全链条”的争议解决服务。一方面，在中国证监会的支持下，已经与中国证券登记结算有限责任公司签署合作协议，共同探索资本市场仲裁案件在保全、取证和裁决执行等环节的有机合作，提高纠纷解决效率。另一方面，基于2013年深圳国际仲裁院与中国证监会深圳监管局联合发起设立深圳证券期货业纠纷调解中心、创建“行政监管、行业自律、专业调解、商事仲裁”“四位一体”机制的多年实践经验，中国（深圳）证券仲裁中心通过提高“调解+仲裁”的标准、效率和专业化程度，为资本市场主体提供“全链条”式的争议解决服务，防范和化解资本市场领域纠纷。

（二）中国（深圳）知识产权仲裁中心

深圳国际仲裁院自1983年成立迄今处理了大量的知识产权争议，在知识产权仲裁领域积累了丰富经验。以此为基础，2021年，深圳国际仲裁院经批准设立中国（深圳）知识产权仲裁中心（以下简称“中心”）作为其专业性分支机构。这是深圳市委落实中办、国办印发的《深圳建设中国特色社会主义先行示范区综合改革试点实施方案》及综合改革试点首批授权清单任务的重要举措，也是落实中办、国办印发的《关于强化知识产权保护的若干意见》《知识产权强国建设纲要》的重要举措。

1. 知识产权平台建设

中心立足科技创新之城深圳，服务高新技术企业和科研机构，发挥核心引擎功能，重点促进粤港澳大湾区在知识产权领域的深度融合，探索中国高科技和知识产权纠纷解决创新机制，建设具有全球影响力的知识产权“一站式”纠纷解决平台，充分发挥国际仲裁跨境管辖案件、跨境适用法律、跨境执行裁决、跨境共享资源的“四跨”特殊作用，依法维护境内外高科技企业的合法权益，促进科技创新和产业发展，具有先行示范作用和对外辐射功能。

2. 知识产权仲裁案件情况

自2021年1月1日至2022年6月30日，深圳国际仲裁院共受理知识产权案件230宗，争议金额约8.99亿元（本请求约7.61亿元，反请求约1.38亿元）。其中涉外知识产权仲裁案件争议总金额约6.35亿元（本请求约5.31亿元，反请求约1.04亿元），涉及14个国家和地区。知识产权仲裁案件标的额大幅上升的趋势，以及涉外知识产权仲裁案件国别数量的增加，意味着企业“走出去”和“引进来”战略实施过程中，越来越重视运用仲裁手段保护知识产权的作用。

3. 扎根高科技领域，提升知识产权保护新路径

（1）举办主题圆桌会议，聚焦中国高科技企业的风险防范与纠纷解决

中心于2021年12月7日成功举办第十一届华南企业法律论坛系列活动——中国高科技企业主题圆桌会议，会议邀请中国14家具有代表性的高科技企业的高级管理人员，与专家委员就“国际新形势下中国高科技企业的风险防范与纠纷解决”问题进行深入讨论，分享经验，直面问题，分析趋势，寻找对策。

（2）举办知识产权仲裁专业论坛，探索国际知识产权争议解决优选机构建设

中心于2022年4月25日与前海管理局共同主办知识产权仲裁专业论坛，邀请中心专业指导委员会专家委员及企业代表，共同探索国际知识产权争议解决优选机构建设路径，助力中国经济高质量发展。

（3）举办知识产权仲裁沙龙，推广知识产权争议多元解决机制

中心面向高新科技企业举办仲裁系列沙龙，通过与市场监管局（知识产权局）、前海管理局等单位合作，中心成立至今已成功主办了各类沙龙、讲座活动共15期。系列沙龙活动邀请了知名高科技企业的法务高管、知名律所知识产权专业律师以及学术界代表，就企业关心的热点、焦点问题进行主题交流，为高科技企业提供实践案例，回应企业需求，提高企业防范风险能力，深受企业欢迎。

（4）推动签署信用承诺书，引导企业采用仲裁方式防范风险

为强化高新技术企业自律和诚信意识、引导高科技企业优先采用仲裁方式解决知识产权争议，中心推动企业签署知识产权信用承诺书，企业承诺在经营过程中出现知识产权权属、侵权、不正当竞争等争议的，提交深圳国际仲裁院或中心仲裁解决。目前已经签署承诺书的企业超过200家，包括迈瑞医疗、大疆创新、大族激光、海王医药、橙天科技等一批上市公司和头部企业。

（5）调研高科技企业，深入了解企业多元化需求

中心先后调研了华为、大疆、比亚迪、中航、传音、华星光电、OPPO

等高科技企业，通过一对一交流，了解企业在知识产权争议解决方面的问题和需求。

（三）深圳国际仲裁院海事仲裁中心

根据中央赋予深圳的中国特色社会主义先行示范区综合改革试点任务要求，2021 年 2 月，经中共深圳市委全面深化改革委员会会议审议同意和深圳市委机构编制委员会批准，深圳国际仲裁院设立“深圳国际仲裁院海事仲裁中心”作为专业性分支机构，致力于为境内外当事人提供国际一流的海事海商领域争议解决服务。

2021 年 9 月 19 日，中央政治局常委、国务院副总理韩正视察前海，听取深圳国际仲裁院主要负责人工作汇报，要求深圳国际仲裁院立足前海和粤港澳大湾区，加大力度建设海事海商仲裁高地，鼓励更多中外企业选择在中国前海解决海事海商纠纷。为贯彻落实中央领导指示精神，深圳国际仲裁院积极改革探索，全力推动深圳国际仲裁院海事仲裁中心机制与规则建设，扩大经济特区海事争议解决的影响力，相关工作情况如下。

1. 背景：综合改革驱动

2020 年 10 月，习近平总书记在深圳经济特区建立 40 周年庆祝大会上发表重要讲话，向国内外宣布赋予深圳综合改革试点的新使命、新任务，以清单批量授权方式授予深圳在重要领域和关键环节改革的更多自主权，“一揽子”推出 27 项改革举措和 40 项首批授权事项。其中首批授权事项清单第 29 项任务提出：“以经济特区国际仲裁机构为基础建设粤港澳大湾区国际仲裁中心，健全国际法律服务和纠纷解决机制，支持经济特区国际仲裁机构牵头建设国际投资联合仲裁中心，通过合作方式引进相关国际组织和世界知名仲裁机构，建立国际调解组织和调解员交流协作机制。”

近年来，深圳海洋经济保持平稳较快增长，总量再上新台阶，产业结构不断优化，“蓝色经济”已经成为深圳重要的经济增长点。为加快建设全球海洋中心城市，作为综合改革试点任务“建设粤港澳大湾区国际仲裁中心”

的重要内容，深圳国际仲裁院海事仲裁中心经深圳市委机构编制委员会批准正式设立。深圳国际仲裁院海事仲裁中心也得到最高人民法院的大力支持，《最高人民法院关于支持和保障深圳建设中国特色社会主义先行示范区的意见》（法发〔2020〕39号）和《最高人民法院关于支持和保障全面深化前海深港现代服务业合作区改革开放的意见》（法发〔2022〕3号）明确提出："支持深圳国际仲裁院海事仲裁中心建设，打造多元化国际海事法律服务中心。"

2. 基础：海事仲裁实践

作为粤港澳地区第一家仲裁机构，自1983年成立以来，深圳国际仲裁院受理了各类海事海商和物流纠纷，案件类型涵盖游艇定制买卖合同纠纷、船舶运输合同纠纷、船舶修理合同纠纷、货物代理合同纠纷、供应链纠纷以及其他各类海事海商纠纷，仲裁和调解当事人遍及全球137个国家和地区。

为进一步发挥国际仲裁在服务湾区经济战略中的独特作用，细化仲裁服务，2015年5月20日，深圳国际仲裁院联合前海管理局、深圳市交通运输委、深圳海事局、海南省海洋与渔业厅在深圳前海设立专注海事物流纠纷解决的服务平台——华南（前海）海事物流仲裁中心，解决当事人之间发生的海事、物流等争议。

2015年12月，深圳国际仲裁院制定《深圳国际仲裁院海事物流仲裁规则》，并发布了华南（前海）海事物流仲裁中心仲裁员名册，该名册共有仲裁员112名，包括中国内地仲裁员50名，境外仲裁员62名。2016年，紧跟"互联网+"趋势，华南（前海）海事物流仲裁中心创建的海商法智能分析系统正式上线，为海事精准裁判提供数据支撑。2017年，深圳国际仲裁院联合深圳海事局创设的海事"调解+仲裁"争议解决机制正式启动。同年，根据党的十八大提出的"发展海洋经济，建设海洋强国"以及最高人民法院提出的"加强海事审判工作，建设国际海事司法中心"要求，深圳国际仲裁院和广州海事法院签署合作协议，正式建立海事海商"诉调对接"机制。

2022年2月，深圳国际仲裁院启用新一届《深圳国际仲裁院仲裁员名册》。新名册共有1547名仲裁员，新一届仲裁员中具有海事海商领域专长的仲裁员117人，来自22个国家和地区。2022年2月，深圳国际仲裁院还启用了修正后的《深圳国际仲裁院海事物流仲裁规则》。

3. 合作：湾区融合发展

一是探索合作机制，加强与海事海商领域代表性机构的合作。2021年11月1日，在香港特区行政长官、香港特区政府律政司司长的见证下，深圳国际仲裁院理事会理事代表深圳国际仲裁院海事仲裁中心于香港会展中心举办的“首届大湾区国际航运论坛”中与粤港澳地区多家海事仲裁机构签订《粤港澳大湾区促进国际海事仲裁合作备忘录》。以此为基础，深圳国际仲裁院海事仲裁中心将积极深入推进与香港船东会、香港海事仲裁协会、香港国际仲裁中心、华南（香港）国际仲裁院等港澳业界在海事争议解决领域的合作，合力打造“深圳+香港”高水平海事争议解决高地。

二是持续加强与香港海事法律业界的联系交流。深圳国际仲裁院海事仲裁中心自成立以来，一直重视与香港海事法律实务工作者及海事争议解决用户的联系交流，了解香港企业的海事法律服务需求，并与香港相关机构共同为企业提供高效、公正、专业的海事仲裁服务，同时联合香港业界，定期不定期在香港、前海举办海事法律服务专业沙龙及研讨。2021年12月7日，深圳国际仲裁院联合前海管理局，于深港两地（前海国际仲裁大厦和香港国际金融中心二期），以“现场+线上”结合方式，举办了以“中国企业跨境争议与湾区国际仲裁”为主题的大湾区国际仲裁年会暨第十一届中国华南企业法律论坛，邀请香港海事仲裁协会、香港国际仲裁中心等机构/协会，共同推介包括海事仲裁在内的大湾区国际仲裁。深圳国际仲裁院海事仲裁中心将持续开展大湾区海事争议解决沙龙活动，邀请大湾区海事司法和仲裁领域的专家代表进行分享、邀请企业代表和法律从业者参与，推广大湾区海事争议解决服务，联合区域资源共同加强海事法律服务工作、培养海事法律服务人才。

三是积极紧密联系市场，走访重点单位。目前，深圳国际仲裁院海事仲

裁中心已走访了招商局集团和盐田港集团等大型涉海企业和汇仲律师事务所等聚焦海事法律服务的中介机构，同时制定了走访粤港澳大湾区内涉海企业、海事行业协会的年度计划，旨在听取市场需求以及对中心建设发展的意见建议，宣传深圳国际仲裁院海事仲裁规则及海事仲裁服务，引导用户选择在前海解决海事海商争议。

B.11
仲裁机制的前海新发展

刘宏林　李琛*

摘　要： 深圳国际仲裁院在2021年迁入前海仲裁大厦，开启了前海仲裁事业发展的新篇章。前海在发展仲裁事业过程中注重视野国际化、业务细分化和纠纷解决机制多元化：通过广泛受理并公正审理涉外案件、引入境外理事和境外仲裁员、深化对外交流合作、联动港澳推动中国仲裁规则走向世界，增强前海仲裁国际影响力；通过设置专业委员会和专业分支机构，化解业务难题、服务国家重点行业；通过建立“调解+仲裁”纠纷解决模式、探索谈判促进机制以及畅通替代性纠纷解决机制与司法的衔接，实现纠纷解决机制的多元化。面对存在的机构独立性有待优化、国际因素作用亟待发挥、多元化解纷机制需要加快探索、理论研究相对薄弱等问题，前海仲裁事业将进一步聚焦增强纠纷解决机构独立性、提升前海仲裁国际影响力、推动仲裁人才集聚、探索多元化纠纷解决机制、加强理论研究。

关键词： 国际商事仲裁　专门仲裁　多元化纠纷解决机制　仲裁机构治理

作为新时代改革开放的核心引擎，2021年，前海合作区克服疫情的不利影响，生产总值同比增幅达到10.5%，成为稳住地区乃至全国经济大盘的重要支点。面向未来，前海致力于建立健全更高水平的开放型经济新体

* 刘宏林，华南仲裁创新与法治发展研究院研究人员；李琛，广东建筑职业技术学院副教授。

制，形成具有全球竞争力的市场化、法治化、国际化营商环境。打造营商环境是一项系统性工程，为经济发展保驾护航的法治环境是其重要组成部分。站在国内国际双循环交汇的重要位置，前海在法治服务构建新发展格局方面大有可为。与经济发展市场化、国际化相适应，快捷高效、专门解决财产纠纷的仲裁成为前海构建法治服务新发展格局的重要内容。2021 年，全国首个国际仲裁大厦在前海落成，深圳国际仲裁院整体迁入仲裁大厦，前海仲裁事业发展由此进入了新阶段。

一　服务大局：深圳国际仲裁院的发展现状

深圳国际仲裁院，又称“华南国际经济贸易仲裁委员会”“深圳仲裁委员会”，创立于 1983 年，既是粤港澳地区第一家仲裁机构，也是中国改革开放后设立的第一家仲裁机构，自创立之初就肩负着服务改革开放和经济特区建设的历史使命。

进入新时代，深圳国际仲裁院始终坚持高质量发展理念，服务粤港澳大湾区建设、社会主义先行示范区建设、前海深港国际法务区建设等国家和地方重点战略。积极落实中共中央办公厅、国务院办公厅《深圳建设中国特色社会主义先行示范区综合改革试点实施方案（2020～2025 年）》首批授权事项要求，于 2021 年正式揭牌“粤港澳大湾区国际仲裁中心”，推进粤港澳大湾区国际仲裁中心改革建设，打造世界级国际仲裁新高地。

在疫情的压力之下，仲裁院 2021 年业务规模继续稳健增长，案件结构持续优化，案件办理效率与质量稳中有进。全年新受理商事仲裁案件 7036 宗，争议金额过亿元的案件达 138 宗；案件平均争议金额超 1200 万元，争议总金额达 856.20 亿元，较上年增长 38.93%。全年办结案件 7438 宗，平均结案时间从立案到结案 167.81 天，与 2020 年的 185.72 天相比效率明显提升，在国内外继续保持前列水平①。

① 参见《深圳国际仲裁院 2021 年数据概览》，深圳国际仲裁院网站，http://www.scia.com.cn/home/index/newsdetail/id/3028.html，最后访问日期：2022 年 8 月 31 日。

优异成绩的不断取得，一方面与深圳开放的市场环境和活跃的城市经济密切相关；另一方面也因为深圳国际仲裁院锐意进取，发展了一套仲裁“前海模式”。

二　提升格局：前海仲裁事业的实践探索

立足深圳国际仲裁院深厚的历史积淀与丰硕的发展成果，前海合作区在仲裁事业发展新阶段积极深化国际仲裁中心改革，争取最高人民法院、司法部、商务部、国务院港澳办等的支持和指导，推动前海仲裁在国际影响力、业务专业性和解纷机制灵活性等三大方面迈上新台阶。

（一）发展布局国际化，增强前海仲裁影响力

仲裁是最重要的国际商事纠纷解决方式。中国企业签订的90%以上的涉外合同会约定通过仲裁方式解决争端，然而，其中90%的案件都选择了国外仲裁机构，一旦发生争议，90%以上的中国企业在国际商事仲裁中遭遇败诉。“三个90%”现象揭示了中国仲裁机构在国际商事仲裁领域的话语权严重缺位，这使得企业“走出去”面临巨大的法律风险。为逐步扭转“三个90%”现象，进一步将前海打造成国际商事纠纷解决高地，深圳国际仲裁院在国际化方面进行了诸多有益的探索。

1. 业务辐射国际化

2021年，前海合作区仲裁案件受理涉及国家和地区范围进一步拓展。深圳国际仲裁院全年受理涉外案件（含涉港澳台案件）达345宗，争议金额达人民币197.78亿元，受案数量和争议金额分别较2020年增长8.15%和72.28%。涉外案件平均争议金额达人民币5732.75万元，较2020年度增长59.3%。全年案件所涉国家和地区达25个。截至2021年12月31日，深圳国际仲裁院仲裁、调解服务累计覆盖136个国家和地区[①]。

---

① 参见《2021年度深圳国际仲裁院工作总结》。

在审理涉外案件时，深圳国际仲裁院能够提供国际化的仲裁员名册供纠纷当事人自由选择，对程序权利的充分保障让各方当事人对仲裁结果心服口服。多年的实践表明，在深圳前海办理的涉外仲裁案件中，香港专业人士不但是中国当事人的优选仲裁员，也往往能够得到外国当事人的认可，深圳国际仲裁院因此长期注重引入香港法律界、工商界知名人士、权威专家担任仲裁员，满足日益增长的国际纠纷解决需求。涉外案件的公正审理，为打响“深圳仲裁、前海仲裁”品牌奠定了坚实的基础。

2. 人员机构国际化

由深圳市人大常委会审议通过并于2020年10月1日起实施的《深圳国际仲裁院条例》，以经济特区立法的形式持续推动深圳国际仲裁院法定机构改革，明确仲裁院实行“以理事会为核心，决策、执行、监督有机统一的法人治理机制”，深圳国际仲裁院成为全国乃至全球第一个实行法定机构管理机制的仲裁机构①，为前海其他纠纷解决机构提供了良好示范。该条例规定，仲裁院理事会作为全院的决策机构，不受行政机关、社会团体和个人的干涉，通过投票形式对仲裁院重大事项作出决策。理事会由11～15名理事组成，理事由境内外法律界、工商界和其他相关领域的知名人士担任，且需保证来自境外的人士不少于三分之一。目前在任的理事有13名，其中7名来自港澳及海外，包括享誉国际仲裁界的香港证监会前主席梁定邦资深大律师，全国人大常委会香港基本法委员会前副主任、香港律政司首任司长梁爱诗女士，香港律政司前司长袁国强资深大律师，香港国际仲裁中心前主席、环太平洋律师协会主席王桂壎先生等。引入境外工商界、法律界等人士参与仲裁院治理和仲裁服务，能够防止“内部人控制”或“自我牟利”，有效保证了仲裁权行使的独立性和公正性，有利于消除境外当事人对中国仲裁机构公信力的顾虑。

此外，深圳国际仲裁院长期坚持推动仲裁员结构国际化。仲裁院于

① 参见《〈深圳国际仲裁院条例〉10月1日起施行》，光明网，https：//m.gmw.cn/baijia/2020-09/01/1301514170.html，最后访问日期：2022年8月31日。

2021 年第四季度面向全球启动的新一届仲裁员选聘累计收到来自近 120 个国家和地区的数千份申请，最终产生的新一届仲裁员共 1548 名，覆盖美国、英国、新加坡、澳大利亚、瑞士、法国、韩国等 114 个国家和地区，境外仲裁员占比 36.78%，仲裁员结构国际化程度继续在国内保持最高水平。事实上，面向全球选聘仲裁员的过程也是不断向国际社会推介前海仲裁、中国仲裁的过程，仲裁院的全球影响力、对国际专业人才的吸引力在此过程中进一步提升。

境外理事和境外仲裁员的引入，不但能够充分发挥其参与决策和监督作用，直接增强境外商事主体在前海投资创业的法治信心、提升当事人选择将深圳作为仲裁地的意愿，更能够通过深度参与仲裁院治理和仲裁案件办理，将境外理事和境外仲裁员变成中国仲裁、湾区法治遍布全球的“代言人”，让国际社会更加真切地认识中国仲裁、认可中国法治。

3. 交流合作国际化

在全球深度融合、行业频繁交互的当今世界，闭门造车已然无法适应发展需要。深圳国际仲裁院以前海国际仲裁大厦为平台，以粤港澳大湾区国际仲裁中心建设为契机，以设立华南（香港）国际仲裁院为抓手，联动港澳，走向世界。

基于地缘与历史因素，深圳与香港、澳门建立了良好的交流合作机制。2019 年，深圳国际仲裁院依据香港法律在香港设立了华南（香港）国际仲裁院，开创了内地仲裁机构在境外设立独立仲裁机构的先河。深圳国际仲裁院持续推动华南（香港）国际仲裁院加强与香港各界的联系和交流，将华南（香港）国际仲裁院建设成为联系香港法律界、工商界的新桥梁。2021 年，深圳国际仲裁院在与香港接壤的河套深港科技创新合作区设立了粤港澳大湾区国际仲裁中心交流平台，为港澳法律界人士开展仲裁、调解业务提供空间，吸引港澳法律机构以合作方式进驻交流平台。在与香港长达近 40 年深入合作的基础上，深圳国际仲裁院努力加大与澳门的合作力度，利用粤港澳大湾区国际仲裁中心交流平台引进了澳门世界贸易中心仲裁中心、澳门律师公会仲裁中心、澳门仲裁协会等四家澳门法律机构。

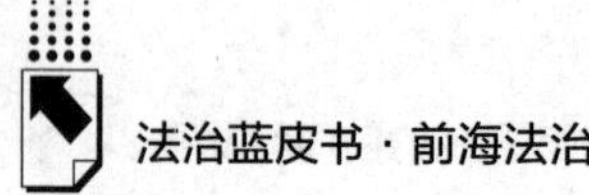

面向世界，深圳国际仲裁院依托前海国际仲裁大厦，先后与联合国国际贸易法委员会（UNCITRAL）、国际商会（ICC）国际仲裁院、世界银行国际投资争端解决中心（ICSID）等国际组织，以及香港国际仲裁中心（HKIAC）、大韩商事仲裁院（KCAB International）、新加坡国际调解中心（SIMC）、南部非洲仲裁基金会（AFSA）、非洲商法统一组织（OHADA）、内罗毕国际仲裁中心（NCIA）、塔什干国际仲裁中心（TIAC）等争议解决机构建立了紧密的合作关系。与北京仲裁委员会、上海仲裁委员会一道作为中国仲裁机构的代表，与非洲相关仲裁机构和组织建立合作关系，深度参与共建“中非联合仲裁中心（CAJAC）”，并参与签署和发布了首部由中外仲裁机构联合制定的仲裁规则——《中非联合仲裁中心仲裁规则》，为中国和非洲国家纠纷化解贡献了中方力量。依托深圳驻北美经贸代表机构，深圳国际仲裁院在美国洛杉矶设立了中国首个国际仲裁海外庭审中心——“北美庭审中心”，用以便利北美地区相关仲裁案件在洛杉矶就近开庭审理和深圳国际仲裁院定期展开海外仲裁员培训。

此外，深圳国际仲裁院还积极举办各类活动、论坛，搭建中国与世界交流的平台。一年一度的中国华南企业法律论坛曾邀请联合国国际贸易法委员会秘书长安娜女士、世界贸易组织上诉机构前主席张月姣、国际著名仲裁理论与实务专家盖拉德教授等国际仲裁界的知名人士参与，论坛本身已然成为中国司法界、仲裁界与国际最高水平的法律机构和仲裁员开展深入交流的重要平台。

为适应对外交流合作的需要，深圳国际仲裁院进一步推出了阿拉伯语、法语、俄语、西班牙语、葡萄牙语五个语种版本的《深圳国际仲裁院条例》，加强对中国经济特区国际仲裁立法的海外宣介力度，增进中外各方的互助互信。

4. 规则衔接国际化

两个不同法域的法律合作，障碍最小、起步最早的可能就是仲裁。作为港澳与内地法律界合作的重要桥梁，深圳国际仲裁院充分发挥国际仲裁“跨境管辖案件、跨境适用法律、跨境执行裁决”的特殊功能，促进规则衔接、机制对接、制度融合。

在国际经贸往来中，跨国跨境纠纷的双方当事人通常希望在自己的国家或地区、运用自己熟悉的规则解决纠纷。当争持不下时，在第三地运用第三方规则进行仲裁往往容易为双方当事人所接受。早在 2016 年，深圳国际仲裁院就通过特别程序将《联合国国际贸易法委员会仲裁规则》进行本土化，在中国率先推出《关于适用〈联合国国际贸易法委员会仲裁规则〉的程序指引》，将国际通用的《联合国国际贸易法委员会仲裁规则》作为受理投资仲裁案件的规则，并创造性地将香港作为默认仲裁地，满足了涉外仲裁各方当事人“在第三地运用第三方规则进行仲裁”的需求。

2019 年，深圳国际仲裁院在香港设立的华南（香港）国际仲裁院进一步与深圳国际仲裁院实现了深港机制对接。华南（香港）国际仲裁院以董事会为核心的治理架构与深圳国际仲裁院以理事会为核心的治理架构异曲同工，华南（香港）国际仲裁院董事会成员与深圳国际仲裁院理事会成员也有所重合。2022 年，《华南（香港）国际仲裁院仲裁规则》开始施行，《华南（香港）国际仲裁院仲裁规则》以《联合国国际贸易法委员会仲裁规则》为借鉴蓝本，与《深圳国际仲裁院仲裁规则》遥相呼应，形成了深圳与香港“双城两院，规则衔接”的联动新格局。

规则的联通只是第一步，规则适用的联动才是顺畅化解纠纷的依归。近四十年来，深圳国际仲裁院适用香港法屡见不鲜，港澳知名人士以仲裁员、调解员、代理人等多种身份到深圳参与仲裁早已成为常态。近三年来，深圳国际仲裁院适用香港法的案件占适用域外法案件比例达 80%[①]。

仲裁裁决的跨境执行是实现国际仲裁规则联通效果的“最后一公里”。深圳国际仲+裁院主动加强与香港法院的交流交往，多年前就开创了仲裁裁决在境外执行的先例。迄今，深圳国际仲裁院作出的仲裁裁决一直顺利得到香港法院的承认，香港法院执行深圳国际仲裁院裁决数量居内地仲裁机构首

① 参见李申《粤港澳大湾区如何推进市场一体化》，人民网，http://gd.people.com.cn/n2/2022/0507/c123932-35257824.html，最后访问日期：2022 年 8 月 31 日。

位。2021 年，深圳国际仲裁院有 10 宗仲裁裁决在香港法院执行①。

立足湾区、联动香港、面向世界，以法治的联通促进贸易的融通，以仲裁合作提升湾区营商环境，已经成为深港双城的共识。社会主义法系的深圳前海叠加香港普通法的优势，为世界打开了一扇看向中国的窗，也为中国打开了一扇走向世界的门。在深入了解的基础上，境外人士可以有足够的信心选择中国仲裁，选择中国仲裁保障的中国营商环境。

（二）重点业务细分化，增强前海仲裁专业性

以深圳国际仲裁院为基础建设粤港澳大湾区国际仲裁中心，必须服务于大湾区建设。目前，仲裁院以综合改革试点为牵引，以服务重点行业和新兴产业为导向，在理事会成立了重点领域专业委员会，加强海事仲裁中心、中国（深圳）证券仲裁中心、中国（深圳）知识产权仲裁中心等专业性分支机构建设，初步形成了“四中心五专委”的业务发展格局。

1. 设置专业委员会应对难点

理事会是深圳国际仲裁院的决策机构，为更加科学地指导仲裁院发展建设，理事会根据业务发展需要，下设了五个专业委员会。

（1）创业投资专业委员会

深圳是创业之都，深圳国际仲裁院为此设立了由仲裁员、深圳证券期货业纠纷调解中心调解员、著名创投高管、相关行业资深律师组成的创业投资专业委员会，旨在为创投界和法律界构建交流与合作机制，探讨创业投资风险控制、争议解决等方面的前沿问题，为相关案件提供专家咨询意见，并适时探讨行业仲裁或调解相关规则，促进深圳、中国创投行业健康有序发展。

（2）保险法专业委员会

保险是现代经济交往中常用乃至最常用的风险分散方式，但保险往往涉及众多领域的专业知识、交易惯例。为此，深圳国际仲裁院组织保险领域专

① 参见张燕《规则衔接催生“深圳+香港”仲裁新模式》，《深圳特区报》2022 年 8 月 2 日，第 A01 版。

家、学者等成立了保险法专业委员会，由专业委员会统筹规划保险法律理论和实务的研究工作，搭建仲裁院与相关立法、司法机关及科研机构沟通交流的平台，探讨仲裁院保险合同纠纷案件中的疑难法律问题，为立法和裁判实务提供理论研究支持。

（3）融资租赁专业委员会

融资租赁兼具融资与融物特性，是国际上仅次于银行信贷的第二大融资方式。中国融资租赁公司的数量、业务总量正呈现高速增长态势，相应的，融资租赁合同纠纷也持续增长，相关法律问题成为融资租赁行业越来越关心的问题。深圳国际仲裁院适应市场需要，于 2017 年 3 月成立融资租赁专业委员会，在立足本土行业发展、注重案例分析的同时广泛借鉴国际经验，随行业发展不断总结归纳相关规范操作流程，履行专家指导、专家断案的职能。

（4）政府与社会资本合作专业委员会

在“一带一路”建设、新型城镇化建设的背景下，中国开始在某些领域鼓励和引导社会资本参与基础设施和公用事业的建设运营，但基础设施与公用事业建设项目通常体量庞大、法律关系复杂，且涉及公共利益，所以，政府与社会资本合作过程中的风险防范尤为重要。在财政部等有关部门的支持下，政府与社会资本合作专业委员会于 2017 年 6 月成立，致力于为政府与社会资本合作所涉及的项目建设、投融资等各方主体提供交流合作平台，探讨相关法律风险问题，增强投资主体信心，促进政府与社会资本合作健康发展。

（5）矿产能源专业委员会

矿产能源相关案件标的额大、专业性强，还可能涉及国家利益，需要谨慎处理。深圳国际仲裁院积极与中国矿业联合会交流合作，成立了矿产能源专业委员会，促使专业问题专家解决，行业问题依据法律和行业惯例解决，推动建立更加和谐、更加安全、更加高效的矿产能源风险防范与纠纷解决机制。

2. 设立专业分支机构服务重点

2021 年是深圳国际仲裁院继续推进业务精细化的关键一年，在这一年，仲裁院先后在三个国家发展的重点领域设置了专业分支机构，即海事仲裁中心、中国（深圳）知识产权仲裁中心、中国（深圳）证券仲裁中心。

深圳国际仲裁院在2015年曾组建华南（前海）海事物流仲裁中心。2021年2月，在华南（前海）海事物流仲裁中心的基础上，深圳国际仲裁院设立了海事仲裁中心作为仲裁院的分支机构。海事仲裁中心致力于为境内外海事海商领域的市场主体提供独立、公正、专业、高效的争议解决服务。2022年2月21日启用的新一届"深圳国际仲裁院仲裁员名册"中有117名具有海事海商领域专长的仲裁员。

2021年4月，深圳市政府批准设立中国（深圳）知识产权仲裁中心。知识产权仲裁中心以知识产权仲裁为工作抓手，建立了专家指导、头部企业联系、高科技园区联动等机制，重点服务中国高新技术企业。同时，主动与深圳知识产权法庭对接，仲裁庭作出的裁决能够以最快的速度获得司法监督与支持，形成了知识产权快速保护路径。

依托深圳国际仲裁院和深圳证券交易所良好的合作关系，2021年6月，深圳国际仲裁院与深圳证券交易所共建的中国（深圳）证券仲裁中心正式成立，在全球开创了由仲裁机构与证券交易所共建证券仲裁机构的先例。证券仲裁中心成立后，与深交所、上交所和北交所均建立了业务合作关系。最新一届仲裁员名册中，有约400名仲裁员来自资本市场，资本市场仲裁案件有望在未来10年内成为仲裁院的最重要案源①。深圳国际仲裁院率先设立证券仲裁中心也获评2021年度深圳"十大法治事件"②。

此外，深圳国际仲裁院还与广东省金融办、前海管理局合作设立了"华南国际经济贸易仲裁委员会自贸区金融仲裁中心"，在金融及资本市场领域为当事人提供以仲裁为主的替代性争议解决服务；与深圳证券期货业纠纷调解中心合作成立"并购争议解决中心"，专注解决和研究并购纠纷；在全国首创医疗仲裁平台，坚持公益仲裁的理念，由医学专家和法学专家共同

① 参见《2021年度深圳国际仲裁院工作总结》。

② 参见《2021年度深圳"十大法治事件"出炉》，《深圳商报》2022年5月19日，第A02版。

处理医疗纠纷，维护医患双方的合法权益，促进和谐的医患关系，体现了仲裁院的社会责任担当。

（三）解纷机制多元化，增强前海仲裁灵活性

除了仲裁这一“主职主业”，深圳国际仲裁院多年来致力于构建多元化的纠纷解决机制，形成了“以仲裁为核心，创建与仲裁有机结合的调解、谈判促进和专家评审机制”的创新思路①，其中的“调解+仲裁”已经成为成熟的纠纷解决模式。《深圳国际仲裁院条例》以特区立法的形式赋予了仲裁院探索的调解、谈判促进和专家评审法定地位，并为仲裁院继续拓展纠纷解决机制留下了制度空间，其第五条规定：“仲裁院可以采取仲裁、调解、谈判促进、专家评审以及当事人约定或者请求的其他与仲裁有机衔接的方式，解决境内外自然人、法人和其他组织之间的合同纠纷和其他财产权益纠纷。仲裁院应当积极探索国际投资纠纷仲裁解决机制。”

1. 建立成熟的“调解+仲裁”纠纷解决模式

（1）建立相关机制，推荐调解优先

为推动和谐、高效、低成本化解矛盾，优化配置各类解纷资源，推进多元化纠纷解决机制建设，深圳国际仲裁院推出“仲裁前调解优先推荐机制”，鼓励当事人在自愿平等、互谅互让的基础上优先选择调解，达成调解协议。

根据仲裁前调解优先推荐机制，当事人可以向深圳国际仲裁院调解中心或仲裁院认可的其他调解机构申请调解，若达成调解协议，当事人可以申请深圳国际仲裁院依照协议作出裁决书或调解书。调解成功并对接仲裁的案件，深圳国际仲裁院将对仲裁费用予以大幅减免。

（2）搭建调解平台，丰富调解内容

为满足广大当事人的要求，深圳国际仲裁院经批准成立了深圳国际仲裁

① 参见《深圳前海：全力建设国际商事争议解决中心》，深圳新闻网，http：//www.sznews.com/news/content/2021-08/30/content_ 24526589.htm，最后访问日期：2022 年 8 月 31 日。

院调解中心。调解中心以当事人自愿为基本前提，以深圳国际仲裁院仲裁的公正性、权威性为依托，鼓励当事人进行调解，并将调解与仲裁对接，帮助当事人既减少对抗，又能最终实现权利。除此之外，深圳国际仲裁院还根据不同纠纷领域设置了专门性的调解机构。

在证券期货领域，深圳国际仲裁院与深圳市证券业协会、深圳市期货同业协会、深圳市投资基金同业公会共同设立了深圳证券期货业纠纷调解中心，致力于为因证券、期货、基金等资本市场业务产生民事纠纷的当事人提供调解和法律咨询，并开展相关研究、培训及推广活动。

服务于广交会，深圳国际仲裁院进驻广交会知识产权与贸易纠纷投诉接待站，将“调解+仲裁”的纠纷解决模式转变为“广交会现场调解+仲裁院裁决”，由深圳国际仲裁院派驻经验丰富的调解员在广交会现场免费为纠纷主体进行调解，达成调解协议后则由深圳国际仲裁院作出裁决书，既化解了主体之间的争议，也向世界各国展示了中国的仲裁制度、法治环境和营商环境。截至第130届广交会，深圳国际仲裁院已协助投诉接待站处理纠纷超1300件，调解案件的当事人涉及119个国家和地区，调解成功率达60%。“广交会调解+深圳国际仲裁院仲裁”机制也被商务部以规范性文件形式转化成面向所有客商的程序规则。

深圳国际仲裁院与中国国际高新技术成果交易会（即高交会）合作设立了“高交会权益保障中心”，由深圳国际仲裁院调解中心运用“调解+仲裁”纠纷解决模式，承担高交会权益保障中心在展会期间的具体工作，为参加高交会的中外高科技企业及当事人提供争议解决咨询与调解服务，快速、和谐、有效地解决知识产权纠纷，向世界展示了中国知识产权仲裁保护的国际形象。

（3）成立调解联盟，壮大调解力量

为整合调解资源，壮大调解力量，加强调解服务机构之间的交流合作，提升粤港澳地区调解服务水平，深圳国际仲裁院牵头在前海成立了粤港澳仲裁调解联盟。

粤港澳仲裁调解联盟由深圳国际仲裁院调解中心、香港中国企业协会商事调解委员会、香港和解中心、澳门世界贸易中心仲裁中心、英国特许仲裁员学会（东亚分会）等粤港澳地区 15 家主要商事仲裁调解机构组成，坚持“平等、开放、合作”原则，以“港澳调解+深圳仲裁+跨境执行”模式为跨境商事纠纷解决提供创新性思路。

在联盟成员的配合下，深圳国际仲裁院成功举办粤港澳三地调解员资格互认联合培训，逐步推动三地调解员资格互认、调解结果互认，实现任一调解机构主持达成的调解协议都能转化成仲裁裁决，仲裁裁决在三地都能得到认可和执行。

2. 探索谈判促进机制

谈判促进是深圳国际仲裁院正在探索的不同于仲裁、调解的纠纷解决机制，为此，深圳国际仲裁院引入了 WTO 争端解决机制中的磋商、专家组与问题单等制度，制定了《深圳国际仲裁院谈判促进规则》，并设立了“深圳国际仲裁院谈判促进中心”。

与传统仲裁或调解相比，谈判促进程序的启动较为灵活，非合同当事人也可以在各方当事人自愿的基础上发起谈判促进程序，破解了群体纠纷中有的主体之间存在仲裁协议、有的主体之间未达成仲裁协议而导致的诉讼或仲裁均无法彻底化解纠纷的困境，因此尤其适合运用于城市更新、棚户区改造、公司治理、债务重组、知识产权、国际投资、国际贸易等涉及公共利益、存在多方主体的纠纷。在案件受理后，谈判促进中心将为各方当事人设置一定的自行磋商期间并协助当事人展开磋商。若磋商无果，中心将选定经验丰富、利益超脱的第三方专家组主持谈判促进程序，各方将在专家组问题单的引导下，努力达成谈判结果。谈判结果达成后，仲裁院鼓励当事人将谈判结果提交仲裁院制作仲裁裁决，以和解裁决的形式使谈判结果获得强制执行效力。

谈判促进程序同样贯彻仲裁的保密传统，并如调解机制一样强调谈判促进过程中的任何陈述不得作为后续的仲裁程序、司法程序或者其他纠纷解决程序的依据。被谈判中心选定的专家组成员也不得以仲裁员、证人或代理人身份出现在后续的程序中。

3. 畅通替代性纠纷解决机制与司法衔接

依托最高人民法院第一巡回法庭的司法支撑和深圳国际仲裁院的仲裁支撑，前海成为全国唯一同时拥有“有终审权的国际商事法院”和“有一裁终局效力的国际商事仲裁机构”的自贸片区。深圳国际仲裁院在“双终审架构”中努力做强仲裁支撑，积极与司法协作，实现多元纠纷化解机制有效衔接。

深圳国际仲裁院通过与最高人民法院第一国际商事法庭全面对接、紧密合作、共同创新，积极配合最高人民法院在深圳建设“一站式”国际商事纠纷多元化解决机制。根据“一站式”国际商事纠纷多元化解决机制，深圳国际仲裁院所受理的符合条件的国际商事纠纷案件无须按照传统流程，由中级法院逐级上报最高人民法院，而可以直接通过“一站式”国际商事纠纷多元化解决机制这一“绿色通道”，由最高人民法院第一国际商事法庭作出裁定，及时获得仲裁协议效力认定、保全、执行等司法监督和支持。“绿色通道”大大提高了国际商事纠纷解决效率，降低了中外当事人解决纠纷的时间成本和费用负担。同时，深圳国际仲裁院与最高人民法院第一国际商事法庭建立了案件衔接、结果反馈、信息互通、常态联络机制，共同构建调解、仲裁、诉讼有机衔接的纠纷解决平台，共同推动“智慧法院+智慧仲裁”建设，优化纠纷解决平台的在线功能。

此外，深圳国际仲裁院积极参与前海“一带一路”国际商事诉调对接中心建设。该中心是前海法院成立的专门负责国际商事纠纷多元化解决相关工作的机构，先后与47家域内外仲裁、调解机构建立了合作关系，采用“香港地区调解员+内地调解员”以及“香港地区调解员+内地调解法官”等联合调解模式，为域内外商事主体提供便捷高效权威的纠纷化解服务。深圳国际仲裁院在诉调对接中心积极提供仲裁、调解等替代性纠纷解决机制支持。

三　面临困局：前海仲裁事业存在的不足

在粤港澳大湾区建设不断加快、社会主义先行示范区建设深入推进、前海深港国际法务区提质增效的背景下，前海仲裁事业的发展走上了快车道，深圳国际仲裁院以及不断进驻前海的仲裁机构和不断巩固的仲裁联盟正逐渐让前海成为国际仲裁高地、国际商事纠纷解决高地。然而，中国正处于“两个一百年”奋斗目标的交汇点，党、国家和人民都给深圳、给前海委以时代重任、提出了更高的要求，前海仲裁事业所达到的高度与人民群众对“社会主义先行示范区”的期待还有距离，与人民群众日益增长的对国际商事纠纷妥善化解的期待还有距离，当下前海仲裁事业的发展还存在一些不足，主要体现在以下方面。

一是深圳国际仲裁院及其他纠纷解决机构的独立性仍存在优化空间。就深圳国际仲裁院来看，虽然《深圳国际仲裁院条例》已经确立理事会决策机构的地位，且明确仲裁院独立于政府机关，但该条例同时规定，理事会成员均由政府聘任与解聘，在此层面上，深圳国际仲裁院的独立性并未得到贯彻。进一步观察其历任理事会成员会发现，尽管其中境外人士占有较高比例，但一方面，境外人士仍以港澳尤其是香港人士为主，在内地与香港、澳门关系愈渐紧密的背景下，仅通过引入港澳人士来提高理事会境外人士比例或许无法达到消除境外商事主体选择深圳国际仲裁院顾虑的目的；另一方面，中国党政人员常常出现在理事会成员名单当中，在中国与以美国为首的西方国家摩擦加剧的今天，这将增加境外当事人对深圳国际仲裁院独立性的质疑。建立了现代化、国际化法人治理机制的深圳国际仲裁院尚且如此，遑论其他纠纷解决机构。

二是前海仲裁事业发展中的国际化因素依然有限，国际化因素的作用尚未得到很好发挥。由于地缘因素，深圳与香港及澳门本就具有良好的合作基础，彼此了解也相对深入，但距离我们更远、缺乏地缘亲近性的西方国家对中国的仲裁发展却相对陌生。如前所述，在深圳国际仲裁院的治理机制中，涉外因素多体现为涉港涉澳，涉外案件和境外仲裁员中，香港案件、香港仲裁员也占有相当高的比例，仅依靠增加涉港涉澳因素或许并不能真正实现“立足湾区、拥抱世界”的目标。另外，即便深圳国际仲裁院已经聘任了不少其他国家的仲裁员，但仲裁机构的国际影响力与聘任国际仲裁员的数量并非简单的线性关系，外籍仲裁员在案件办理与内部治理中的实际参与和实际作用应当成为更重要的考量因素。同理，已经进驻前海的国际仲裁机构也应当为建设国际仲裁新高地贡献实质性力量。

三是多元化纠纷化解机制探索需要进一步加快。《深圳国际仲裁院条例》为仲裁院确立了仲裁、调解、谈判促进、专家评审四项职能，并允许仲裁院继续探索新的纠纷解决机制，但深圳国际仲裁院目前仅公布了仲裁规则、调解规则和谈判促进规则，尚未形成专门的专家评审规则及其他形式的争议解决规则，反倒是北京仲裁委早在2009年就建设工程争议制定了《北京仲裁委员会建设工程争议评审规则》和《北京仲裁委员会评审专家守则》。在已经成形的机制中，谈判促进的功能发挥也有赖于“调解+仲裁”模式，需将谈判促进最后形成的结果作为调解协议申请仲裁院作出裁决，谈判促进程序与调解程序的边界也因此变得模糊。

四是仲裁相关的学术研究较为薄弱。学术研究对前海仲裁的发展意义重大，以目前深圳国际仲裁院探索建立的多元化纠纷解决机制为例，无论是“调解+仲裁”还是“谈判促进+仲裁”，都建立在中国仲裁裁决可直接申请执行的制度基础上。然而，现有研究成果表明：一方面，直接赋予仲裁裁决强制执行力在世界范围内并非通例；另一方面，中国学界也日益达成不直接赋予仲裁裁决强制执行力的共识①。因此，加强相关方面的比较研究、理论研究、对策研究，增强自身规则制定的前瞻性是保证前海仲裁持续稳定发展的基础。诚然，深圳国际仲裁院已经利用各种活动、研讨和专业委员会开展了诸多学术活动，但这些活动在性质功能上偏重于沟通交流，缺少学术成果的沉淀。深圳国际仲裁院也与北京大学法学院共同创立了中国国际仲裁研究院，并共同主办了《中国国际仲裁评论》，但由于开办时间较短，研究院及评论尚未形成一批具有广泛影响力的学术成果。因此，前海尚未形成仲裁研究的高地，国际仲裁的理论支撑较为缺乏。

① 参见肖建国主编《仲裁法学》，高等教育出版社，2021，第6~7页。

四　开创新局：前海仲裁事业的未来展望

潮起珠江，风正帆悬，深圳国际仲裁院伴随着深圳经济特区走过了将近40年岁月，在助力粤港澳大湾区建设、社会主义先行示范区建设、前海深港国际法务区建设的新时代，深圳国际仲裁院将继续勇向涛头立，引领前海仲裁事业开创新格局。

一是进一步完善体制机制，在把准发展大方向的前提下，增强纠纷解决机构的独立性。无论是提供公力救济的司法机关，还是提供社会救济的仲裁机构、调解机构，独立性在一定程度上都意味着纠纷解决的公平公正。未被国家垄断的仲裁、调解等社会救济机制受到市场规则的约束，当事人可以在不同的机构中作出任意选择。在全球融合的背景下，世界各地的纠纷解决机构已然形成了一定的竞争关系，而纠纷解决的公正性即是仲裁机构、调解机构的核心竞争力。所以，独立性对社会化、市场化的纠纷解决机构尤为重要。因此，应当继续增强深圳国际仲裁院及其他纠纷解决机构的独立性。仍以深圳国际仲裁院为例，从理事会选任、仲裁院运行到仲裁员聘用、仲裁案件办理等全过程，均应交由仲裁机构自主决定、自负盈亏。其他未能建立法人治理机制的纠纷解决机构可以借鉴深圳国际仲裁院的先进经验，实现更加科学高效运转。不过，仲裁、调解等纠纷解决机制虽只为当事人提供社会救济，也在整体上关乎一个国家的司法制度，受到所在国法律政策、公共秩序的约束在所难免。立足于中国国情，可以尝试建立理事会成员选任报备制度、理事长述职制度、重大事项备案请示制度等，由党政机关对相应的机构加强方向把控和引领，既保证社会化的纠纷解决机构沿着正确方向发展，也进一步增强仲裁机构、调解机构的独立性与积极性。

二是进一步加大对前海仲裁的宣传推广力度，扩大与域外仲裁机构的合作交流，增强前海仲裁的国际影响力。首先，依托深圳海外经贸代表处、友好城市等平台和“一带一路”、RCEP、G20 等国家战略和国际合作平台，在境外大力宣介前海仲裁机制，树立“仲裁高地”的国际形象，并争取各

地政府、商会的支持，鼓励“引进来”的外资企业与“走出去”的中资企业选择深圳国际仲裁院解决纠纷，形成更多国际商事争议解决的典型案例，以鲜活的案例彰显前海仲裁的优越性；其次，推动举办“一带一路”国际商事仲裁论坛等国际化高层次法律交流活动，增强中国华南企业法律论坛的国际影响力，以活动、论坛等形式开展法治领域主场外交；再次，依托前海国际仲裁大厦，持续引进世界知名纠纷解决机构，为其提供办公开庭、合作接待、宣传培训等活动场地，在前海共建“以我为主、优势互补”的争议解决中国主场，并切实加强对入驻机构的推广，实现前海仲裁由“一枝独秀”转变为“百花齐放”；最后，依托华南（香港）国际仲裁院、北美庭审中心、中非联合仲裁中心等平台，推动前海仲裁规则与世界其他国家仲裁规则的衔接，推动前海仲裁真正走向世界。

三是引才与育才相结合，增强前海仲裁对人才的集聚效应。人才兴则事业兴，前海仲裁事业的蓬勃发展有赖于仲裁相关专业人才在前海聚集，为此，应当在引才和育才两方面久久为功。在引才方面，首先，创建更多诸如“国际投资仲裁模拟法庭深圳杯竞赛”、粤港澳大湾区国际仲裁周等平台，建立与业界年轻人才沟通合作机制，吸引更多优秀涉外法律人才了解前海仲裁；其次，利用经济特区的制度优势和立法权限，放宽国际优秀法律人才出入境政策，形成与国际对标的税收优惠标准和出入境便利；最后，进一步面向世界范围选任仲裁院理事会成员和仲裁员，并推动境外理事与境外仲裁员实质性参与仲裁院治理与仲裁案件审理，运用 VR、元宇宙等技术完善与境外理事、境外仲裁员的交流联系机制，使境外理事、境外仲裁员更加便捷地参与仲裁院的内部治理与案件办理。在育才方面，既可以通过加强与粤港澳地区高校的合作，开设国际仲裁原理与实务课程，联合培养仲裁方向的高层次人才；也可以立足仲裁业务需要，面向法律界、工商界人士及仲裁调解联盟成员开发仲裁实务课程，打造高水平实务专家。

四是继续推进前海纠纷解决机制的多元化。深圳前海国际仲裁院在探索多元化纠纷解决机制方面已经进行了许多有益的尝试，但日新月异的经济社会和不断产生的新的纠纷形态要求纠纷解决机制更多元、更成熟。就深圳国际仲裁院而言，一方面，应当继续完善谈判促进机制，进一步厘清其与调解、斡旋的边界，证成其独立的纠纷解决机制地位；另一方面，加强与北京仲裁委等机构的交流，构建独立的专家评审规则。此外，基于《深圳国际仲裁院条例》的授权，深圳国际仲裁院应当在仲裁、调解、谈判促进、专家评审四种机制之外进行新的尝试。前海其他纠纷解决机构同样应当积极探索多元化纠纷解决机制，并实现多种纠纷解决机制有效衔接，以更高效率、更低成本为各方当事人提供更优质量的法律服务。

五是加强仲裁及相关理论研究。把握理论前沿动态有利于科学作出决策、合理构建机制。前海片区仲裁机构及其他纠纷解决机构应当积极参与国内外学术活动，机构决策人员应当掌握相关领域基础理论知识。深圳国际仲裁院应继续加强中国国际仲裁研究院和《中国国际仲裁评论》建设，将研究院和学术刊物建设与理事会专业委员会的研讨议题相结合、与相关学术竞赛相结合、与仲裁实务中发现的疑难问题相结合，做到理论与实务相互促进，在此基础上形成独树一帜的学术风格。其他纠纷解决机构在积极从事本领域理论研究的基础上加强与其他机构的学术交流，从而将前海打造成纠纷解决的理论高地。

B.12

前海国际商事纠纷解决机制探索

黄忠顺　严淳杰*

摘　要：　完善前海国际商事纠纷解决机制既有国家战略的要求，也有现实发展的需求。为建设国际商事争议解决中心，前海改革国际商事案件审判机制，打造国际商事仲裁高地，探索与国际接轨的商事调解新机制。前海国际商事纠纷解决机制建设面临挑战，要继续发挥特区立法权立法优势，规范商事调解配套措施，构建高效的衔接机制，将前海打造成国际商事争议解决的优选地。

关键词：　国际商事纠纷解决　审判机制　商事仲裁　商事调解

前海深港现代服务业合作区是国家目前批复的唯一一个中国特色社会主义法治示范区。法治是前海与国内其他功能开发区和自贸试验区相比最突出的特点，也是前海的核心竞争力和主要驱动力。当前，前海正积极推进"一国两制三法域"规则衔接与机制有效对接，打造国际商事纠纷解决高地，让稳定、公平、透明、可预期的法治环境成为前海的鲜明特质。本文拟聚焦前海国际商事纠纷解决机制建设，总结前海的探索道路和挑战，展望未来，以期早日将前海建设成国际商事争议解决的优选地。

---

* 黄忠顺，华南理工大学法学院教授；严淳杰，华南理工大学法学院硕士研究生。

一　前海探索完善国际商事纠纷解决机制的必要性

（一）国家战略有要求

2021 年 9 月，中共中央、国务院印发了《全面深化前海深港现代服务业合作区改革开放方案》（以下简称《前海方案》）。《前海方案》要求前海合作区努力提升法律事务对外开放水平，加快建设国际法律服务中心和国际商事争议解决中心，高水平参与国际合作，营造一流的法治营商环境。国家统计局深圳调查队的《前海涉港合同适用香港法律调查报告》显示，75.3%的企业在投资前海时最看重公平公正的法治环境[①]。构建与完善公正、高效的多元化纠纷解决机制是国家现代化治理体系的重要组成部分[②]，也有利于形成多元、开放、包容的法治营商环境，实现商事主体的互利共赢。民商事活动中香港、澳门与内地的法律具有一些共性，使得多元化纠纷解决机制的建立与完善成为可能，从而成为推动前海经济发展的润滑剂，减少商事纠纷，提高效率。前海要进一步实现经济跨越式发展，在法治创新方面就要一直走在全国前列，为打造国际一流营商环境提供强有力的纠纷解决机制保障，让商事纠纷得到快速公正解决，这样才能吸引更多的企业等其他商事主体前来投资和建设。将前海打造成国际商事争议解决中心，让前海能够受理更多不同类型的国际商事案件，也是国家扩大管辖权与争夺国际话语权的需要。

、《粤港澳大湾区发展规划纲要》明确指出，要加强粤港澳司法交流与协作，推动建立共商、共建、共享的多元化纠纷解决机制，为粤港澳大湾区建设提供优质、高效、便捷的司法服务和保障，着力打造法治化营商环境。在

① 闻长智：《适用香港法裁判的“一带一路”效应》，《人民法院报》2017 年 8 月 11 日，第 5 版。

② 龙飞：《论国家治理视角下中国多元化纠纷解决机制建设》，《法律适用》2015 年第 7 期，第 11 页。

“一国两制三法域”背景下，前海完善国际商事纠纷解决机制，是实现大湾区战略目标的核心、关键步骤，有利于促进大湾区区域经济融合发展与市场要素充分流动，合力提升大湾区解决国际商事争议的整体竞争力。

（二）现实发展有需求

乘着新时代改革开放的春风，前海经济迎来了前所未有的活跃期。以2020年为例，前海合作区注册企业增加值达2586.05亿元，同比增长13%；税收收入485.64亿元，同比增长13.4%。在国内国际双循环的交汇点，外向型是前海经济发展的一大特点。相关资料显示，前海合作区2020年实际利用外资43.05亿美元，同比增长11.7%；全年进出口总额（按关区口径）1.23万亿元，增长21.6%[①]。在外向型经济发展中，香港又是最主要的对外交往对象，以前海蛇口自贸片区为例，2021年前三季度，港资占自贸区实际使用外资的比例高达91.5%[②]。与活跃的外向型经济发展相伴随的是不断增长的复杂的涉外国际商事纠纷。

近年来，前海国际商事纠纷数量不断增长。以专门处理商事案件的仲裁机制为例，2021年深圳国际仲裁院共受理案件7036件[③]。司法途径化解的商事纠纷数量则更加庞大，前海法院2021年共受理商事案件19891件[④]。前海国际商事纠纷类型多集中于房地产、金融借贷、商事合同纠纷、与公司有关的纠纷，同时疑难案件多发，涉信用证、保理合同、金融衍生品交易等新型疑难复杂纠纷不断涌现，房地产纠纷等案件又多与婚姻家事、拆迁补偿等关联，法律关系错综复杂。

又因为前海是“联通港澳、拥抱世界”的桥梁和枢纽，涉外性是前海国际商事纠纷的又一重要特征。前海法院2021年受理的涉外涉港澳台商事案

① 参见前海法治建设示范区推进情况汇报材料《依托香港　服务内地　面向世界　前海全力打造中国特色社会主义法治建设示范区》。

② 参见《2021年前三季度前海蛇口自贸片区经济运行情况》，深圳市前海深港现代服务业合作区管理局网，http://qh.sz.gov.cn/sygnan/xxgk/xxgkml/tjsj/content/post_ 9516010.html。

③ 参见《2021年度深圳国际仲裁院工作总结》。

④ 参见《前海合作区人民法院2021年工作情况》。

件共有4851件，比2020年上升51.55%，占所有民商事案件数的35.27%，其中，涉港商事案件又占涉外涉港澳台商事案件总数的60.36%[①]。深圳国际仲裁院2021年受理涉外涉港澳台案件达345宗，争议金额达人民币197.78亿元，受案数量和争议金额分别较2020年增长8.15%和72.28%[②]。案件的涉外性为案件寻找准据法和认定法律关系带来了更大困难。

妥善化解特征鲜明的国际商事纠纷不仅是对前海法治的考验，更是前海打造一流营商环境必须面对的问题。商事纠纷类型多样化、案情复杂化、主体需求多元化的特点决定了纠纷的解决方式也必须多样化。完善的多元化纠纷解决机制能尊重当事人的程序选择权，在商事主体遇到不同类型的纠纷时，可以根据实际情况和利益诉求选择合适的纠纷解决机制，最大限度保障自己的合法权益。

综上所述，前海完善国际商事纠纷解决机制，既是国家战略的要求，也是现实发展的需求，前海为此把握发展机遇，在国家和地方政策的支持下，充分调动社会力量，大胆创新，在国际商事纠纷多元化解决机制上探索前海新模式。

二　前海国际商事纠纷解决机制探索与实践

（一）改革国际商事案件审判机制

前海法院立足区域优势，坚持贯彻平等保护、意思自治等原则，致力于构建公正、权威、专业、高效、开放的国际商事案件审判机制，依法保护中外当事人的合法权益，为建设国际法律服务中心和国际商事争议解决中心提供有力的司法保障。

1. 扩大国际商事案件受案范围

商事纠纷通常仅涉及合同或其他财产性权益。由于财产纠纷具有较强烈

---

① 参见《前海合作区人民法院2021年工作情况》。

② 参见《2021年度深圳国际仲裁院工作总结》。

的私权属性，国际社会一般允许纠纷当事人对纠纷解决作出约定，如德国就规定，仅在双方当事人都是商人或者公法中的法人时，可以书面形式在争议发生前订立管辖协议；若一方为非特殊主体时，仅可在争议发生后通过书面形式达成管辖协议。《民事诉讼法》第 35 条也赋予了纠纷当事人一定的自治权限，规定合同或者其他财产权益纠纷当事人可以书面协议选择与争议有实际联系的地方人民法院管辖，但不得违反本法对级别管辖和专属管辖的规定。然而，如果协议约定选择的管辖法院与合同争议无实际联系，中国法院对该约定倾向于认定无效，即便当事人选择了中国法院作为管辖法院，中国法院也无法受理。

为扩大中国国际商事案件的受案范围，2020 年 8 月 26 日举行的深圳市第六届人民代表大会常务委员会第四十四次会议表决通过了《深圳经济特区前海蛇口自由贸易试验片区条例》（以下简称《自贸条例》），支持法院加强自贸片区国际商事审判专门组织建设，探索受理与中国没有实际联系但当事人约定管辖的国际商事案件，依法有序扩大前海国际商事案件受案范围。

该规定将强化中国法院对前海离岸交易、跨境交易等国际商事纠纷的司法管辖权，依法维护中外企业在国际商事交易中的合法权益，促进中国企业更好地防范化解相关法律风险。更重要的是，该规定还将提升前海在粤港澳大湾区乃至全球自贸港中的司法影响力，有效反制域外国家滥用司法管辖权等长臂管辖行为，捍卫中国的司法主权。

2. 完善前海国际商事审判组织体系

近年来，前海法院受理的涉外涉港澳台案件逐渐增多，其中涉港案件最多，占七成，此类案件涉及不同法域，司法体制、生活环境、文化等方面存在差异。在审理案件时，法官可能对内地与域外的规则衔接、专业术语不太熟悉，当事人也可能对仅由内地法官审理案件心存顾虑，容易造成当事人无法信服判决结果转而寻求其他救济途径，浪费司法资源又会加重社会负担。为有效消除当事人疑虑，平等保护中外当事人的合法权益，前海法院结合中国现有的陪审员制度，改革国际商事审判组织体系，率先在全国建立香港陪审员制度。

为保证涉外涉港澳台案件审理的公开性和专业性，2016 年以来，前海法院制定《香港地区陪审员选任实施办法》《香港地区陪审员管理办法》，建立了“专业法官+香港地区专家陪审员”审判模式，对涉外涉港澳台疑难案件，或者法官认为需要邀请专家陪审员参审的案件，按照专业分类从对应的专家库内随机抽取，由香港专家作为陪审员与法官共同组成合议庭审理案件。前海法院先后从香港地区选任了 32 名陪审员，这些陪审员多为金融、知识产权、IT 等行业的专业人士，参与审理的案件达 766 件，为前海法院涉外涉港澳台案件审理提供了更高的透明度和可信度。不仅如此，前海法院还拓宽参与案件审理方式，积极创新香港地区陪审员在线陪审模式，开通实名认证通道，确保陪审员在境外也可以登录设备平台参与阅卷和庭审，推动港澳地区专业人士参审常态化、规范化，解决了港澳地区陪审员参审前海法院案件的空间难题。粤港两地司法人员交流也得到有效拓展，为大湾区司法制度衔接提供了有益借鉴。

选任香港陪审员参与案件审理，能发挥陪审员熟悉香港交易习惯和贸易法律的长处，为审判员提供更加专业的意见，同时也能消除港澳当事人因为两地法律规范、司法文化差异带来的顾虑，让当事人更能接受判决结果，更快更好地帮助当事人解决纠纷。

3. 简化涉港澳案件诉讼程序

按照《民事诉讼法》第 271 条的规定，域外法人在中国内地进行诉讼需先在香港或者澳门办理主体资格确认的公证转递手续方可到人民法院立案，前后需耗时约 20 天，花费约 8 千港币。若当事人分属不同的国家或地区，地域相距遥远，则亲自出庭或者参与调解更为不便，疫情更是加大了亲自到庭的难度，所以当事人通常会选择委托他人代为进行诉讼，但根据《民事诉讼法》及司法解释的相关规定，域外当事人委托他人代为参加诉讼，需进行授权委托见证，这一程序需当事人通过法院面签、公证机构公证或港澳律师见证三种方式，烦琐不便。为进一步便利涉港澳案件当事人参加诉讼，前海法院积极简化涉港澳案件诉讼程序，在身份确认、委托授权、文

书送达、程序适用等方面提速，保障当事人诉权顺畅行使。

在身份确认方面，前海法院明确涉港澳诉讼中，当事人可通过香港公司注册处网上查册中心、澳门法务局商业登记讯息平台查询港澳法人主体资料并提交法院，替代港澳法人主体资格材料公证和转递手续，实现涉港澳案件法人主体资格在线确认。现在当事人仅需从指定网站上下载相关法人主体资料提交法院，由法院对上述主体资料进行核实即可立案。2022年6月以来，已在4件涉港买卖合同纠纷案件中适用该机制，有效减轻了当事人诉累。

在授权委托方面，前海法院规范了线上见证授权委托等诉讼手续，开通了在线视频见证服务，域外当事人只要通过网络视频连线，在法院工作人员的视频见证下完成法律文件签署等事宜即可完成委托授权，平均耗时只要5分钟。在新冠肺炎疫情影响、深港两地来往不便的情况下，前海法院自2020年至2022年6月为域外当事人办理在线视频见证服务549次，其中77%为涉港商事案件，及时保障了域外当事人的合法权益[①]。

在送达诉讼文书方面，前海法院致力于构建更加有效的转交送达机制，规范当事人、律师转交送达的启动方式、所需材料、效力认定等内容，并鼓励审判团队适用转交送达，利用转交送达减少跨域送达中间环节，提升诉讼效率。如适当借鉴香港地区司法文书送达应在当事人之间进行的理念，法官可以应当事人的申请，委托当事人及其委托的人员，向香港地区的其他当事人送达司法文书。同时，引导港澳当事人选择“深圳移动微法院”小程序、短信、电子邮件等方式接收诉讼文书，充分运用全国法院司法协助管理平台与港澳法院在线相互协助送达司法文书，有效减少了异地送达所需的时间。

在诉讼程序适用方面，前海法院列举涉港澳民商事案件适用简易程序、普通程序独任审理的情形和条件，确保案件审理“该繁则繁、当简则简、

---

① 参见《前法深港故事会丨域外诉讼主体面签难？在线五分钟搞定！》，深圳前海合作区人民法院微信公众号，https：//mp.weixin.qq.com/s/tQhNuBwHV-1UgSWAHMBdTg。

繁简得当”。2020 年 1 月至 2022 年 6 月，适用普通程序独任审理涉港澳案件 2008 件[①]。

简化涉港澳案件诉讼程序，满足了跨境商事主体的现实需求，优化了司法资源配置，使得跨境纠纷得到尽快解决，有效促进商事主体融入粤港澳大湾区建设，推动前海国际商事争议中心的建设与完善。

4. 建立系统全面的域外法律查明与适用机制

前述提及，前海的商事纠纷涉外因素众多，虽然《涉外民事关系法律适用法》支持当事人适用域外法，但受制于查明途径单一等因素，经常出现法官无法查明域外法律从而适用内地法律裁判的情形，给解决国际商事纠纷增添了不确定性。《前海方案》为此明确提出“支持香港法律专家在前海法院出庭提供法律查明协助”的要求。

依托最高人民法院在前海设立的“最高人民法院港澳台和外国法律查明研究基地”，前海法院制定《域外法查明办法》《适用域外法案件裁判指引》《关于审理民商事案件正确认定涉港因素的裁判指引》等制度，对多种涉外涉港因素的认定方式进行细致规范，为当事人和法官准确选择适用香港法提供指引。即使案件不具备涉港因素，但若具备涉外、涉台、涉澳因素的，当事人也可以依据法律和司法解释或者选择国际商事管理或国际贸易规则，选择适用香港法。截至 2022 年 6 月，前海法院适用域外法审理案件 131 件，其中适用香港法审理案件 99 件，是全国适用香港法审判案件最多的基层法院[②]。前海法院还承办“最高人民法院法律查明与适用研讨会”，充分发挥域外法查明与适用研究的前沿功能，并加强与高等院校、研究机构及第三方查明机构的深度合作，与时俱进更新法律查明机制，全力打造域外法查明与适用的“前海名片”。

2022 年 5 月，前海法院发布《依法适用域外法审判商事案件白皮书

① 参见《前海法院简化涉港澳案件诉讼程序　涉港澳案件审理再提速》，深圳前海合作区人民法院微信公众号，https：//mp. weixin. qq. com/s/4dTJKgz_ 0K83333Xm_ GjEQ。

② 参见《便捷！专业！多元！前海法院打造涉港澳纠纷解决“易模式”》，深圳前海合作区人民法院微信公众号，https：//mp. weixin. qq. com/s/tDOs3JU7oDVe_ lxZdnaYVA。

（2015. 02～2022. 04）》（以下简称《白皮书》），展示前海查明与适用域外法律审判案件的探索与成效，从而增强各类商事主体在深圳前海投资创业的信心。《白皮书》显示，前海法院适用域外法审理的商事案件涉及案由种类较多，涵盖了金融保险、借款理财、跨境贸易、国际货物运输和仓储等多个领域，涉及9个国家和地区。此外，《白皮书》还公布依法适用域外法审判商事案件十大典型案例，其中包含准确适用中国港澳地区法律、德国和英属维尔京群岛等外国法律以及《蒙特利尔公约》等国际公约进行审判的典型案件。

适用域外法是增强中国特色社会主义法治自信的重要手段。让当事人的选择意愿得到充分尊重和保障，正确适用香港等域外法律，有利于平等保护域内外当事人的合法权益，体现社会主义法治的国际化、开放性特色，也有利于增强香港乃至全球资本前往前海投资的法治信心。

（二）打造国际商事仲裁高地

1. 增强仲裁涉港涉澳因素

与前海法院类似，深圳国际仲裁院受理的案件也有不少涉港澳因素。为增强深圳仲裁的国际公信力，与国际仲裁接轨，作为港澳与内地仲裁界合作的重要桥梁，深圳国际仲裁院充分发挥国际仲裁“跨境管辖案件、跨境适用法律、跨境执行裁决”的特殊功能，在仲裁员结构、法律适用、机制对接等方面凸显港澳因素。

深圳国际仲裁院作为内地和香港建立的唯一仲裁平台，首开内地仲裁员聘用域外仲裁员之先河，成为香港及外国仲裁员数量最多的仲裁机构。2022年深圳国际仲裁院新一届仲裁员名册中共有1547名仲裁员，覆盖114个国家和地区，境外仲裁员567名，占37%，其中港澳仲裁员167名①。大量的境外仲裁员参与案件审理，为中外企业化解纠纷、稳定中国营商环境发挥了

① 参见《深圳国际仲裁院关于推进前海深港国际法务区建设 打造粤港澳大湾区国际仲裁中心相关情况的报告》。

重要作用。

在法律适用方面，近40年来，作为受理涉港澳案件最多的仲裁机构，深圳国际仲裁院适用香港法裁决、调解的案件屡见不鲜。近三年，深圳国际仲裁院受理的涉港澳案件年均争议金额超过100亿元，适用香港法的案件占适用域外法的案件比例达80%①。

在机制对接方面，深圳国际仲裁院在2013年牵头成立了粤港澳仲裁调解联盟，联盟集合粤港澳三地18家主要调解仲裁机构，建立了联合规则与名册，开创了“港澳调解+深圳仲裁+跨境执行”跨境争议解决对接机制，推动了粤港澳三地争议解决机制的衔接与融合。2020年，深圳国际仲裁院与河套深港科技创新合作区合作共建粤港澳大湾区国际仲裁中心交流合作平台，并于2021年9月、12月在港澳高层领导的见证下，引入8家港澳机构，共同为企业提供“一站式”多元化纠纷解决服务。

2. 探索拓展仲裁合作模式

在前海深港国际法务区建设大背景下，深圳国际仲裁院不断与专业机构合作共建，推进规则衔接和机制对接的深度融合，提高处理国际商事纠纷的专业化和国际化水平。

2021年深圳国际仲裁院与深圳证券交易所达成合作，共建开展证券及资本市场专业仲裁服务，成立了全国首个证券仲裁机构——中国（深圳）证券中心。通过与交易所合作，深圳国际仲裁院的证券仲裁业务不断完善，已拥有完备的证券仲裁规则体系和一流的证券仲裁专家队伍。全球范围内资本市场的参与主体发生纠纷，都可以约定选择该中心进行仲裁。专业仲裁机制具有明显的优势：在强制执行方面，能够直接作出裁决而不必经过司法机关，快速提升效率；其次，裁判规则更为宽泛和灵活，能够适应证券市场日新月异的市场变化，对现有法律规范形成有效补充，增强裁决的公信力。

深圳国际仲裁院于2019年在香港设立华南（香港）国际仲裁院，以此

① 参见《深圳国际仲裁院关于推进前海深港国际法务区建设　打造粤港澳大湾区国际仲裁中心相关情况的报告》。

作为粤港澳大湾区国际仲裁中心的分支机构，在内地香港两个不同法域加强深港联动，开创“深圳+香港”仲裁模式。《华南（香港）国际仲裁院仲裁规则》于2022年5月1日正式施行，该规则充分利用了香港法的优势和赋权，借鉴国内外现有的仲裁规则，设置了有利于提高仲裁效率、降低仲裁费用的仲裁程序，回应当事人的重要关切，对于推动前海国际化、专业化的国际商事纠纷解决机制发展具有重要意义。2019年7月2日，深圳国际仲裁院联合香港国际仲裁中心签署更紧密合作协议，双方根据协议将共同提升仲裁和调解在国际商事及投资争议解决中的作用，促进大湾区仲裁机构、仲裁规则、仲裁合作机制的互认、共生、衔接与融合。

3. 创新仲裁规则：选择性复裁制度

根据中国现行《仲裁法》第9条规定，仲裁实行“一裁终局”，仲裁裁决一经作出，当事人不得就同一纠纷再申请仲裁或者向人民法院起诉。一方面，该原则保证了仲裁解决纠纷的高效率和既判力；但另一方面，案件一旦裁错，便难以纠正，当事人的正当利益很有可能受损且难以救济。随着国际贸易和对外投资的日益增长，案件逐渐呈现争议标的额较大、案情较为复杂的特点，当事人对实体公正的价值追求可能远远高于对效率的追求。纵观境外其他法域的仲裁立法和司法实践，存在许多仲裁上诉机制的先例和实践。因此，有必要对“一裁终局”制度进行重新评估，并探索适合中国的仲裁上诉机制。

深圳国际仲裁院于2019年发布《深圳国际仲裁院仲裁规则》（以下简称《规则》）与《深圳国际仲裁院选择性复裁程序指引》（以下简称《指引》），首次引入仲裁的复裁程序。复裁是指当事人向仲裁机构或仲裁庭提起内部上诉申请重新仲裁的程序。《规则》第68条及《指引》明确了适用复裁程序需要满足的构成要件：①针对同一仲裁机构的原裁决；②仲裁地法律不禁止复裁；③当事人明确约定可以复裁；④复裁不适用于快速仲裁程序。由于中国一贯坚持“一裁终局”原则，选择性复裁暂时与中国内地的仲裁原则相违背，因此目前内地的仲裁机构暂无适用的空间，也就是说，当事人不能将中国内地选为仲裁地。

提出选择性复裁制度主要是考虑到当事人对仲裁裁决有错难以纠正的顾虑，可以在某种程度上对确有错误的案件进行检查和纠正，以便当事人得到客观、公正的裁决。

（三）探索与国际接轨的商事调解新机制

《深圳经济特区矛盾纠纷多元化解条例》（以下简称《多元化解条例》）于2022年5月1日施行，是国内同领域首部涉及全类型矛盾纠纷、涵盖全种类化解方式、覆盖全链条非诉流程的地方性法规。该条例为深圳市商事调解的发展提供了法律制度保障，对深圳市国际商事调解制度建设发挥了指导、引领和规范作用。目前，深圳前海正着力完善商事调解和衔接机制，搭建高效便捷、亲商友商的调解平台，打造一批具影响力、有代表性的商事调解组织，培育一支专业性强、素质高的商事调解员队伍。

1. 成立商事调解专业组织

在深圳市司法局的指导和推动下，深圳市前海国际商事调解中心、深圳市蓝海法律查明和商事调解中心、前海“一带一路”国际商事诉调对接中心等商事调解专业组织相继在深圳民政部门登记并揭牌成立。通过聚合不同资源优势，提高商事调解专业化、市场化、国际化水准。

2020年深圳市前海一带一路法律服务联合会发起成立了深圳市前海国际商事调解中心（以下简称“调解中心”）。作为专业从事商事调解服务的组织，调解中心具有丰富和专业的调解经验，近半数调解人才为涉外调解专家。截至2022年1月，调解中心共有246名专业调解人才，包括137名内地调解员、109名国际调解员（含港澳台）。其中，国际调解员来自美国、新加坡、以色列等30多个国家和地区，占比44%[①]。该调解中心立足前海，放眼世界，为国内外企业、机构等商事主体提供法律咨询、法律查明、争议解决顾问、法律专业培训等商事纠纷调解服务。

---

① 参见《“特邀调解+司法确认”，深圳市前海国际商事调解中心成功化解一起国际商事纠纷》，深圳市前海国际商事调解中心微信公众号，https://mp.weixin.qq.com/s/P_xMmYheEEqjImvZVyIGKw。

2019 年成立深圳市蓝海法律查明和商事调解中心（以下简称“蓝海中心”）。该机构以域外法律查明为基础，增加调解功能，以国际化商事调解作为主要方向，努力建设成“国际商事调解+域外法律查明”的国际商事调解中心，形成有效化解各类争议的深圳调解经验。蓝海中心自成立以来，向社会公众提供多元化的服务，并受邀成为深圳、广州两级法院等十几家法院常驻调解组织。截至 2021 年 4 月，蓝海中心已调处各类商事纠纷 1000 多宗，处理前海法院诉前调解案件 500 余件①。

2018 年前海“一带一路”国际商事诉调对接中心正式成立，截至 2020 年 10 月，已成功调解 4652 件跨境纠纷，为健全跨境纠纷多元化解决机制作出了积极贡献②。制定《前海“一带一路”国际商事诉调对接中心调解规则》和实务指引，实行“类案类调”机制，制订了包括融资租赁、知识产权、股权转让等 22 类国际商事案件要素表，大力提升了国际商事调解工作的专业性与规范性。2022 年 2 月 10 日，最高人民法院公布“人民法院服务保障自由贸易试验区建设典型案例和亮点举措”评选结果，前海法院推进“一带一路”国际商事诉调对接中心建设成功入选十二大亮点举措。

2. 设立深圳市商事调解协会，建立调解员资格认证机制

2021 年 5 月 21 日，由深圳市司法局作为业务主管单位、深圳市中级人民法院作为业务指导单位，全国第一个有关商事调解的专门协会——深圳市商事调解协会成立。首批会员共 57 个，由深圳市两级法院的特邀调解组织和特邀调解员组成。协会的职能主要包括推动建立商事调解的行业规则、调解员职业道德准则及其他行业自律性规定；推动建立完善商事调解员管理制度并建立商事调解员名册；探索商事调解市场化运作机制，拓展、规范商事

① 参见《蓝海快讯丨蓝海中心获评两家法院 2020 年度“优秀调解组织”》，深圳市蓝海法律查明和商事调解中心微信公众号，https：//mp. weixin. qq. com/s/K5cgCO6HjeJMVxcoL－H48A。

② 参见《初心回响，不负先行丨全国第一个“一带一路”国际商事纠纷诉调对接中心》，深圳市中级人民法院微信公众号，https：//mp. weixin. qq. com/s/37－zKQG6cEBDUoHmJqCeaA。

调解法律服务市场；推动完善诉调对接和仲裁调解对接机制；推动建立商事调解员认证体系及标准并开展会员培训，探索建立符合国际标准的商事调解员准入制度等。

中国目前尚无专门的商事调解立法，现行法律未对商事组织的设立、商事调解员的资格进行专门规定。为保障商事调解的服务水准、推进商事调解市场化、较好地与港澳等地区的商事调解领域规则衔接，深圳市商事调解协会在研究域内外相关制度的基础上，颁布《深圳市商事调解协会商事调解员资格评审规则（试行）》（以下简称《资格评审规则》），探索建立商事调解员资格评审机制。评审规则对评审机制的性质、申请加入协会商事调解员名册的资格条件、商事调解培训内容、名册管理以及评审流程作出了规定，为粤港澳其他地区建立商事调解员资格认证机制提供了示范与借鉴。“推动建立商事调解员的认证体系及标准并开展会员培训，探索建立符合国际标准的商事调解员准入制度”是深圳市商事调解协会的主要职责之一，协会的设立以及《资格评审规则》的颁布将有利于提升深圳市调解员专业能力，增强商事主体对商事调解的信任度，切实为多元化纠纷解决机制完善贡献力量。

3. 建立律师调解制度

国务院办公厅印发的《香港法律执业者和澳门执业律师在粤港澳大湾区内地九市取得内地执业资质和从事律师职业试点办法》（以下简称《试点办法》）改善了香港、澳门律师营业范围受限的情况。通过试点，前海可以吸引港澳法律执业者集聚，打造一个高标准的律师团队，包括熟悉大陆法系、普通法系或内地仲裁规则的多类型律师。

2017 年前海法院与市司法局、市律师协会共同签署《律师参与诉讼调解合作协议》，建立律师调解制度，将起诉到前海法院的民商事案件，在立案前委派或者立案后委托律师调解员进行调解。前海法院据此特别制定《关于实施律师调解工作的规定》，从调解程序、调解制度等方面规定律师开展调解工作的流程和规则。《试点办法》颁布后，更多的港澳律师可以前往前海法院成为律师调解员。前海法院对当事人约定适用香港法的案件，优先委派香港律师进行调解，为当事人提供更加专业的服务。除此之外，前海法院还会向参与案件调解的律师发放费用补贴。律师事务所设立的调解工作室按照市场化运作，可以根据当事人的需求提供有偿调解服务，并与当事人协议收取费用。据统计，到2021年已经发展到有52家律所成立了调解中心。建立律师调解制度，是前海多元化纠纷解决机制的又一创新举措。

4. 创新调解模式：展会调解

深圳国际仲裁院为实现争议解决方式的多元化和国际化，提出一种创新思路：以仲裁为核心，创建与仲裁有机结合的调解、谈判促进和专家评审机制。自2007年以来深圳国际仲裁院探索出几种调解模式，满足当事人的多种纠纷解决需求，符合国际商事纠纷解决的多元化发展趋势。其中，具有代表性的是展会调解。

随着深圳市会议展览行业的快速发展，展会行业之间、参展商之间、参展商与主办方之间、参观人员与参展商之间的维权索赔等民商事纠纷不断，纠纷内容也呈现专业化趋势。在每年举办的世界第一进出口商品展——广交会中，深圳国际仲裁院会收到来自不同国家的贸易纠纷投诉。根据商务部《中国进出口商品交易会贸易纠纷防范与解决办法》的规定，深圳国际仲裁院与商务部共搭国际贸易和知识产权争议解决平台。自2007年开始，深圳国际仲裁院就作为唯一的仲裁机构开始进驻广交会，提供中英双语现场调解和仲裁裁决服务。大部分投诉可以通过现场得以圆满解决，达成和解协议并顺利履行；有些无法当场履行的，通过和解协议当场作出裁决，赋予其强制执行力。在2020年广交会受到疫情影响的情况下，仲裁院迅速推出“云上调解平台”，创设广交会远程调解的先例。在第130届广交会的调解服务中，调解成功率达100%，顺利解决中外企业贸易纠纷，进一步扩大仲裁院在国际贸易纠纷解决方面的全球影响力。目前，深圳国际仲裁院在广交会上的调解案件已覆盖119个国家和地区。该调解模式已经被商务部以规范性文件形式转化为面向所有客商的程序规则。

三　前海国际商事纠纷解决机制发展存在的挑战

（一）前海与港澳地区存在法系、司法制度与理念冲突

前海在与港澳地区发展的过程中面临“一个国家，两种制度，三个法系”的挑战，司法体制存在较大差异。相对来说，澳门属大陆法系，其法律规范和司法制度接近内地，而香港属英美法系，与内地的差异较大。纠纷解决机制是系统性的综合工程，无论是域外的还是域内的解决机制发展，在司法理念和原则上可能存在碰撞与融合[①]。例如，在仲裁方面，香港规定了仲裁临时措施制度，内地虽然没有规定该制度，但在《民事诉讼法》中规定了法院保全措施制度。尽管中国法院的保全措施具有自身优点，但与香港的仲裁临时措施相比，依旧优势不足，如由仲裁庭作出的临时措施，在境外国家的法院得到承认和执行的机会更大，对某些当事人来说可能带来相对意义上的便利[②]。在调解方面，内地的调解大多具有行政干预、公益的色彩，市场化程度不高，而香港的调解市场服务水平较高。在司法方面，由于两地的经济、政治、文化发展水平存在一些差异，两地法院对公共政策的认定也存在不同。在对仲裁裁决的认可和执行中，部分案件的标的额较大，被申请人往往会穷尽一切理由进行抗辩，这时公共秩序或者公共政策经常被拿来抗辩。由于两地对公共政策的认定不同，就有可能造成内地仲裁机构裁决的执行命令被香港法院撤销的后果。因此，要想让前海的国际商事争议解决中心发挥更大作用，就不能不对域外的法律规范、司法制度以及理念差异予以重视。

---

① 蔡伟、赖晨枫：《法治先行示范区与深圳国际民商事纠纷多元解决中心建设》，《深圳社会科学》2020 年第 5 期，第 121 页。

② 高杨：《中国法下仲裁保全和临时措施制度之研究：现状、问题及新发展》，《北京仲裁》2021 年第 2 辑，第 101 页。

（二）商事调解配套措施不足

第一，缺乏专门商事调解立法支持。目前，中国内地还没有统一的商事调解立法，缺乏配套的法律制度保障，导致商事调解事业的起步、发展与监管都没有明确的法律依据。大部分群体如律师和当事人对商事调解的认识不清晰，对商事调解的法律效力存疑，接受度不高。尽管深圳已出台《多元化解条例》，但商事调解只是占其中一小节。商事调解的立法不仅仅是商事调解的程序法，还涉及商事调解组织的准入、调解员资质以及相关配套机制如衔接机制等，未来深圳仍需要制定一部专门的商事调解条例。

第二，商事调解队伍专业性不强。尽管深圳国际仲裁院、前海法院、调解中心等机构已经聘请相当数量的港澳台籍和外籍仲裁员、陪审员、调解员，但目前他们实际参与案件、处理纠纷的机会并不多。虽然这些调解员大部分是来自金融、国际贸易、互联网等行业的专业人才，在各自行业领域具有丰富的从业经验，但这些调解员要么没有经过调解工作的专业培训，要么有些调解员是兼职的，无法保证充足的服务时间。基于调解程序、调解内容具有保密性，商事调解要求调解员具备很高的道德标准，调解员的水平和能力可能会直接影响纠纷能否顺利解决，因此提高调解员、仲裁员等人才的专业化水平对于深圳前海来说势在必行。

第三，调解协议执行路径不明，执行保障不足。调解的成果最终体现为双方当事人达成的调解协议。除了向法院申请确认之外，一般的调解协议需要靠双方当事人自觉履行。如果把商事调解视为单独的一种调解方式或者非诉讼争议解决方式，由于调解协议不具有强制执行力，商事主体选择该方式解决纠纷的可能性就大大降低。另外，没有财产保全和执行保障，商事调解容易徒劳无功，势必会影响调解组织或者调解员服务的积极性。长期以来，调解协议执行路径不畅，事实上成为制约当事人选择商事调解的主要障碍之一，脱离了诉调对接、仲调对接，商事调解服务缺乏稳定的案源。中国加入《新加坡调解公约》使得调解协议具有强制执行力成为可能。通过第三方达成的调解协议可以在其他公约成员国得到承认和执行。但是，由于中国目前缺乏相关法律支持，涉外达成的和解协议在中国内地执行依旧不能实现。

第四，商事调解社会认知接受不够。基于对调解公益性、无偿性的固有印象，商事调解的市场化收费社会认受度普遍不高，制约了商事调解的专业人才培养以及专业化发展。目前多数调解组织的经营远达不到市场化水平，法院委托案件的补贴不足以支撑组织的开支和发展，政府补贴和政策支持未能做到普惠，再加上宣传力度不够，商事主体主动选择商事调解以解决争议的氛围不足。

（三）诉调、仲调等对接机制衔接不完善

在诉讼与调解方面，中国传统的调解与诉讼存在一个显著的特点，就是法院往往贯穿全过程，并且调解和诉讼程序交织在一起。现实中，大部分案件从诉前到诉中、诉后的过程中，法官既是审判员也是调解员，这是再常见不过的情形。一方面，有利于法官熟悉案件，方便作出调解或者判决；另一方面，又有法官存在偏见有碍调解的可能①。此外，对于部分国际商事纠纷，当事人还担心调解过程中所作出的让步会成为法院、仲裁庭作出判决、裁决考虑的因素，对自己造成不利。

在仲裁与调解方面，根据《深圳国际仲裁院仲裁规则》第 49 条第 1、2 款规定，当事人可以向仲裁院调解中心或仲裁院认可的其他调解机构申请调解，也可以向仲裁院谈判促进中心申请谈判促进。截至 2021 年 3 月，有 20 家调解机构经仲裁院认可。在商事调解改革实践中，前海已经积累一些经验，取得一些成就，但是目前各大调解中心的调解对仲裁的对接机制缺乏统一性，在对接流程和模式方面尚未形成统一的标准，致使操作规范模糊，工作职能单一，对接效果不明显。与香港地区相比，与成为多元化商事纠纷解决机制的主导主体相比还存在较大差距。

---

① 沈芳君：《“一带一路”背景下涉外商事纠纷多元化解机制实证研究》，《法律适用》2022 年第 8 期，第 60 页。

四　前海国际商事纠纷解决机制发展展望

（一）继续发挥特区立法权立法优势

《关于支持深圳建设中国特色社会主义先行示范区的意见》（以下简称《先行示范区意见》）指出，要用好深圳经济特区立法权，“在遵循宪法和法律、行政法规基本原则前提下，允许深圳立足改革创新实践需要，根据授权对法律、行政法规、地方性法规作变通规定”。

1. 制定示范法或争议解决指引

基于深圳与港澳存在法系、司法制度与理念差异，市场要素在三地自由充分流动存在困难。中国目前没有示范立法的经验和相关机制。《先行示范区意见》将权力授权给深圳，由深圳主导制定，开启中国示范立法的尝试。国际商事争端解决方式有诉讼、仲裁、调解等多种方式，深圳可以针对常见、高发纠纷领域，从方便当事人角度出发，制定相应的纠纷解决示范性规则。深圳应当率先发挥领头和示范作用，对港澳地区单向开放和身份平等构建示范，待时机成熟，逐渐形成港澳地区与内地双向开放的机制。

2. 加强新兴领域相关规则制定

目前许多新兴产业如5G移动通信技术、人工智能等往往没有完备的行业准则和成熟的法律规范，深圳前海可以充分利用经济特区等优势，推动相关部门机构与各行业协会建立起相应的规则和行业标准，争取在新兴领域夺取国际话语权。在建设国际商事争议解决中心时，各部门机构要结合自身实际情况，加强联动与合作，借鉴国内外优秀实践与理念，积极参与国际纠纷解决机制规则的制定，将中国特色社会主义纠纷解决理念和经验推向世界。

3. 加快商事调解立法进程

前述提及的商事调解方式，前海法院、仲裁院以及调解机构取得了一些经验和成就，由于是通过政策或者内部规定的形式制定的，不具有统一适用性。近年来，最高人民法院一直积极推动商事调解的立法进程。深圳应当充分发挥其立法优势，借鉴国际上关于商事调解的立法以及国际公约、规则，结合本市实际情况，制定一部适应本市发展的法规，为将来全国人大商事调解立法提供参考和借鉴。随着中国在2019年加入《新加坡调解公约》，深圳前海也应继续深化和完善有关机制，推进国际商事纠纷的多元化解决，强化调解协议的执行力，为深圳先行示范区建设提供法治支持。

（二）规范商事调解配套措施

1. 优化调解员队伍建设

在《资格评审规则》施行后，要规范细化调解员制度管理，建立统一的调解员培训体系和培训基地，加强同国内外高校、调解机构、专家学者开展交流与合作，加强培训的理论性和实务性。同时建立调解员评价机制，综合考虑调解员案件办理的数量和质量、当事人的评价等各方面，表彰年度优秀调解员。实施激励机制，通过颁发证书、延长聘用时间以及举办经验分享会等手段，发挥优秀调解员的示范作用。

2. 为调解组织赋能

“全球调解的发展呈现出强制性调解发展的趋势。”[①] 有学者提出，通过立法在特定领域推广法定前置调解，之后再逐步过渡到强制与自愿相结合的模式[②]。例如，深圳中院在审理证券虚假陈述案件时，将“调解优先”作为前置程序，并贯穿案件审理的全过程[③]。由于商事组织调解具有其他调解无法比拟的优势，要想推动商事调解的独立发展，除了设立各类商事调解组织、调解协会、提高调解员的素质之外，还可以让法院这一司法机关为商事调解组织赋能设权，给予商事调解组织更多的活动空间，推动调解员和调解组织更加积极主动地投身前海的商事调解事业建设。例如，在深圳中院的证券虚假陈述案件审理过程中，采取给调解组织开具调查令的创新举

---

① 〔澳〕娜嘉·亚历山大主编《全球调解趋势》，王福华等译，中国法制出版社，2011，第234页。

② 范愉：《自贸区建设与纠纷解决机制的创新》，《法治研究》2017年第1期，第88页。

③ 参见《深圳市中级人民法院证券虚假陈述责任纠纷审判白皮书（2017~2021）》。

措，方便调解组织向特定机构收集证据以计算股价的波动和账户的损失。

3. 明确调解协议执行路径，落实执行保障

在调解协议执行方面，《多元化解条例》第 71 条扩大调解协议申请司法确认的范围，明确商事调解协议可以通过司法确认赋予其强制执行力。在财产保全和执行保障方面，《多元化解条例》第 75 条明确调解中的保全措施，为商事调解的可执行性提供了制度保障。下一步，前海应当根据《多元化解条例》的规定，把握中国加入《新加坡调解公约》的契机，集中受理和审查前海深港现代服务业合作区设立的国际商事调解机构主持达成的调解协议，并给予司法确认。同时，明确审查的标准和范围，规范审查标准，建立健全商事调解协议执行保障措施，完善不予执行的救济制度，扩大商事调解协议的执行范围。此外，还可以进一步探索，设立试点，推动粤港澳三地达成的调解协议实现互认与执行，虽然这是一项艰难的工作，但值得推进。

4. 加大宣传力度，推广商事调解

广泛加强社会联系，与企业、高校、律师、各协会等全行业建立沟通渠道，着力宣传调解理念、优势和特点，让广大商事主体充分认识、了解和接受商事调解，大力宣传调解工作形式灵活、方便快捷、不伤和气等优势特点。深化交流与合作，举办调解论坛、研讨会等活动，积极参与国际商事调解规则制定和国际商事调解实践，营造良好的商事调解氛围。

（三）构建高效的衔接机制

《多元化解条例》借鉴域外做法，引入不少衔接机制，最为核心和典型的就是诉调对接。前海应当根据条例，结合本地实际情况，逐步构建并完善各项衔接机制。

1. 建立中立评估机制

中立评估机制是指在审理前，由中立第三方根据案件情况为双方当事人提供专业的评估意见，评估、指引和帮助当事人选择更加合适的解纷方式。该机制的引入能够有效减少分歧，增进当事人对案件的了解和预判，提高调

解的成功率。要积极推广中立评估机制并准确适用，前海未来应当从制度上解决评估的公信力问题以及评估员和评估机构的管理问题。除此之外，在程序的启动和流程方面，要明确机制的启动时间、方式，是由当事人申请还是法院决定提请；要构建规范的中立评估会议程序；确立机制的程序性原则或规则，如保密原则、当事人出席原则；等等。作为一种新型工具，中立评估机制能够通过增加富有成效的替代性纠纷解决机制，达到减轻前海法院国际民商事诉讼负担的目的。

2. 调解中无争议事实应用问题

《多元化解条例》第 67 条规定，调解未达成调解协议的，经当事人同意，调解员可以对当事人没有争议的事实进行记载，由当事人在调解笔录上签字确认。在仲裁、诉讼程序中，当事人无须对无争议事实进行举证，但涉及国家利益、社会公共利益和他人合法权益的除外。该规定也有相关的问题需要明确，如如何确定无争议事实的范围，如何与调解中当事人作出的让步相区别，无争议事实的效力如何等等。

此外，《多元化解条例》还在第六章专门规定多种衔接机制，如民商事仲裁与调解衔接、调解协议与司法确认程序的衔接，等等。期待随着《多元化解条例》的出台以及相关配套机制的落实，深圳前海国际商事纠纷解决机制在化解商事纠纷中起到更大的实质性作用。

五　结语

纵观这几年深圳前海在构建完善国际商事纠纷解决机制，打造国际争议解决中心所付出的努力，为粤港澳大湾区甚至全国提供了一大批可借鉴复制的经验，也为前海打造世界一流的法治营商环境奠定坚实的基础。深圳前海在国家政策支持下，大胆创新，引进域外优秀的商事、司法理念和制度，并改造成具有本土特色的方案。有理由期待，经过不懈努力，未来深圳前海一定会成为国际法治文化交流的窗口和国际商事争议解决的优选地。

B.13

推动公证融合发展
共建大湾区法治化营商环境

谢京杰*

摘　要： 随着粤港澳大湾区建设深入推进，市场对公证法律服务需求出现一些新变化，跨区域、跨法域、跨境公证需求增多。粤港澳大湾区涉港澳两个特别行政区和广东省九市，地缘相邻、语言相近、人缘相亲，但因涉及“一国两制三法域”，跨法域公证服务面临规则对接、机制衔接新挑战。公证服务大湾区建设的重心，是服务粤港澳大湾区法治化营商环境建设。三地公证服务机构就此领域都进行了积极的探索，也存在一些问题和困难。大湾区公证机构应当继续立足充分发挥公证制度职能和价值作用，围绕更好服务大湾区市场化、法治化、国际化营商环境建设贡献力量，探索公证协同服务新模式，思考公证融合发展新路径。

关键词： 大湾区建设　营商环境　公证服务　融合发展

随着粤港澳大湾区建设的深入推进，市场对公证法律服务的需求出现一些新变化，跨区域、跨法域、跨境公证需求增多。粤港澳大湾区涉港澳两个特别行政区和广东省九市，地缘相邻、语言相近、人缘相亲，却因涉及“一国两制三法域”，跨法域公证服务面临规则对接、机制衔接新挑战。公证服务大湾区建设的重心，是服务粤港澳大湾区法治化营商环境建设。三地

* 谢京杰，广东省深圳市前海公证处干部。

公证服务机构就此领域都进行了积极的探索，特别是港澳委托公证制度对于促进港澳与内地商事交流和发展起到了至关重要的作用。

公证是中国预防性司法制度，是中国法治建设的重要组成部分，具有证明、监督、服务、沟通职能作用，公证书具有法定证明、法定证据、强制执行、登记对抗等法定效力，在保护企业知识产权、维护企业债权安全、提升社会诚信、实现企业增信等方面有积极作用。特别是赋予债权文书强制执行效力、公证调解等服务，将公证预防性司法职能向后延伸至纠纷非诉解决，可以说中国的公证制度设计完整地体现了法治化营商环境所应具备“契约自由”“契约平等”“契约信守”“契约救济”等的契约精神。公证制度职能能够让缔约方信守契约，让违约方依照约定承担责任，让守约方权益有明确预期地得到救济，从而能够引导、培育契约精神，监督、督促落实契约精神，助力营造法治化营商环境。

大湾区公证机构应当继续立足充分发挥公证制度职能和价值作用，围绕更好地服务大湾区市场化、法治化、国际化营商环境建设贡献力量，积极反馈、争取解决探索中遇到的一些困难和问题，并在公证服务创新发展中逐步改善，共同探索公证协同服务新模式，思考公证融合发展新路径。

一 大湾区公证发展新趋势

一是跨市公证服务常态化。宏观看，国家对粤港澳大湾区的战略定位为大湾区描绘了宏大发展蓝图。大湾区将发展成为宜商宜居宜业宜游的世界级湾区，既有基础设施的“硬联通”，也有规则机制的“软对接”，既有区域产业合作的“企联通”，又有人文交流居住置业的“业联通”。微观看，大湾区首先是广东省九市的深度融合发展，各市在立足自身城市建设发展的同时，进一步加强产业转移协作，在基础设施联通便利的情况下，企业基于成本和发展考虑，交互布局会进一步增多，人员流动、跨市置业等也会进一步扩大。在此情况下，企业融资、知识产权保护、婚姻家庭继承等领域跨市区的公证服务需求会放大，且逐步常态化。

二是跨法域服务一体化。前海深港现代服务业合作区、横琴粤澳深度合作区、南沙粤港深度合作区三个示范区建设如火如荼，进一步促进粤港澳深度融合发展，并将进一步辐射大湾区其他几个城市，从而实现大湾区建设发展一体化。与基础设施硬联通、一体化建设不同，粤港澳三地涉及“一国两制”下三个不同的法域，因此，湾区一体化必然对跨法域公证服务提出新需求。从港澳两地委托公证制度实践来看，公证也确实在内地与港澳之间架构起一座跨境信任桥梁，为三地人文交往和经贸往来提供了极大便利和良好的法治保障。在国家推动粤港澳大湾区一体化建设背景下，公证法律服务的桥梁纽带作用尤显必要和重要，同时，三地公证服务也逐渐呈现对接融合、协同发展趋势，特别是疫情之下，人员跨境流动趋缓，现场面签式公证模式难以满足跨境公证需求，跨法域公证需求迫切需要协同解决。

三是公证服务国际化。国际化是大湾区的一个显著特征。根据国家战略定位，粤港澳大湾区要打造成充满活力的世界级城市群、国际一流湾区。湾区开放的市场、完善的金融体系以及国际港口，极大吸引和促进跨国跨境经贸往来和人文交流。粤港澳大湾区是“一带一路”重要节点和重要支撑，“引进来”“走出去”的企业在此交融发展。这些都对跨境公证服务提出新需求。公证是国际通行的法律制度，公证书具有通行国际的法律效力，能够搭建起一座“跨境信任桥梁”，促进跨境经贸往来和人文交流。当前，大湾区公证主要服务于中国企业和个人走出去，为证明个人身份、企业资质、资信信誉、业绩、实力、有无违法犯罪记录等提供具有法律效力的证明支撑。随着大湾区的国际化发展，境外企业和个人在大湾区投融资、求学、就业和生活的情况将越来越多。传统国内民事、国内经济、知识产权保护等类公证事项的申请主体将会国际化。例如，遗嘱、继承公证等，港澳台居民或外国人在内地公证机构申请办理的情况越来越多。

二　公证服务大湾区建设思考

当前，公证服务大湾区建设仍然存在很大改进提升空间。一是在跨市区公证服务方面。2017年10月8日，广东省司法厅发布《关于变更我省公证机构办理涉及知识产权保护公证事项执业区域的通知》（粤司办〔2017〕581号），颇具预见性地将涉知识产权保护公证事项的公证机构执业区域扩大至全省，规定“涉及为知识产权创造设立、运用流转、权利救济、纠纷解决、域外保护等环节提供公证服务的公证事项，符合当事人住所地、经常居住地、行为地或者事实发生地在广东省范围内条件的，广东省内的公证机构均可受理”，即广东省范围内的知识产权保护公证同属同一执业区域，极大地方便了企业申请办理知识产权保护公证。2020年12月30日，广东省司法厅发布《关于调整公证机构执业区域的通知》（粤司办〔2020〕243号），进一步调整公证机构执业区域，规定“自2021年1月1日起，全省公证机构的执业区域由公证机构所在的地级以上市辖区变更为广东省全省。公证当事人可以在全省范围内选择相关公证机构申办公证”。但是，对于涉及不动产的公证事项，“除委托、声明、赠与、遗嘱公证外，其他公证事项仍由不动产所在地公证机构办理”。尽管广东省司法厅已经很有远见地调整扩大了公证机构执业区域，但涉不动产的跨市继承、夫妻财产约定协议、婚前财产约定协议、赠与合同、协议等，对于大湾区广东九市而言，仍然不能满足今后跨市公证服务常态化需求。二是在跨法域公证服务方面。目前，三地公证服务尚未互联互通，各为公证“信息孤岛”；三地公证服务标准、程序、规则、费用等各有不同；三地公证文书无法便捷、高效查询、流转，公证服务机构之间缺乏联动、协作机制；三地法域公证制度不同，大湾区企业跨境公证需求无法妥善满足，客观上需要三地公证机构协同为大湾区企业和个人提供一体化公证法律服务。三是在公证服务国际化方面。限于工作语言、域外法律查明、传统国内公证事项公证书的域外使用等问题，公证机构在办理涉外境外主体的公证业务时颇有顾虑，公证服务满意度不高，公证服务能力也有待进一步提升。

（一）推动大湾区广东省城市间公证服务融合发展

粤港澳大湾区虽是11个城市集群，但就融合发展目标而言，除山海相隔的地理自然因素外，城市之间不应是“1+1+9”，而应当是“1+1+1”。相比其他行业或制度而言，公证领域具有融合发展的先行条件和先发优势，应率先探索推动。从公证制度本身看，内地不同城市都是同一个公证制度体系，在公证立法、程序规则、业务流程、业务领域、公证效力、法律责任等方面高度一致，广东省九市间的公证服务是相通的，可以实现有机融合。从管理角度看，九市归属广东省司法行政机关统一管理，都属于广东省司法行政机关向大湾区提供公共法律服务的有机组成部分，行政指导可以有效保持步调一致。从行业监督角度看，九市公证机构同属广东省公证协会会员单位，适用同一个业务规范和指导意见，同时，在统一的自律机制下，能够协同协调发展。广东省九市公证行业可以采取小步慢走的方式，逐步实现大湾区统一的公证服务。

其一，统一大湾区公证执业区域。由于大湾区内人员流动性增加，居民跨市置业不动产的情况逐步增加，严格按照不动产专属管辖的执业区域限定不利于居民便捷获得公证服务。公证实务中，经常遇到夫妻协议约定位于其他市不动产的情况，当事人对于户籍、结婚登记、居住都在某市却必须到不动产所在地的另外一个城市办理夫妻财产约定公证非常不理解，实际上也非常不便利。执业区域的设定，应当以便利当事人申请、方便当事人获得公证服务为基本考量，只要当事人向大湾区公证机构提出公证申请，公证机构就不能仅仅以不符合公证执业区域为由拒绝接受申请。

其二，统一大湾区公证收费标准。根据国家发展改革委和司法部有关公证收费的指导文件规定，各地以省为单位制订公证收费标准，但广东省对广州和深圳两地授权可以制定本市的公证收费标准。当前，虽然九市都在统一执行广东省发展改革委和广东省司法厅制订的收费标准，但对于大湾区内的公证机构而言，应当对公证收费管理和标准设定进行步调一致的调整和执行。广东省九市经济相对比较发达，经济活力强，新情况新事物不断涌现，对公证服务的创新性、综合性要求更高，在确保民生类公证事项实现政府指导价的前提下，更多地放开收费标准设定，实现市场调节价，让市场促进公证服务创新，从而鼓励公证机构、公证员投入更多人力、物力和精力研究新需求、定制新方案、解决新问题，在不断的经验积累中推动公证更好、更快、更多地服务大湾区建设和发展。

其三，搭建大湾区公证业务系统板块。当前，广东省司法厅正在积极推进全省统一公证业务系统，在全省公证机构之间搭建统一的公证平台，将极大地推动公证服务规范化、信息化和一体化建设。在此基础上，可以考虑搭建大湾区公证业务系统板块，实现大湾区公证机构之间信息互通共享、公证数据统一登记查询和统计。在此基础上，建立大湾区公证首问负责制，区域内的公证申请由某一个公证机构率先受理的，即由该公证机构全程跟进负责处理，需要其他公证机构协助、配合的，通过协作机制处理，尽可能方便当事人申办公证，同时维护良好的公证执业秩序和执业环境。

其四，建立大湾区常态化公证协作机制。《公证法》第 29 条规定了公证机构之间的委托核实义务。公证实务中，该项制度落实情况并不理想。受托调查核实的事项一般无法通过函查方式获取，需要受托公证机构指派公证人员到现场调查核实，因存在调查对象的配合度问题，往往需要多次往返，耗费受托公证机构大量人力物力。同时，该等受托调查本身往往不收取协查费用，但受托公证机构需承担的法律责任并不因免费而豁免。随着区域一体化发展，大湾区公证机构交叉协助需求将逐步常态化，需要在省公证协会指导下建立常态化公证协作机制。一方面，公证机构之间可以协同公证、联合服务。对于涉及不同城市公证机构的同一公证申请，可以由一个公证机构具体承办，其他相关公证机构协办，公证机构之间在常态化协作机制下落实权利和义务。鼓励公证机构之间结对帮扶、深度合作。另一方面，对于委托调查核实的，建立相应经费保障机制，保障受托公证机构权责统一。

其五，建立大湾区公证发展委员会，推动公证机构实现差异化发展。省公证协会可以设立专业委员会或者九市公证协会之间建立联合发展委员会，针对大湾区公证发展开展理论研究和实务支持。九市的发展定位不同、地方资源各具特色，公证机构在积极办理涉知识产权保护类、金融类等具有普遍市场需求的公证业务基础上，宜按照差异化发展思路，围绕城市经济建设和社会发展需要，重点研究本市需求较多的公证业务。广州、深圳作为大湾区

核心节点城市，重点发展高新技术、特色金融产业等现代服务业，公证机构可以重点围绕知识产权成果转化、新兴金融、特色金融、绿色金融、类金融等产业发展以及跨境经贸往来、人文交流等研究提供所需公证法律服务。珠海、江门、佛山、中山、东莞、惠州、肇庆作为重要节点城市，是先进制造业产业集聚地，公证机构可以重点围绕投资入股、合作开发、城市更新、旧城改造、集体土地使用权开发利用等研究提供公证法律服务产品。

其六，争取大湾区公证文书改革试点。为推动“一国两制三法域”背景下公证融合发展，做好规则对接、机制衔接，大湾区公证机构可在司法部和中国公证协会的指导、支持下，率先探索公证文书改革试点，通过增加备注、变通格式等方式优化定式公证书；积极扩大要素式公证书使用范围，配合定制化公证服务探索个性化公证文书；积极开拓公证法律事务，拓宽公证法律意见应用领域，由单一证明服务转为综合公证法律服务；率先探索低碳公证服务，全区域推行电子公证书，区域内尽可能减少纸质公证文书流转，通过信息共享方式实现公证文书数据流转、应用，探索推动在线公证、远程视频公证服务，建立大湾区统一的数字公证档案。

（二）推动大湾区跨法域公证服务融合发展

《粤港澳大湾区发展规划纲要》第十章提出，共建粤港澳合作发展平台。在粤港澳大湾区框架下，三地公证行业可以筹建粤港澳大湾区公证联盟，更好地促进港澳委托公证与内地公证融合发展、协同服务。筹建粤港澳大湾区公证联盟，有利于搭建良好的沟通协调、信息共享机制，打破三地不同法域的公证“信息孤岛”，有利于促进三地公证法律服务协同创新、融合发展，提升公证法律服务效率和质量，有利于更好地发挥公证职能作用，推进粤港澳大湾区建立共商、共建、共享的多元化纠纷解决机制，搭建粤港澳公共法律服务合作发展平台，共同致力于服务粤港澳大湾区营造稳定、公平、透明、可预期的法治化营商环境。

大湾区公证联盟可以协同开展公证理论研究，加强公证服务跨境交流，互通有无、固强补弱，发挥三地公证法律服务比较优势，补齐短板，共同提升服务能力和服务水平。有效搭建平台，充分发挥平台集合优势，对内发挥协同粤港澳三地各自服务优势，促进三地公证法律服务同步发展、共同提升；对外代表三地公证法律服务业，统一调研粤港澳大湾区企业公证服务诉求，根据大湾区发展实际，统一公证法律服务产品、模式、方式，协同创新、步调一致，形成大湾区公证法律服务集合群。围绕服务粤港澳大湾区建设需要和大湾区企业需求推动搭建便捷、高效的跨区域、跨法域交流、协作机制。在联盟框架下共同推动建立公证服务信息共享机制，搭建信息化公证服务平台，实现公证文书信息互查共享，信息核查、尽职调查高效配合，提高公证文书流转和公证服务落地效率。推动建立协同服务机制，制订协同审查标准，探索粤港澳大湾区企业和个人的公证服务诉求在会员单位内部流转和协助审核，一体化、一站式解决公证需求，实现跨域公证申请“最多跑一次”。探索建立公证文书集散中心，经由公证联盟直接发（推）送公证文书（电子公证文书）到使用部门。

粤港澳大湾区公证融合发展的核心是内地公证与委托公证的协调发展问题。港澳委托公证制度与内地公证制度都是中国公证制度的组成部分，三地公证职能的有效发挥，在港澳与内地之间构架一条便捷的人文交往、经贸交流通道。随着国家“一带一路”倡议推进和粤港澳大湾区建设发展，港澳与内地公证服务传达信任、创造价值的制度职能作用日益得到重视，三地公证人协同服务的舞台也日益扩大。除因社会治理需要公证职能作用侧重不同外，无论是内地公证制度还是港澳地区的委托公证人制度，都是对法律行为、有法律意义的事实和文书的证明和增信，其实质是一致的，其效力也都来自法律授权，其公信力也都源自法定制度。这为港澳地区公证制度与内地公证制度对接融合提供了可行性。当然，在港澳与内地毕竟存在“一国两制三法域”的现实情形，公证文书也存在明显不同，这就必然产生互动对接与互助协作的必要性。事实上，多年来港澳公证与内地公证一直保持良好的互动交流，但彼此之间并未形成有效的对接协作机制。在联盟框架下，三地立足各自职能共同落实公证制度价值。无论港澳委托公证还是内地公证，都是国家在社会治理方面的制度设计，既有各自的职责范围，又有共同的使命担当。无论委托公证人还是内地公证机构、公证员，均应在各自的法定职责和权限范围内依法依规开展公证法律服务，立足规定执业区域，服务好区域内的市民、企业，满足区域内社会公证需求，有效发挥公证职能作用，共同落实中国公证制度价值。

（三）推动大湾区跨境公证服务发展

湾区国际化属性对跨境公证提出新需求。公证作为国际通行制度，公证文书具有域外适用法律效力，涉外公证、涉港澳台公证在跨境交流交往中扮演着“信任桥梁”的积极作用，为企业和个人“走出去”保驾护航。1981年4月29日，鉴于港澳同胞到内地申请公证证明收养子女等事务的日趋增加，为真实、合法保护港澳同胞的合法权益，经与国务院港澳办公室研究，并征得我驻港有关机构的同意，司法部发布《关于为港澳同胞回内地申请公证而出具证明办法的通知》（司法公字第129号），首次授权阮北耀等8名香港地区资深律师承担办理港澳同胞到内地申请公证证明收养子女等事务的公证事务和公证法律文书工作，正式建立中国委托公证人制度。委托公证人制度是“一国两制”的具体落实和实践，解决了不同法域下法律文书互通互认问题，极大地促进了港澳企业和个人到内地投资发展和经贸往来。同时，司法部对内地公证机构办理涉港澳公证也作出了多项指导规范。

随着粤港澳大湾区建设发展，广东省九市公证机构将会面临更多来自港澳和外国居民、企业的公证申请，传统国内民事、国内经济类公证业务，也会因申请人的境外身份而转化为常态化的涉港澳、涉外公证业务。例如，深圳公证机构每年办理大量用于“港娃”申请内地学籍的亲子公证。申请主体的境外身份，对公证机构对境外法律事实和法律文书的审查提出了区别于内地主体身份审核的新要求。如果申请主体是境外法人或其他组织，则进一步增加审核难度。同时，公证申请人身份的转化也会伴随公证文书使用地变化，除了公证文书在内地使用情况外，还存在境外人在境内公证机构申请办理公证用于处理境外事务的情况。例如，香港居民在深圳公证机构办理委托公证，授权处置在美国的房产事宜等，也存在公证文书境内外同时使用的情况，如跨境婚姻双方当事人办理婚前或夫妻财产协议公证、涉境外财产的遗嘱和继承公证等。这又对公证员提出了域外法律查明与适用以及当事人之间协议选择法律适用的审查判断等新要求。

粤港澳大湾区作为“一带一路”的重要支撑，带动企业海外投资、展业。与中国企业海外投资、展业相关的公证服务需求更具个性化和综合化。例如，中国企业海外投标时，招标方会要求提供载明企业资质、业绩等情况的公证书，除单纯的证照文书公证外，更多的需要公证机构结合目标企业及其关联控股企业的资质整合、业绩划转等事实综合审查判断并出具相关公证法律意见书。又如，中国企业海外投资时会遇到投资地投资审查部门对企业进行背景审查、资质调查等，公证文书可以助力中国企业提供可信证明。2018 年，英国鲁滨律师事务所向深圳前海公证处咨询并委托出具公证咨询报告，协助调查了解在深交所上市的一家中国公司情况。该公司积极响应国家“一带一路”倡议，在英国开展跨境投资业务。根据英国相关法律规定，这家中国企业需委托当地律师事务所对跨境投资事宜出具法律意见书。该企业随委托英国鲁滨律师事务所代理。因出具法律意见书需要，英国鲁滨律师事务所须借助公证等法律渠道，了解并知悉该企业在中国的工商登记信息情况、第一大股东情况等，包括公司类型、住所、法定代表人、注册资本、成立日期、营业期间、经营范围、公司基本情况、组织机构情况、监事、董事、总经理信息等，以及上述公司依法披露的相关信息资料。为此，该律师事务所咨询并委托深圳前海公证处通过权威、官方渠道获取相关工商信息资料。2018 年 1 月 26 日，前海公证处出具了中英文版公证咨询报告书，及时助力该企业在投资大门即将关闭的最后时刻完成了投资审查手续。

随着粤港澳大湾区建设的不断推进，跨境公证将会遇到越来越多的新问题、新需求。大湾区公证机构需为此做好准备。一是加强涉外公证人才储备。公证机构应有意吸纳和培养有海外留学经历、外语好、具有境外法律学习背景的公证员。虽然公证的官方语言是中文，越来越多的境外当事人也在申请公证时使用中文，但具有外语作为工作语言的能力仍然是公证服务国际化的基本要求和重要体现。二是加强涉外涉港澳公证执业培训。涉外公证无小事。公证机构、公证员应不断加强涉外、涉港澳公证业务知识学习和培训，不断提升涉外、涉港澳公证服务能力。三是要结合个案需求多途径了解域外相关法律规定。在中国当前域外法律查明途径的基础上，公证员应借助司法审判个案、司法行政机关法律汇编、互联网、法律数据库等方式自行检索相关域外法律资料。四是积极学习借鉴。港澳两地委托公证人拥有更早、更多、更先进的法律服务国际化经验，内地公证机构、公证员可通过开展业务交流等方式积极学习借鉴。

三　公证协同服务大湾区建设展望

（一）推动内地公证文书跨法域适用

在香港、澳门与内地分属不同法域的情况下，公证书跨区域使用最主要体现的是公证书的证据价值。1996 年最高人民法院、司法部《关于涉港公证文书效力问题的通知》（司发通〔1996〕026 号）对于委托公证人所出具的公证书在内地的证据效力进行了明确规定，在实务中也得到了很好执行和落实。相比较而言，较少有内地公证书到港澳特区跨境适用的相关规范。以常见的香港居民在内地办理公证遗嘱为例，据反馈，内地公证遗嘱如要在香港地区取得香港高等法院遗嘱检定存在一定困难。随着大湾区一体化建设推进，越来越多港澳居民赴大湾区创业投资、生活居住、婚育、置业等，跨境遗嘱、继承、意定监护、夫妻财产协议、婚前财产约定、亲子关系等公证需求也会增多。内地公证机构在遵照现行公证立法的基础上，可以依法办理相关公证业务，但也应当同时思考所办公证文书的落地问题，特别是跨境使用的有效性、便捷性等。鉴于公证当事人、所涉法律关系和法律事实、处分财产、公证书使用地等都具有跨法域特性。也有必要在大湾区框架下思考如何更好地推动内地公证文书的跨境应用问题。

（二）完善债权文书公证制度在粤港澳大湾区内更好地发挥公证预防纠纷、非诉解决纠纷职能作用

赋予债权文书强制执行效力公证（债权文书公证）制度充分体现了公证预防纠纷、非诉解决纠纷双重职能作用。《公证法》第 37 条关于公证债权文书的规定，相比最高人民法院、司法部 2000 年联合通知，范围进一步扩大，没有限定给付内容（原规定限于给付货币、物品、有价证券），在实务中进一步推动了该项制度的落实，受到了银行等金融机构的青睐，成为金融风险管控和金融债权纠纷非诉解决的重要措施，同时，公证债权文书的执行也得到了人民法院的积极支持。

但是，债权文书公证制度在实施中还存在立法空白、制度短板、执行实操等问题。同时，随着港澳居民、企业在内地置业和投融资，内保外贷、外保内贷等跨境融资情况进一步增多，部分会涉及公证债权文书在港澳地区申请执行依据不明的问题。

一是公证债权文书执行保全方面存在立法空白。现行法规对公证债权文书有关保全申请缺乏明确规定，在实务中存在理解适用不统一问题，特别是司法领域普遍认为债权文书经公证不可诉，公证债权文书不能适用《民事诉讼法》第 101 条诉前保全的规定。同时，债权人申请执行需要提交公证债权文书和执行证书，实务中又误把公证机构出具的执行证书也作为执行依据，难以适用现行司法解释关于执行保全的规定。实务中，债权人普遍追求首封保全，而立法空白严重影响债权人选择意愿，并成为影响公证债权文书制度价值作用的核心难点、堵点。

二是公证债权文书跨法域执行存在制度短板。2006 年《最高人民法院关于内地与香港特别行政区法院相互认可和执行当事人协议管辖的民商事案件判决的安排》《最高人民法院关于内地与澳门特别行政区法院相互认可和执行当事人协议管辖的民商事案件判决的安排》并未提及内地公证债权文书的在港澳执行问题，"安排"提及的内地法院"裁定书"也无法扩大理解为公证债权文书的执行"裁定书"。2018 年，《最高人民法院公布关于公证

债权文书执行若干问题的规定》，明确公证债权文书是人民法院有效的执行依据。债权文书公证是非诉司法制度，不涉及法院审判，但执行力等同于人民法院生效判决。

三是各地公证债权文书执行存在受案标准不一情况。当前仍有当事人反馈有的地方法院存在立案标准、审查尺度不一，沟通时间成本较高，影响债权实现效率的问题。1998 年最高人民法院《关于人民法院执行工作若干问题的规定（试行）》第 10 条规定，国内仲裁裁决、公证债权文书执行由被执行人住所地、财产所在地人民法院管辖。2021 年《民法典》实施后，最高人民法院修改了该规定，删除了有关公证债权文书执行管辖的规定。实务中，公证债权文书的执行分散到各地人民法院，涉及基层和中级两级法院。由于公证预防性职能发挥，总体因债务人进入执行程序的案件很少，分散到具体法院、法官的就更少，因为遇到的公证执行案件量极少，法院一般没有对公证债权文书执行进行过系统研究、专门规范。

立法空白、制度短板、执行实操等问题，在一定程度上导致债权文书公证的制度落实受到制约和影响。《仲裁法》及其司法解释对仲裁保全、执行作了明确规定。2022 年 5 月 1 日起施行的《深圳经济特区矛盾纠纷多元化解条例》第 76 条规定了和解协议、调解协议公证债权文书的执前保全制度，开创了全国先河。建议在今后《公证法》修改或制定统一民事强制执行法过程中，能够借鉴《仲裁法》第 28 条、增加规定公证债权文书的保全和执行管辖问题，并希望能够参照仲裁文书执行模式建立公证债权文书集中执行机制，由地方中级人民法院集中管辖或由地方基层法院通过指定管辖集中受理公证债权文书执行案件。同时，希望推动公证债权文书域外执行制度的研究、规范，推动债权文书公证执行纳入涉港澳执行“安排”，建立公证债权文书跨法域执行机制。

（三）统一粤港澳大湾区公证文书转递制度，加速融合发展

1991 年 11 月 12 日，司法部发布《关于再委托 23 位香港律师办理公证事务并改变出证方式的通知》（司公通字〔1991〕170 号）规定，委托

公证文书必须经过中国法律服务（香港）有限公司加盖审核转递专用章才能发往内地使用。12 月 1 日，中国法律服务（香港）有限公司加盖审核转递专用章的工作正式开始，正式建立委托公证文书加章转递制度。2019 年 5 月 13 日，司法部办公厅发布的《关于明确中国法律服务（澳门）公司业务范围的通知》（司办通〔2019〕51 号）规定，中国委托公证人（澳门）出具的委托公证文书，需经中国法律服务（澳门）公司核验并加盖核验章后，方可在内地使用。中国法律服务（澳门）公司按照规定对发往内地使用的委托公证文书进行审查，通过审查的委托公证文书经编号登记后加盖核验专用章，交付当事人在内地使用，建立了委托公证文书加章核验制度。

与港澳委托公证文书在内地使用的加章转递（核验）制度不同，内地公证书发往香港特区使用时，需经由外交部领事司确认程序，发往澳门使用的公证文书则无须领事司确认程序。与国内公证书发往国外使用经由省外事部门（部分较大的市如深圳经申请获批开展领事认证自办业务）认证的领事认证程序不同，领事司确认统一在外交部领事司办理，程序和要求与领事认证基本相同，但省市外事部门并没有该类公证文书的自办业务。无论是内地公证由司法部指导、管理，还是港澳委托公证由司法部委托开展公证业务，两种公证服务均由司法部统一指导、管理。但在公证文书流转方面，则分属不同单位管理，港澳委托公证人出具的公证书发往内地使用的，由司法部法律服务司授权转递；内地公证机构出具的公证文书发往香港地区使用的，则由外交部领事司确认，发往澳门地区使用的，则无须领事司确认程序。由于公证文书流转使用程序不统一，不利于信息同步、服务协同、融合发展，也不便于司法部指导管理、把控质量、统一标准。在粤港澳大湾区框架下，建议无论是港澳发往内地的公证书还是内地发往港澳的公证书，均由司法部职能部门或由司法部授权中国法律服务（香港）有限公司、中国法律服务（澳门）公司负责审核、转递（核验），或者，内地发往香港地区使用的公证书与发往澳门地区使用一样，免予领事确认程序，以提高公证文书跨法域流转使用效率。

（四）协同探索公证参与司法辅助事务，助力大湾区司法审判工作提质增效

2017 年 7 月 3 日，最高人民法院、司法部出台公证参与人民法院司法辅助事务试点通知，2019 年 6 月 25 日最高人民法院、司法部又出台扩大试点通知。内地公证机构逐步探索开展参与人民法院司法辅助事务，其中，以司法送达辅助事务为主。在内地诉讼中，司法送达是最为烦琐的司法辅助事务，占据大部分司法资源，特别是在涉外诉讼中，涉外送达流程烦琐、周期长、效果不好，往往是拖累司法审判质效的主要因素。

2017 年 7 月 27 日，前海公证处和前海法院签署协议，试点开展公证参与人民法院司法辅助事务工作。截至 2021 年 12 月，前海公证处司法辅助中心累计集中送达 247543 次，涉案件 32939 件。因深圳一审涉外案件由前海法院统一管辖，其中，有相当一部分是涉港送达案件。在涉港案件送达中，对于被告是香港自然人的，由于香港的身份证上没有地址，有些案件原告也无法提供被告的地址，导致法院无从送达；对于有香港地址和自然人或公司，邮寄的时间较长，且香港的邮件不提供“回执”服务，难以掌握邮寄送达的结果；部分案件需要请求司法协助送达，通过省高院转递材料给香港法院（必须有被告地址），耗时较长。有鉴于此，2017 年下半年，前海公证处提出委托香港委托公证人送达模式的设想，并就此与香港委托公证人协会和中国法律服务（香港）有限公司进行初步交流研讨：公证处接受法院委托，通过香港委托公证人协作的方式，由委托公证人通过现场（直接送达、留置送达）或邮寄送达的方式，完成涉港司法文书送达；如出现被送达人的地址无法查询、地址搬迁、查无此人/名址有误等情况，导致送达不能，由委托公证人出具意见书反馈公证处，公证处据此出具公证书反馈法院，从而尽快启动公告送达程序。

香港委托公证人协会对此探索给予了积极支持，并提出了专业性意见建议，同时，也指出了该等探索在当前所面临的困难和问题。1999 年 3 月 30 日，最高人民法院印发《〈关于内地与香港特别行政区法院相互委托送达民商事司法文书的安排〉的通知》，就内地法院与香港特别行政区法院之间就民商事司

法文书送达进行了安排。安排所规定的委托送达主体是两地法院，是否排除了法院之外的委托送达机构则需要进一步请示释明。1988 年 8 月 25 日，最高人民法院《关于委托送达问题的通知》（高法明电〔1988〕62 号）则指出，地方法院未经最高人民法院批准，与香港公司签订协议委托送达的做法是错误的，应纠正，并要求各级人民法院与港方签订有关法律事务协议的，须报请最高人民法院审查批准。2017 年和 2019 年最高人民法院、司法部关于公证参与法院司法辅助工作的两个通知，虽规定公证机构可以参与人民法院司法送达事务，但该规定是否可以适用于香港特别行政区的委托公证人则仍需进一步的指导意见。

此外，在当前公证机构参与人民法院司法辅助试点工作中，仍然存在身份不明、定位不清的问题。公证参与司法辅助事务的项目，一般是以法院的“外包项目”形式存在，公证机构的公证人员，作为司法辅助人员，没有独立身份和权责，更多地体现为“法官助理的助理”，公证机构客观、中立的价值，独立的证明、监督、服务、沟通职能，缺乏必要的发挥空间。例如，在上门送达、留置送达中，因司法辅助人员没有执法证，还是需要法院法警等执法人员陪同上门，通过司法辅助减少法院人力资源、提高效率的效果就会打折扣。

港澳委托公证人都是执业多年的专业律师，在律师执业中受当事人委托送达司法文书是其经常性的法律服务内容，在涉港澳司法送达中具有特殊优势。推动探索内地公证机构与港澳委托公证人协同开展内地涉港澳案件的司法送达事务，通过委托公证人送达司法文书，送达成功的，及时安排开庭审理，送达不能的，即时启动公告送达程序，将极大地加快内地涉外案件的司法审判进程，有效保障司法审判质量，提高司法审判效率。同时，在粤港澳大湾区公证机构可探索借鉴法国司法执达员制度①，授予公证机构司法辅助

① 参见胡蓝月《法国司法执达员制度》，《人民法院报》（2014 年 8 月 15 日，第 8 版）：法国司法执达员，也称法院执达员，是具有司法助理身份的法院助理人员，但不同于执达法官。主要职责：送达诉讼文书、查控、具体负责执行法院判决，还可以从事其他活动，如收取债权、拍卖等。债权人将执行依据交付司法执达员，推定为委托其执行。执达员资质要求：法律本科以上，在司法执达员事务所实习 2 年，通过司法执达员执业资格考试，由司法部部长作出任命决定。在中国，公证员要求是法律本科及以上，通过国家统一司法考试，在公证机构实习 2 年，经岗前培训考核通过后，层报司法部部长任命。

人员以“法院事务官”身份，在法院指导下，在公证机构管理下，独立开展司法辅助事务，解决公证参与法院司法辅助事务的身份和职责问题。

（五）打造粤港澳大湾区公证调解中心

调解是国际通行的纠纷替代解决方式，也被认为是国际投资争端最佳纠纷解决方式。2019 年 8 月 7 日，包括中国在内的 46 个国家和地区首批签署了《联合国关于调解所产生的国际和解协议公约》（《新加坡调解公约》）。《新加坡调解公约》旨在解决国际商事调解达成的和解协议跨境执行问题，允许在国际商业纠纷中执行和解协议的一方直接诉诸缔约国一方的法院，该法院届时必须根据该缔约国的程序规则以及公约规定的条件执行和解协议。公约序言指出，调解作为一种商事争议解决办法对于国际贸易具有价值，国际和国内商业实务越来越多地使用调解替代诉讼并产生显著益处。在公约框架下，调解所产生的国际和解协议可为法律、社会和经济制度不同的国家所接受。在粤港澳大湾区融合发展进程中，商事纠纷特别是跨境商事纠纷需要相比诉讼、仲裁更加高效、灵活、低成本的纠纷替代解决方式。

最高人民法院、司法部联合发文（司发通〔2017〕68 号）指出，“公证制度是中国社会主义法律制度的重要组成部分，是预防性司法证明制度……公证制度具有服务、沟通、证明、监督等功能，是社会纠纷多元化解决的基础性司法资源……”。公证活动可以为人民法院审判和执行工作提供裁判依据，促进审判活动依法高效进行；经公证的债权文书具有强制执行效力，可以不经诉讼直接成为人民法院的执行依据，减少司法成本，提高司法效率。公证兼具矛盾预防和纠纷解决双重职能，在社会纠纷多元化解决机制中具有积极意义。同时，公证又是国际通行的司法证明制度，具有跨境适用的域外法律效力。因此，公证调解具有独特职能，是颇具特色的纠纷替代解决方式，应当而且可以在非诉化解大湾区民商事纠纷方面发挥积极作用。在粤港澳大湾区公证联盟框架下，可以探索公证机构联合发起申请成立“粤港澳大湾区公证调解中心”，各公证机构、公证人事务所设立分中心，公证员、委托公证人作为公证调解员，共同建章立制、搭建平台、设立规则，与法院、仲裁等建立对接机制，推动运作，协同开展涉大湾区民商事纠纷调解工作，助力打造粤港澳大湾区市场化、法治化、国际化营商环境。

四　结语

深港地缘相近，经济联系紧密，人员交往频繁，前海深港合作区可率先探索跨区域协作公证服务模式。在当前全球新冠肺炎疫情形势严峻、中国疫情防控进入常态化管理新形势下，香港与内地人员流动一定程度上受到影响，产生跨区域协作公证的社会需求。有联营律所提出，委托公证人在内地联营所办理委托公证业务，借此解决跨区域公证需求。在现行二元结构体系下，该种意见存在法律和制度障碍，并非妥善解决思路。人员跨区域流动的公证需求，在现行制度体系下，可以探索通过跨区域协作方式简便、高效地妥善解决。2020 年 6 月 15 日，广东省公证协会出台《广东省公证行业新冠肺炎疫情常态化防控工作指引》，对广东省公证行业开展跨区域互助协作、妥善解决疫情期间三地跨域公证需求问题提供了指导意见，前海可以探索推动先行先试。

深圳作为中国特色社会主义先行示范区，前海作为“特区中的特区”，应在公证服务粤港澳大湾区建设中大胆探索，先行先试，在广东省九市公证服务一体化建设中带头探索，在跨境公证服务融合发展中牵头推动，在大湾区公证服务国际化中率先摸索前行，围绕服务“双区”建设积极探索公证服务创新，不断推出符合新需求的公证服务新模式、新方法、新产品，不断形成可复制、可推广的特区公证经验，打造公证助力大湾区建设的“前海模式”。

Abstract

Adhering to the mission of being a demonstration area for the construction of socialist rule of law with Chinese characteristics, Qianhai has become one of the regions with the fastest development speed, the highest quality and the best benefits in China, as well as one of the free trade zones with the best results in the construction of the rule of law in China. Report on Rule of Law in Qianhai No. 5 (2022) summarizes the experience and achievements of rule of law construction in Qianhai in an all-round, multi-angle and multi-level way. This book analyzes and presents Qianhai's law-based government, judicial construction, intellectual property protection, law-based society construction and other fields, and looks into the future development of Qianhai's rule of law. The Blue Book continues to release the general report and the evaluation report on the rule of law construction in Qianhai. The general report comprehensively summarizes the experience and achievements of the rule of law development in the past year in a qualitative way. The evaluation report, based on objective data and materials, examines and feels the pulse of the rule of law construction in Qianhai.

Keywords: Free Trade Zone; Construction Governed by Law; Qianhai

Contents

Ⅰ General Report

Abstract: Since its establishment seven years ago, the Qianhai Shekou Free Trade Zone has been making fearless trials, dauntless ventures and independent reforms on the track of rule of law. Guided by the construction of the Qianhai Shenzhen-Hong Kong International Legal-Services District with high standards, it has continuously promoted judicial reform, improved and optimized government services, and created the "most concentrated and essential core engine" of reform and opening up in the new era, thus achieving extensive results. In the future, instructed by Xi Jinping's rule of law thoughts, taking the construction of the socialist rule of law demonstration zone as the general task, Qianhai should vigorously integrate itself into the national strategy, should more actively undertake the major reform trials of the rule of law, and should continue to step up efforts in different aspects such as facilitation and liberalization of investment and trade, as well as openness and innovation of finance. Thus, a world-class business environment under the rule of law would be created, forming more replicable examples and innovative experiences, and truly becoming a demonstration zone of socialist rule of law with Chinese characteristics.

Keywords: Qianhai under the Rule of Law; Business Environment; High-Level Institutional Opening up; International Legal-Services District

Ⅱ Assessment Report

B.2 Qianhai Rule of Law Index Evaluation Report (2021)

The Rule of Law Index Innovation Project Team,

Institute of Law, Chinese Academy of Social Sciences / 023

Abstract: The National Rule of Law Index Research Center of the Chinese Academy of Social Sciences and the Rule of Law Index Innovation Project team of the Institute of Law conducted the fifth systematic evaluation of the rule of law construction in Shenzhen Qianhai Rule of Law Demonstration Zone in 2021 and the first half of 2022 from five aspects: rulemaking, rule of law government, judicial construction, rule of law society and guarantee supervision. The evaluation shows that Qianhai rule of law Demonstration Zone has made outstanding achievements in rule of law construction, leading the country in terms of openness of government affairs and internationalization of arbitration. There is still room for improvement in the connection of rules, the list of powers and responsibilities, and the judicial openness. In the future, Qianhai Rule of Law Demonstration Zone should continue to deepen reform and innovation, complement the weak points, and strive to be the vanguard and experimental field of China's rule of law construction.

Keywords: Rule of Law Assessment; Rule of Law Demonstration Area; Law-Based Business Environment

Ⅲ Innovation Frontier

Abstract: There's a multi-dimensional, deep and wide-ranging background for the establishment of Qianhai's personal data protection system, which can be concluded from four perspectives: the economic context, the political context, the social context and the legal context. The main legal basis of Qianhai's personal data protection system is the Personal Information Protection Act and the Data Regulations of Shenzhen Special Economic Zone, which specify the legal obligations of data handlers when they are handling personal data in detail, laying a solid foundation for the system's innovative practice. Qianhai has carried out different degrees of innovative practice on personal data protection in the legislative, administrative and judicial fields, and has achieved good results. In the future, Qianhai can also explore the three aspects of data compliance review, data classification management and personal data cross-border transmission, so as to provide richer practical experience for data cross-border and interconnection among the three places in the Guangdong-Hong Kong-Macao Greater Bay Area.

Keywords: Personal Data Protection; Information Security; Data Compliance Review

Abstract: The accurate identification and application of extraterritorial laws is not only an important guarantee for equal protection of the legitimate rights and interests of commercial subjects both within and outside the Guangdong－Hong Kong－Macao Greater Bay Area according to law, but also an objective need to actively explore its synergy of rules and mechanisms and serve a higher level of opening up. The extraterritorial law identified and applied by the Qianhai court is characterized by a large number of cases, various types of causes, rich contents of extraterritorial law identified and applied, relatively concentrated types of applicable international conventions, generally a high amount of subjects, and the number of cases applied ad adjudicated by Hong Kong law ranking first among all courts in China. The Qianhai Court has continuously promoted the systematization, specialization and standardization of the identification and application of extraterritorial laws, effectively protected the legitimate rights and interests of cross-border commercial subjects, and created Qianhai's "business card of rule of law" with pioneering and exemplary effects.

Keywords: Extraterritorial Law; Identification of Extraterritorial Law; Application of Extraterritorial Law

Ⅳ Intellectual Property Protection

Abstract: China (Shenzhen) Intellectual Property Protection Center (hereinafter referred to as "Shenzhen Protection Center") is a fully funded public institution established on the basis of Shenzhen State Intellectual Property Office Patent Agency. Ever since its opening in 2018, the center has made overall arrangements to promote such diversified businesses as quick intellectual property pre-examination, quick approval, quick rights protection both at home and abroad, coordinated protection, early warning navigation, intellectual property rights' commission, publicity and promotion. It has made great efforts to establish a wholly-chained and one-stop public service platform of intellectual property with high service quality, powerful protection, diversified application and powerful technical support of all kinds, so as to provide powerful intellectual property platform support, service support, data support and intellectual support for Shenzhen's scientific and technological innovation and industrial development.

Keywords: Patent pre-examination; Quick Rights Protection; Overseas Dispute Response Guidance, Early Warning Navigation

Abstract: The Judicial Protection Group for Intellectual Property of Shenzhen Intermediate People's Court shall play the role of intellectual property adjudication, handle all kinds of intellectual property cases fairly and efficiently according to law, and strengthen the judicial protection of core technologies as well as technological achievements in emerging industries, key fields and frontier fields. In the future, Shenzhen court will continue to improve and consummate the judicial protection system of intellectual property rights that is fair and efficient, scientific in jurisdiction, clear in authority and complete in system. The court will comprehensively improve the quality, efficiency and credibility of intellectual property trials, strive to build an intellectual property judicial protection system that supports a world-class business environment, and actively create intellectual property judicial protection achievements with Shenzhen's recognition and influence. Thus, Shenzhen court would offer due contribution to the development of Shenzhen as a benchmark city for intellectual property protection and a technological and industrial innovation highland with global influence.

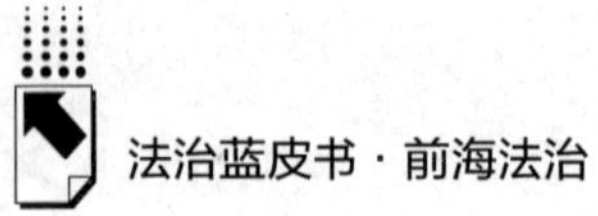

Keywords: Intellectual Property Right; Judicial Protection; Innovative Driving

V Judicial Construction

Abstract: Marine environmental nonprofit litigation has complete judicial efficiency, which is the concentrated embodiment of procuratorial power to serve the construction of strong marine countries. From the perspective of the construction of the Guangdong–Hong Kong–Macao Greater Bay Area, the marine environmental nonprofit litigation around the Zhujiang River Estuary holds not only the general characteristics of nonprofit litigation, but also the individual characteristics based on the ocean and "one country, two systems and three jurisdictions". Based on the review of the general development stages of nonprofit litigation, the characteristics of the marine environment, and the features of the Zhujiang River Estuary region, it is concluded that the existing difficulties restrict the effectiveness of the marine inspection system. Therefore, efforts should be made from four dimensions: perfecting the internal mechanism construction of the procuratorial system, strengthening the external cohesion and coordination, coordinating the inter-regional judicial conflicts, and strengthening the connection between the research on the rule of law theory through the frontier theories and the procuratorial practice, so as to explore and realize the richer governance connotation and efficiency of the environmental nonprofit litigation around the Zhujiang River Estuary.

Keywords: Marine Survey; Environmental Nonprofit Litigation; Guangdong-hong Kong–Macao Greater Bay Area

Abstract: In the long-term work of securities trial, Shenzhen Intermediate Court has constructed the "15233" securities trial system with continuous accumulation, exploration and innovation, namely, 1 pre-procedure, 5 trial mechanisms, 2 key contents, 3 types of simplified processing modes, and 3 types of representative litigation situations. The application of this system is conducive to the rapid handling of cases, to the whole chain of multiple mediation mechanisms, and to the full implementation of rights and interests protection mechanisms. In the future, Shenzhen Intermediate Court will dig deep into the value of "15233" system, enhance Shenzhen's rule discourse power in the financial market, and improve the status of Shenzhen as a financial center and financial judicial center.

Keywords: Securities Dispute; Financial Security; False Statement

Ⅵ Special Topics in the International Legal-Services District

Abstract: Legal-Services District is a new legal construction mode explored and developed in recent years in order to strengthen the construction of the rule of law. By gathering various legal service industries and resources, it explores and builds a multi-functional legal innovation gathering area. By comparing the legal zones such as Sichuan Tianfu Central Legal Services Dstrict, Fujian Maritime Silk Road Central Legal District, Shanghai Hongqiao International Central Legal Hub and Xi'an Belt and Road Demonstration Zone for International Commercial Legal Services (BRDZ-ICLS), this article found that each legal area construction held its special characteristics and that Qianhai Shenzhen-Hong Kong Intentional Legal-Services District should pay great attention to the construction of transverse comparison and draw lessons from the legal path and innovation of its construction in the future. Thus, the Qianhai Shenzhen-Hong Kong International Legal-Services District will be planned and built with the socialist rule of law building demonstration zone with Chinese characteristics as the general principle, and Shenzhen-Hong Kong cooperation as the general responsibility, linking Hong Kong and facing the world.

Keywords: Qianhai Shenzhen-Hong Kong International Legal-Services District; Construction Path; Innovation measures

Abstract: In accordance with the requirements of the central government in the List of the First Batch of Authorized Items for the Pilot Comprehensive Reform of Shenzhen into a Socialist Pilot Demonstration Zone with Chinese Characteristics, implementing the Reform Plan of Shenzhen Court of International Arbitration on Building an International Arbitration Center in Guangdong-Hong Kong-Macao Greater Bay Area and the Reform Plan of Jointly Building a China (Shenzhen) Securities Arbitration Center between Shenzhen Court of International Arbitration and Shenzhen Stock Exchange and other important documents issued successively by Shenzhen Municipal Committee for Shenzhen

Reform, Shenzhen Court of International Arbitration (also known as South China International Economic and Trade Arbitration Commission, Guangdong-hong Kong - Macao Greater Bay Area International Arbitration Center, hereinafter referred to as "SCIA") is to serve for the construction of an international law-based business environment in the Guangdong-Hong Kong-Macao Greater Bay Area, give full play to the advantages of "one country, two systems and three jurisdictions", continue to promote the alignment of rules and mechanisms and further strengthen Shenzhen-Hong Kong international arbitration and cooperation, making "Shenzhen + Hong Kong" a global arbitration powerhouse and focusing on the construction of China (Shenzhen) Securities Arbitration Center, China (Shenzhen) Intellectual Property Arbitration Center and Maritime Arbitration Center. SCIA has made great efforts to build "two cities, two houses and three centers" in three aspects: deepening international cooperation, linking Hong Kong and Macao, and building professional centers.

Keywords: Pilot Comprehensive Reform; Guangdong-Hong Kong-Macao Greater Bay Area; Shenzhen Court of International Arbitration

Abstract: Shenzhen Court of International Arbitration moved into Qianhai Arbitration Building in 2021, opening a new chapter in the development of Qianhai arbitration. In the process of developing the arbitration business, Qianhai pays attention to the internationalization of vision, differentiation of business details and diversification of dispute resolution mechanism. By extensively accepting and fairly trying the foreign-related cases, introducing foreign directors and arbitrators, deepening foreign exchanges and cooperation, and linking Hong Kong and Macao to promote China's arbitration rules to the world, Qianhai has strengthened the international influence of its arbitration. By establishing professional committees and professional branches, Qianhai has solved business problems and served the national key industries. By establishing the dispute resolution mode of "mediation + arbitration", exploring the connection between the negotiation promotion mechanism, the unimpeded alternative dispute resolution mechanisms and the judiciary, Qianhai has realized the diversification of dispute resolution system. Facing such problems as the need to optimize the existing institutional independence, the necessity to make the international factors play their role, the demanding to speed up the exploration of diversified dispute resolving mechanisms as well as the relative weakness of the theoretical researches, Qianhai arbitration business will further focus on enhancing the independence of the dispute resolution bodies, uplifting the international influence of Qianhai arbitration, promoting the gathering of the arbitration talents, exploring the diversified dispute resolution mechanisms and strengthening the theoretical researches.

Keywords: International Commercial Arbitration; Specialized Arbitration; Diversified Dispute Resolution Mechanism; Arbitration Institution Governance

B.12 Exploration of Qianhai International Commercial Dispute Resolution Mechanism *Huang Zhongshun*, *Yan Chunjie* / 206

Abstract: The improvement of Qianhai international commercial dispute resolution mechanism is not only the requirement of national strategy, but also the demand of practical development. In order to build an international commercial dispute resolution center, Qianhai has reformed the international commercial case trial mechanism, built an international commercial arbitration highland, and explored a new commercial mediation mechanism in line with international standards. Qianhai is facing challenges in the construction of international commercial dispute resolution mechanism. It is necessary for Qianhai to continue to give full play to the legislative advantages of the legislative power of the Special Administrative Region, standardize the supporting measures of commercial mediation, build an efficient cohesion mechanism, and build itself into the preferred place for international commercial dispute resolution.

Keywords: International Commercial Dispute Resolution; Judicial Mechanism; Commercial Arbitration; Commercial Mediation

Abstract: With the deepening development of the Guangdong-Hong Kong-Macao Greater Bay Area, the market demand for notary legal services has seen some new changes, and the demand for cross-regional, cross-legal and cross-border notarization has increased. The Guangdong-Hong Kong-Macao Greater Bay Area covers the two special administrative regions of Hong Kong and Macao and nine cities in Guangdong Province, which are geographically adjacent, linguistically similar and which enjoy close relationships between people. However, due to the "one country, two systems and three jurisdictions" involved, cross-jurisdiction notarial services face new challenges in connecting rules and mechanisms. The e focus of the development of notary services in the Greater Bay Area is to serve the law-based commercial environment in it. The notary service agencies in these three places have made active exploration within the area, but there are still some problems and difficulties. The notary offices in the Greater Bay Area should continue to give full play to the functions and value of the notary system, and explore a new mode of notary collaborative service and consider a new path of notary integration development, focusing on the contribution of better serving the market-oriented, law-based and international commercial environment in the Greater Bay Area.

Keywords: The Guangdong-Hong Kong-Macao Greater Bay Area Construction; Commercial Environment; Notary Services; Integrated Development

皮书

智库成果出版与传播平台

❖ 皮书定义 ❖

皮书是对中国与世界发展状况和热点问题进行年度监测，以专业的角度、专家的视野和实证研究方法，针对某一领域或区域现状与发展态势展开分析和预测，具备前沿性、原创性、实证性、连续性、时效性等特点的公开出版物，由一系列权威研究报告组成。

❖ 皮书作者 ❖

皮书系列报告作者以国内外一流研究机构、知名高校等重点智库的研究人员为主，多为相关领域一流专家学者，他们的观点代表了当下学界对中国与世界的现实和未来最高水平的解读与分析。截至 2021 年底，皮书研创机构逾千家，报告作者累计超过 10 万人。

❖ 皮书荣誉 ❖

皮书作为中国社会科学院基础理论研究与应用对策研究融合发展的代表性成果，不仅是哲学社会科学工作者服务中国特色社会主义现代化建设的重要成果，更是助力中国特色新型智库建设、构建中国特色哲学社会科学“三大体系”的重要平台。皮书系列先后被列入“十二五”“十三五”“十四五”时期国家重点出版物出版专项规划项目；2013~2022 年，重点皮书列入中国社会科学院国家哲学社会科学创新工程项目。

皮书网

（网址：www.pishu.cn）

发布皮书研创资讯，传播皮书精彩内容
引领皮书出版潮流，打造皮书服务平台

栏目设置

◆ 关于皮书

何谓皮书、皮书分类、皮书大事记、
皮书荣誉、皮书出版第一人、皮书编辑部

◆ 最新资讯

通知公告、新闻动态、媒体聚焦、
网站专题、视频直播、下载专区

◆ 皮书研创

皮书规范、皮书选题、皮书出版、
皮书研究、研创团队

◆ 皮书评奖评价

指标体系、皮书评价、皮书评奖

◆ 皮书研究院理事会

理事会章程、理事单位、个人理事、高级研究员、理事会秘书处、入会指南

所获荣誉

◆ 2008 年、2011 年、2014 年，皮书网均在全国新闻出版业网站荣誉评选中获得“最具商业价值网站”称号；

◆ 2012 年，获得“出版业网站百强”称号。

网库合一

2014年，皮书网与皮书数据库端口合一，实现资源共享，搭建智库成果融合创新平台。

皮书网

“皮书说”
微信公众号

皮书微博

中国社会发展数据库（下设 12 个专题子库）

紧扣人口、政治、外交、法律、教育、医疗卫生、资源环境等 12 个社会发展领域的前沿和热点，全面整合专业著作、智库报告、学术资讯、调研数据等类型资源，帮助用户追踪中国社会发展动态、研究社会发展战略与政策、了解社会热点问题、分析社会发展趋势。

中国经济发展数据库（下设 12 专题子库）

内容涵盖宏观经济、产业经济、工业经济、农业经济、财政金融、房地产经济、城市经济、商业贸易等12个重点经济领域，为把握经济运行态势、洞察经济发展规律、研判经济发展趋势、进行经济调控决策提供参考和依据。

中国行业发展数据库（下设 17 个专题子库）

以中国国民经济行业分类为依据，覆盖金融业、旅游业、交通运输业、能源矿产业、制造业等 100 多个行业，跟踪分析国民经济相关行业市场运行状况和政策导向，汇集行业发展前沿资讯，为投资、从业及各种经济决策提供理论支撑和实践指导。

中国区域发展数据库（下设 4 个专题子库）

对中国特定区域内的经济、社会、文化等领域现状与发展情况进行深度分析和预测，涉及省级行政区、城市群、城市、农村等不同维度，研究层级至县及县以下行政区，为学者研究地方经济社会宏观态势、经验模式、发展案例提供支撑，为地方政府决策提供参考。

中国文化传媒数据库（下设 18 个专题子库）

内容覆盖文化产业、新闻传播、电影娱乐、文学艺术、群众文化、图书情报等 18 个重点研究领域，聚焦文化传媒领域发展前沿、热点话题、行业实践，服务用户的教学科研、文化投资、企业规划等需要。

世界经济与国际关系数据库（下设 6 个专题子库）

整合世界经济、国际政治、世界文化与科技、全球性问题、国际组织与国际法、区域研究 6 大领域研究成果，对世界经济形势、国际形势进行连续性深度分析，对年度热点问题进行专题解读，为研判全球发展趋势提供事实和数据支持。

法律声明